「めんどう」を楽しむ
衣食住のレシピノート

美濃羽まゆみ

はじめに

めんどうなことってお好きですか。わたしはどちらかといえば苦手でした。

昔からむだなことはきらいで、むしろ合理性を最優先。時は金なりとばかりに、たとえ切手一つ貼るのにも、効率のよい方法を考えるほどです。

だからいわゆる「丁寧な暮らし」は目指してはいなくて、とくべつ自然派でも、エコやサステイナブルを追求しているわけでもないのです。そんなわたしがいま、町家に住み保存食を作り、手作り服を着て土鍋ごはんを食べ、石けんと二層式洗濯機で洗濯をしている。いわゆる「丁寧な暮らし」みたいなことをしています。けれど、丁寧にすることが目的ではないので、わたしは自分の暮らしを「手づくり暮らし」と呼んでいます。

でも、そんな暮らしにたどり着いたのは、わたしが合理性大好き人間だから。だって、保存食は仕込みこそ大変だけれど、一度作れば一年中楽しめる。土鍋ごはんはごちそう級の美味しさなので、豪華なおかずは要りません。二槽式洗濯機は洗浄力が強くて早くきれいになり、水も使いまわせて経済的です。

暮らしを楽しみながらしっかり8時間睡眠は確保したいし、子どもたちとの時間も大切にしたい。なおかつ、やりがいのある仕事に精一杯力を使いたいからこそ、最小限の手間ですみ、かつ経済的にもメリットがあるいまの暮らし方にたどり着いたのです。

そんな〝手づくり暮らし〟は自分で選ぶことだらけ。自分で選ぶのってめんどうだし不満や愚痴も言えないけれど、わたしはそれこそが幸せへの近道だと思っています。

ぜひ、わたしと一緒に少しずつ、めんどうを楽しんでみませんか。

もくじ

※作り方を掲載している7つの洋服や小物は個人利用に限り商用利用可能です（製図や作り方ページの複製や販売は不可）。本書から作成されたことを明記のうえ、ハンドメイドサイトおよびバザーなどで販売OKです。

※小物は、ティッシュケース、エコバッグ　大・小（p.45）、エプロン（p.63）、マスク　大・中・小、マスクケース（p.75）の5点です。

「わたしのめんどう自慢」

—めんどうを楽しむ暮らしの決めごと—

わたしがふだんやっている「めんどう」なことをご紹介します。
こんなことをわざわざしなくても、いまの時代はお金で
解決できることばかりです。
けれど、そうやってめんどうを遠ざけて
「もっと便利に」と快適さを追い求めるあまり、
家に物があふれてきゅうくつになり、
大切な家族との時間が減り……
むしろ困っている人が少なくない気がするのです。
だからまずは、限られた状況からいまできることを考えてみる。
ちがう視点から眺めてみる。
あえてめんどうを楽しんだなかにこそ、
幸せのヒントが隠れている気がするのです。

テーブルはまっさらをキープ

↓詳しくは p.9

はたきとほうきで掃除

↓詳しくは p.9

ゴミ箱は使わない

↓詳しくは p.41

石けんを使いまわす

↓詳しくは p.42

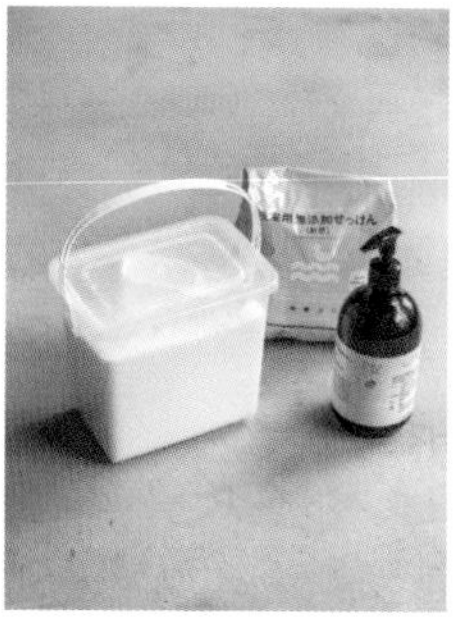

手作り服を楽しむ

↓詳しくは p.14、66

食材は手をかけてから保存

↓詳しくは p.9、35

めんどうをあえて選ぶ

↓詳しくは p.62、68

視点をとらえなおす

↓詳しくは p.64、77、80、84

その他

・納得いくものに出会ってから買う
・自分のやり方は家族には求めない

この本の中で紹介している内容の一部は
YouTube __美濃羽まゆみで紹介しています。
該当ページの ▶ マークが目印です。

第一章

暮らしの時間割

朝の時間割
―家事は朝8割済ませるルーティーン―

大学教員の夫と中学生の娘、小学生の息子と猫1匹とで暮らすわが家。起床から仕事をスタートするまでの3時間で、その日の8割ほどの家事を完了させます。ポイントは力の入れどころと抜きどころ、そして一歩先を見通したアクション。そのスケジュールをご紹介します。

6:30
・起床
・白湯を飲む ①
・簡単メイク ②
・前日の器片づけなど
・庭木と観葉植物に水やり

7:00
・洗濯機1回目まわす ❶
・朝食・長女のお弁当作り ③

7:30
・朝食
・洗濯機2回目まわす

① 抜きどころ

朝ごはんは食べない

調子がいいので続けている間欠的ファスティング。体も軽く家事もはかどります。

❶ 入れどころ

洗濯物はシワを伸ばしてアイロンいらず

あらかじめふりさばいてかごに畳んでおくと、干すときも効率がいいのです。

② 抜きどころ

石けんで落とせる簡単メイクで

石けんオフのBBクリームとポイントメイクのみ。朝一番に身支度しておけば慌てません。

③ 抜きどころ

お弁当は丼もの 家族の朝食はパターン化

家族の朝食は卵料理と常備菜、中学生のお弁当は本人の希望により3メニューを定番化。

→ p.86 参照

8:00

・見送り
・玄関掃除 ④
・台所片づけのついでに夜ごはん準備 ❷

8:30

・前日の洗濯物片づけ ⑤
・洗濯物干し
・猫と遊ぶ

9:00

・床掃き掃除 ⑥
・トイレ掃除
・台所天板・机をまっさらに ❸

9:30

・お茶休憩
・新聞を読む
・その日のTO DOを書き出す

朝段取りしておく夕食準備

・夕食用の野菜のカット（野菜は残さずまるごとカット。きんぴら・煮物用などに用途別に）
・野菜の下ゆで
・冷凍の肉や魚は冷蔵庫へ移して解凍する
・出汁を取って、粗熱がとれたら冷蔵庫へ

など

❷ 入れどころ

片づけついでに晩ごはんの準備も

夕食作りがすぐに始められるよう準備。まな板や包丁を洗う手間もはぶけます。

④ 抜きどころ

見送りついでに玄関掃除

見送りと玄関掃除をセット化。靴が少なくなっているので掃除もしやすい。

❸ 入れどころ

天板&机を片づけてスイッチONに

まっさらな状態だとすぐに家事が始められます。疲れている夕方の自分を見越して。

⑥ 抜きどころ

毎日ほうきでさっと掃除

電気を使わないほうきやはたき。気づいたときすぐに手にとれて手間いらず。拭き掃除は週一回。

⑤ 抜きどころ

洗濯干しのついでに前日の片づけ

同じ場所に何度も足を運ばなくていいよう、片づけと洗濯干しはセットで。

仕事の時間割

―仕事スタート―

10:00
・メール返信 ❹

10:30
・製作

12:00
・昼食
・息子と散歩
・お茶休憩 ⑦

13:30
・ブログ・SNS更新
・どこか1か所片づけ ❺

14:00
・製作

❹ 入れどころ

メールのチェックはまとめて

SNSやメールチェックは時間を決めてまとめてやると、集中力がとぎれません。

⑦ 抜きどころ

お茶休憩でリフレッシュ

仕事や家事の合間にお茶休憩を。人はほっと息を吐くとき自然と力がでるのだとか。

→ p.12 参照

❺ 入れどころ

1ヶ所片づけでやる気をだす

5分以内で片づけられる場所を1日1か所。少しの時間でも達成感がありすっきり。

夜の時間割

―翌朝のために…気持ちをゆるめるルーティーン―

18:00
・仕事終了
・買い物（3日おきぐらい）⑧
・夕食準備（15分）

19:00
・夕食（大好きなお酒も）❻
・片づけ

20:00
・お風呂
・自由時間 ⑨
映画やドラマ鑑賞、本を読む、子どもたちとゲーム

22:30
・就寝（8時間睡眠）

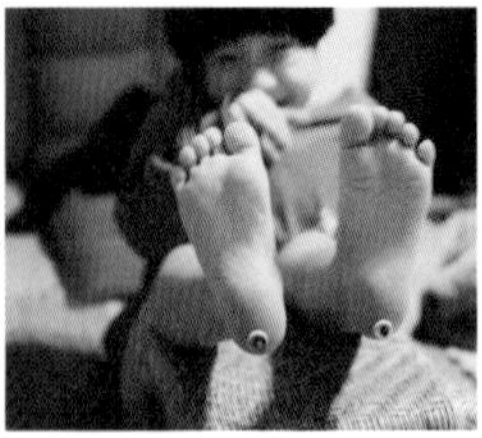

⑧ 抜きどころ

買い物は宅配をメインに

毎週決まった食材で、献立もほぼルーティーン化してむだなく。買い物時間も節約。

→ p.86 参照

❻ 入れどころ

出汁と土鍋ごはんでシンプル献立

出汁と土鍋ごはんさえあれば特別な食材がなくても満足できる献立に。作るのも楽。

→ p.35、40 参照

⑨ 抜きどころ

入浴剤やお灸でゆるめる

夜はゆったり家族で過ごす時間。好みの入浴剤とお灸でリラックス。

やる気貯金をするために

休日の過ごし方

平日は一日の流れをルーティーンにして過ごしているので、休日は自由気ままに過ごします。平日気になっていた箇所を掃除したり、保存食を作ったり、庭の手入れをしたり、ＤＩＹをしたり。子どもたちが大きくなるにつれ、家族そろって出かけることは少しずつ減って、それぞれ好みのことをしてのんびりと過ごしています。夕食だけは家族そろって、バラエティ番組を見ながらみんなでワイワイと大笑い。気ままに過ごしていると、また明日からがんばろう！　と力が湧いてくる気がするのです。

お茶でほっと一息

朝家事が終わったタイミングで一杯。食後に一杯、休憩中に一杯。

何かと何かの区切りに、お茶休憩をはさむことにしています。休憩の最中はお茶だけに集中。あわただしい気分がおちつき、気持ちも切りかわります。わたしにとって昼食後はぐっと集中できる時間。気合をいれて製作に打ち込みたいので、お薄を立て、ほーっと深く息を吐く。日本舞踊の先生に教わったのですが、人間って息を吐くときぐっと力がみなぎるのだそう。お茶はわたしにとって、ちょっとした儀式になっているのかもしれません。

やる気がでないとき、どうしてる？

気分が落ち込んだり、体調がすぐれなかったりして、どことなくやる気がでないときもあります。そういうときは何か有意義なことをしようと思っていてもパワーがたりないので、無理してやっても満足いく結果はでないもの。「そういうときも、あるよね」とあきらめ、「やる気貯金」と称して潔くなんにもしません。少し元気がでてくれば、五感を使うことをやってみます。猫と心ゆくまでたわむれたり、お風呂にゆっくり浸かったり、目をとじて料理の香りと味を感じたり。何もかも忘れて感覚に染みわたるぐらいに目の前のことに集中し満たされれば、ふしぎと何かやりたくなってくる気がします。

JUKI

第二章

着るもののこと

洋裁作家として活動しているわたしですが、学生のとき家庭科の成績はさんざんなもの。本格的に洋服作りをするようになったのはわが子が生まれ、独学で子ども服を作り始めたのがきっかけでした。その後ネット販売をスタートし、お客さまからのリクエストで大人服も作るように。ほぼ素人だったわたしですが、いまや自分自身着るもののほとんどは手作りとなり、その快適さと心地よさのとりこです。

手作り服はめんどうなようですが、素材、色、形、丈やディテールなど、すべて自分好みに作りあげられるのが魅力。この本では、わたしが長年愛用しているデザインをご紹介しています。型紙は実物大パターンではなく、囲み製図。苦手意識を持たれがちですが、写しとるときずれるストレスがなく、アレンジしやすいというメリットも。シンプルな製図（一部抜き型つき）にして、初心者の方も作りやすくデザインしました。

生地選び、ミシン選び、製図、生地カットのコツもまとめました。「服って自分で作れるの?」という方にも、服作りを始めるきっかけになればうれしいです。

自分に似合うデザインを、生地を変えてくりかえし作るためコーディネートに迷いません。家族みんなの洋服はこの階段下の収納に収まるだけ。一年活用できなかった服は蚤の市に出し、どなたかに役立てていただきます。

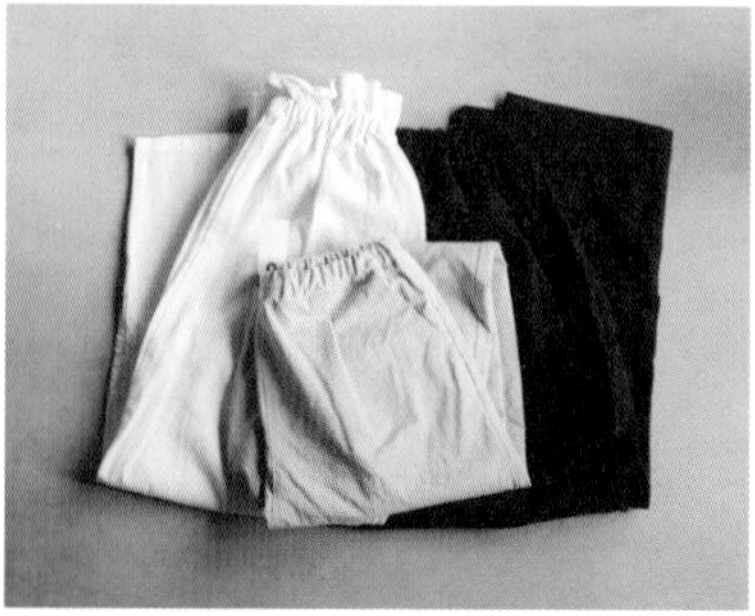

くりかえし作りたい7つの服

わたしがふだんの暮らしで愛用している定番の7つの洋服たちです。製図の仕方や縫い方のコツ、コーディネートのポイントは動画でもご紹介しています。

【アイテムごとの難易度】★5つ（所要時間のめやす★×2時間）

1 ボートネックカットソー

作り方 p.89・96

半袖ならパーツは二つだけ、簡単に作れて使える一枚。布帛《ふはく》でもOK

難易度★★☆☆☆

アレンジ

2 リラックスパンツ

作り方 p.90・99

きちんと見えるのに楽にはけるパンツ。ぜひ生地をかえて楽しんで

難易度★★☆☆☆

アレンジ

3 ワイドキュロット

作り方 p.91・102

布をまっすぐ裁つだけ、ほぼ製図要らずの簡単さで初心者さんむけ

難易度★☆☆☆☆

アレンジ

動画あり

4 カシュクールワンピース

難易度★★★★☆

作り方 p.92・104

生地を選べばよそ行き着にもなる一枚。マタニティにもおすすめ

5 Aラインワンピース

難易度★★★☆☆

作り方 p.93・108

ほどよい衿ぐりのあきと広がりすぎないAラインにこだわった一枚

6 ローブコート

難易度★★★☆☆

作り方 p.94・111

ダブルボタンがシンプルななかのアクセント。ボタンなしアレンジも

7 フラップワンピース

難易度★★★★☆

作り方 p.95・114

すとんと着られてコーデが決まる、ついつい手がのびるワンピース

アイテム
2＋5

春の着回し

爽やかな藍色リネンのＡラインワンピースに、爽やかな白のリラックスパンツをロールアップして。パンツは一枚でも重ね着でも使える万能選手。

辛口のマウンテンパーカとリュックに、あえてふんわりとした雰囲気のフラップワンピースを合わせてカジュアルダウン。衿つきシャツを中に着ると春らしく明るい雰囲気になり、トラッドさもプラスされて清潔感が出ます。

天竺ニットのボートネックカットソーに、先染めブロックチェックのリネンワイドキュロットを合わせて爽やかに。バッグはインテリアの収納に使っているマルシェかご。リネンベレーの淡いブルーを差し色に。

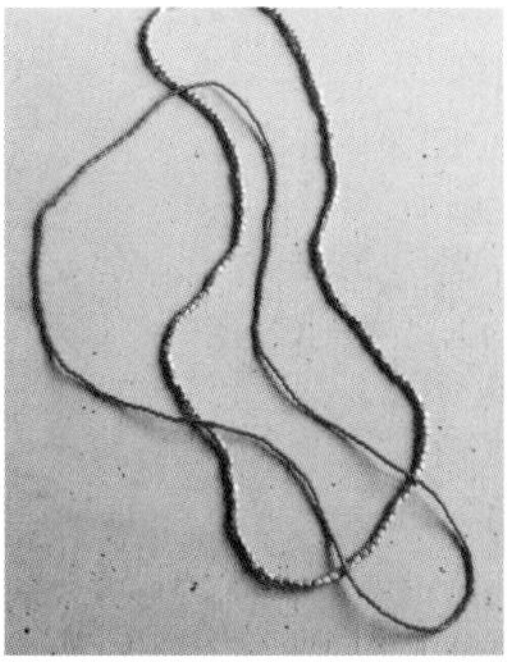

アクセサリーを手作り

アクセサリー選びは気負わず、つけると心はずむ気軽なものを選びます。作家さんのものを購入したり、自分で作ることも。ちょっとした時間に気軽に作れ、ぐっと集中できて気分転換にもなります。

アイテム

4

夏の着回し

カシュクールワンピースは袖つけの必要がなく、気軽に作れます。ぼやけた印象にならないよう濃色のインナーを合わせ、かごバッグで軽快に。

袖なしのＡラインワンピースはＶネックアレンジですっきりと、テーパードシルエットのリラックスパンツをペチパンツがわりに。小物や靴も素材そのままの色味に統一すると、ふしぎときちんと感が出ます。

ボートネックカットソーを袖なしで、くったりとした綾織りのリネンで作りました。ワイドキュロットは裾にゴムを入れてバルーンシルエットに。ラフィアの帽子とあけびのかごを合わせ、肩の力を抜いたスタイル。

靴はこれだけ

通年で使うのは４足。少数精鋭ですが、自分でこまめに手入れすることで愛着もわきます。色はコーディネートに迷わないよう、白、黒、茶色のみ。足にしっくりきてはき心地のよいものは修理したり、リピートして長く使います。冬用にブーツを２足、夏用にサンダルを１足用意しています。

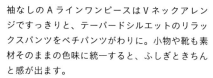

アイテム
2＋4＋5

秋の着回し

カシュクールワンピースは長袖にし、前をあけてコート風に。Aラインワンピースとワイドシルエットのリラックスパンツ、革小物で上品に。

長袖アレンジのカシュクールワンピースは、前をあけてコート風の着こなしに。薄手リネンウールで作ったワイドキュロットはてろんと大人な雰囲気。フェミニンになりがちなコーデをサイドゴアブーツでひきしめます。

ローブコートはあえてボタンをつけず、オープンにして生地の落ち感を楽しみます。パンツはリラックスパンツのワイドアレンジ。縦長のシルエットが生まれるのですっきり見え。モノクロコーデに小物の色味が映えます。

バッグはこれだけ

メインのバッグは6つ。靴とおなじく黒と茶色か、素材そのままの色のものばかりなのでコーディネートに迷いません。忘れ物を防ぐため、帰宅したらすぐに中身をかごに移してバッグをからにするのを習慣に。収納に使っているかごをバッグとして使うことも。

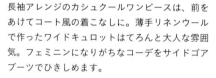

アイテム
1＋2＋6

冬の着回し

ボートネックカットソーとリラックスパンツ、ウールリネンのローブコートでシンプルに。ショールも生地端の糸を抜いただけのハンドメイド。

アイテム
4＋6

アイテム
1＋2

くったりとしたリネンのカシュクールワンピースに、ウールリネンのローブコートを合わせて、革小物でひきしめました。夏の印象のあるリネンですが、重ねることで空気の層ができ、秋冬でもあたたかく過ごせます。

ボートネックカットソーはブラック×きなりボーダーの天竺ニットで、パンツは目の詰まったタイプライター生地で作り、カジュアルななかにもきちんと感を。ほっこりとした質感のベレーとニット、バッグをプラス。

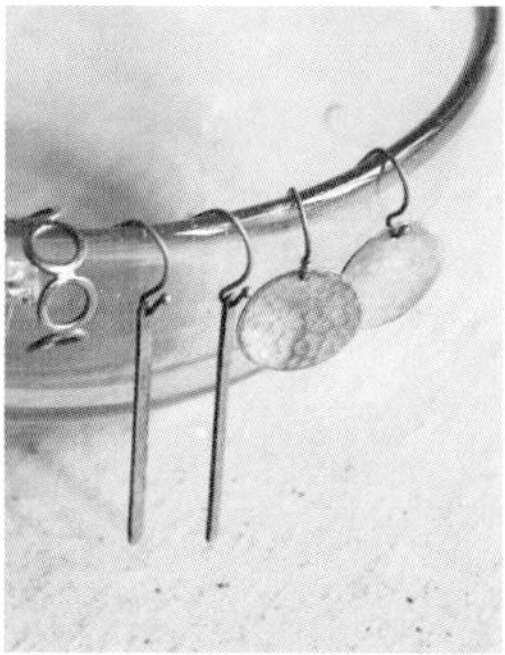

アクセサリーの素材感

ピアスとブローチ、ネックレスとブレスレットなど重ねづけしてもごちゃつかないよう、真鍮や天然素材など、素材そのままのものを選んでいます。すると自然とコーディネートに統一感がうまれます。

生地選びのコツ

洋服作りにいざチャレンジしようと思っても「正直、どんな生地を選べばいいかわからない」という方も少なくないと思います。

たとえ生地の段階で可愛い！と一目ぼれしても、実際仕立てみるとなんだかイメージが違った。着てみるとなんだか着心地が悪い。いかにも手作りっぽくてふだん着るにはちょっとためらってしまう……わたしも初心者のころはそんな「がっかり」をたくさん経験しました。

そこで、こちらでは洋服作りが初めての方におすすめの、生地選びの基本をご紹介したいと思います。

素材

◎素材は最初はコットン（綿）やハーフリネン（綿麻）がおすすめ。安価でお手入れしやすく、針どおりがよいので家庭用ミシンでも縫いやすいです。

▲ポリエステルやナイロン、アクリルなどの化繊は手入れはしやすいですが、家庭用ミシンだとすべってしまって縫いづらいのでおすすめできません。

地直しのこと：綿や麻は天然素材なので水分を含むと縮むため、作る前に水通しし、布地を整えます。

↓詳しくは p.126

コットン：
肌触りもやわらかく、色落ちもしにくいのが特徴です。加工しやすいので織り方にいろんなバリエーションがあります。

リネン：
丈夫で豊かな風合いがあり、夏は涼しく冬は空気を含んで暖かいという利点があります。反面しわになりやすく、色落ちしやすいデメリットも。

厚み

同じ厚みでも無染色だと薄く感じ、透け感がでますが、染めてあると厚みがあるように感じます。手持ちの洋服を観察してみて感覚を育ててください。

◎最初はカッターシャツぐらいの「普通地」と呼ばれる生地がおすすめ。生地だけで触ると少し頼りなく思えても、仕立ててみると意外としっかりします。

▲ガーゼやオーガンジーのように向こうが透けるぐらい薄い生地や、逆にデニムや帆布のように厚すぎる生地だと家庭用ミシンで縫いづらいのでおすすめできません。

種類

まず大まかに分けて布帛《ふはく》とニットがあります。風合いや着心地が変わります。

布帛：経糸緯糸のある織物のことで、縦にも横にもあまり伸びません、斜め（バイアス方向）には少しだけ伸びます。布帛の代表的な織り方が、平織りと綾織り。初心者の方には平織りがおすすめ。

ニット：一本の糸で編まれた生地のことで、横方向に大きく伸びるためフィット感のあるカットソーなどに向いています。最初は伸び率の低い天竺ニットがおすすめです。

扱いやすいのはブロード、オックス、シーチングなどの平織りで、洋服にも小物にも使えます。綾織りはサージ、ツイル、ギャバジンなどとも呼ばれ、経糸と緯糸を交差させて作られています。綾織りは平織りに比べ着心地がやわらかく同じ厚みでも丈夫ですが、生地に表裏があります。

柄

洋服は前後や左右のパーツを縫い合わせて作るため、柄合わせを考えたり上下の向きに気を付ける必要があります。

◎慣れないうちは無地で生地の上下のないものがおすすめです。

○ストライプやチェックなど（先染め）は柄が定規がわりになり、直線断ちのスカートやパンツなどには最適。

▲大きな柄の生地は柄合わせが必要。また、柄がなくてもコーデュロイや別珍など、生地に上下の向きがあるものも。それらは本に書いてある用尺以上に生地が必要です。

ミシン選びのコツ

ミシンはピンからキリまで、1万円を切るようなおもちゃのようなものもあれば、数十万円するようなものまでさまざま。家庭用ミシンは電動、電子、コンピューターと大きく3種類にわけられます。一番安価なのは電動ミシンですが、シンプルな構造なのでスピードや針の上下は自分で調整する必要があり、厚物はNG。電子ミシンは基板でコントロールしているので糸調子やスピードの微調整ができ、ある程度の厚物も縫えます。コンピューターミシンは電子ミシンをさらに使いやすくしたもの。エラーがあると教えてくれて、複雑な模様も縫えますが、価格は電子ミシンより高くなる傾向があります。

どれを選んだらいいのかは何を縫いたいのかで変わってきます。最低限洋服や小物も少し、ということであれば2万〜3万円ぐらいの電子ミシン。わたしも作家を始めて2年ほどはブラザーの2万円台の電子ミシンで十分でした。もし刺繍や名前入れ、きれいなボタンホールを、ということでしたら5万〜10万円のコンピューターミシンがおすすめです。

ある程度慣れてきて既製品のような服を作りたい、作家として作品を販売したいという方は職業用ミシンとロックミシンの2台使いを。職業用ミシンは直線しか縫えませんが、家庭用とはモーターのパワーが段違いなので縫い目も安定して美しく、薄物も厚物も仕上がりが見違えます。

いまはミシンのレンタルサービスもあり、定期的に体験会を催されているお店も。めんどうかもしれませんが、実際に試してから最適な一台を選ぶほうが長く愛用できるミシンに出会えます。

> おすすめミシンメーカー
> JUKI、ブラザー、ジャノメ、ジャガー、シンガー、ヤマザキ、ベルニナなど

これらの老舗メーカーの定番ラインがおすすめ。購入後も部品交換や修理にも対応できるので安心です。

左上から順に　**1**縫い代がつけやすいクロバーの洋裁用定規　**2**文鎮　**3**針山とみすや忠兵衛の待ち針　**4**アイロンなしで縫い代を割るシームオープナー　**5**ボタンホール開けのノミ　**6**MERCHANT & MILLSのメジャー　**7**ループ返し　**8**しっかり線がひけるシャーペンタイプのチャコペン　**9**細部カット用の手ばさみ　**10**細部の仕上げや印つけに便利な目打ち　**11**研ぎなおしできる裁ちばさみ　**12**ルレット（生地へ直接印可）　**13**ソフトルレット（チャコペーパー用）　**14**折り畳みOKなリッパー　※はじめは家庭科のセットに入っていたものなどでも**1 2 3 6 8 9 11 12 14**があればOK

愛用している道具たち

1
2
3
4
5
6
7
8
Sewline
9
CLOVER
10
11
12
CLOVER ソフト
13
14

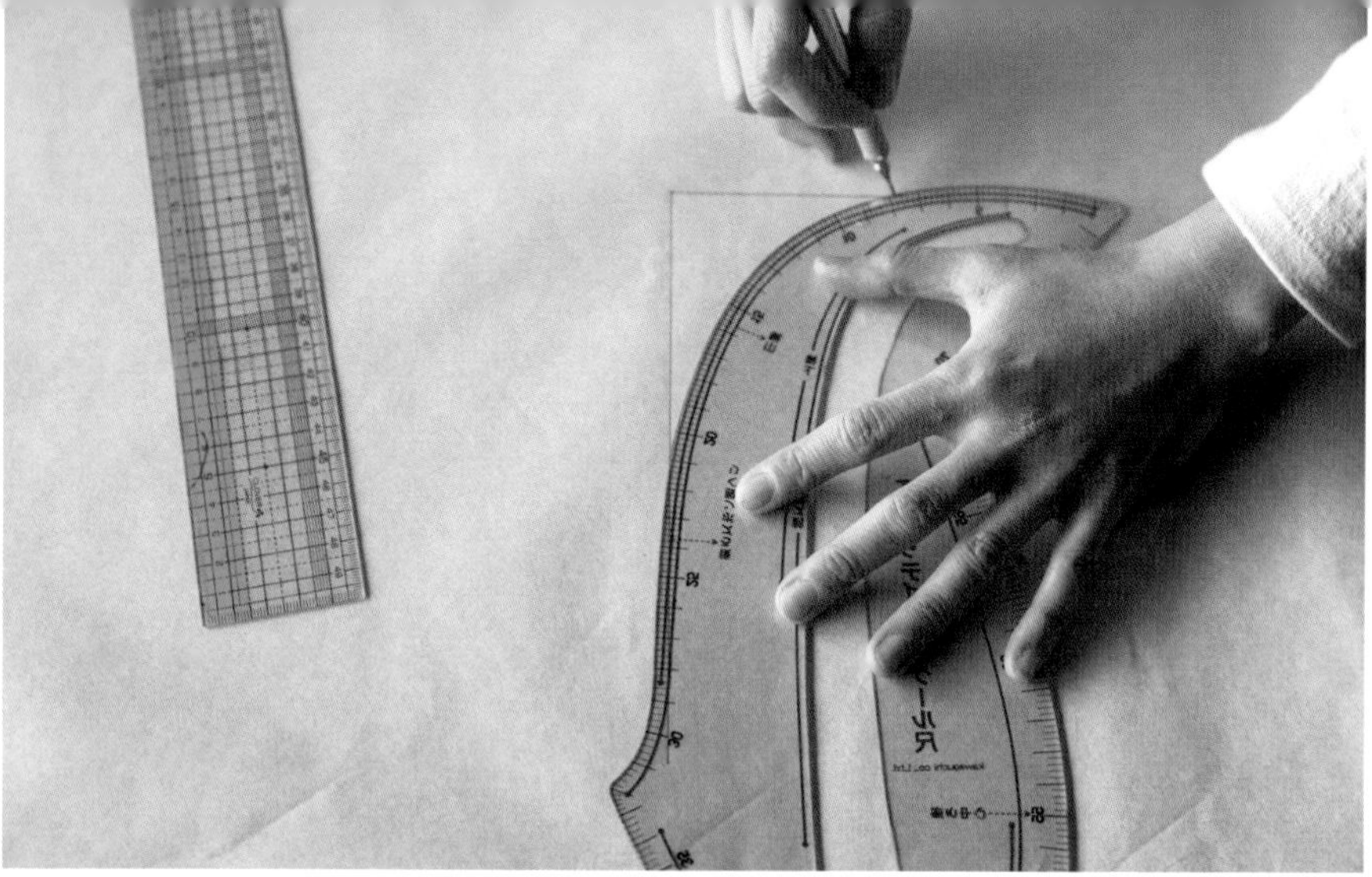

製図のコツ

実物大型紙が主流になったいまではあまりなじみのない囲み製図。昔の洋裁の本では一般的でしたし、いまでも年配の方は製図から型紙を起こすほうが慣れているという方も少なくありません。

囲み製図のメリットは直接紙に製図していくため、実物大型紙のように写しとるときずれたりしないこと。

今回ご紹介する7つの型紙のなかで一番簡単なのは、トップスなら1のボートネックカットソー、ボトムスなら3のワイドキュロット。一部を除いてほとんどが直線なので、製図も縫うのも簡単。ぜひチャレンジしてみてくださいね！　慣れてくればオリジナルデザインにもチャレンジを。参考書には『誌上・パターン塾』（文化出版局）がおすすめです。

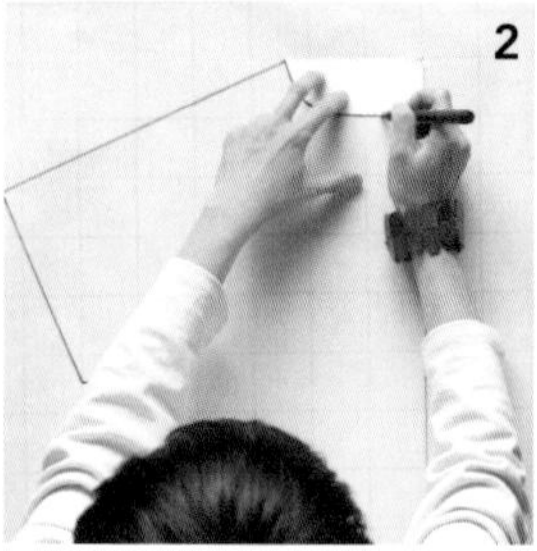

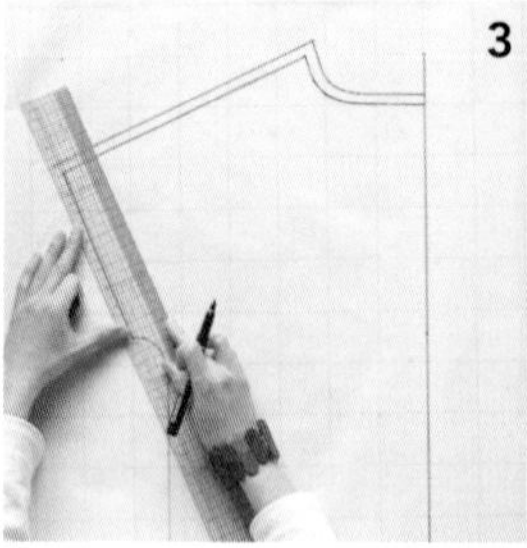

1 コツは縦の一番大きな数字からひいていくということと直角を意識すること。**2** それが書けたら上から順に、さらに垂直に方向を変えて作図していきます。カーブの部分がひきにくいという方はカーブ定規や、p.123からの抜き型を使ってください。**3** 製図ができたら指定の縫い代をつけていきます。洋裁用の方眼の入った定規と、5㎝刻みの方眼用紙を使えば、より気軽に作図できます。

動画あり

生地カットのコツ

生地選びのところで少しお話ししましたが、布帛《ふはく》は経糸緯糸を交差させて織られています。その糸に対してまっすぐカットしないと縫い合わせるときずれてしまうばかりか、仕上がりがゆがんだり着心地が悪くなってしまいます。とくにワンピースのスカートや直線のパンツなどはまっすぐ生地をカットすることが大事。

布の上に型紙を置いたら、文鎮（書道用や河原の石、ダンベルなどで代用OK）でしっかり固定してから裁断します。まち針で固定するより生地が波打ちません。余白部分にも置くと布の重みに影響されず、きれいに裁てます。製図に慣れてきたら、紙のかわりに方眼つきの型紙用不織布で型紙を作れば一石二鳥。型紙を置くときも生地に馴染み、くりかえし作りたい服の型紙には最適です。

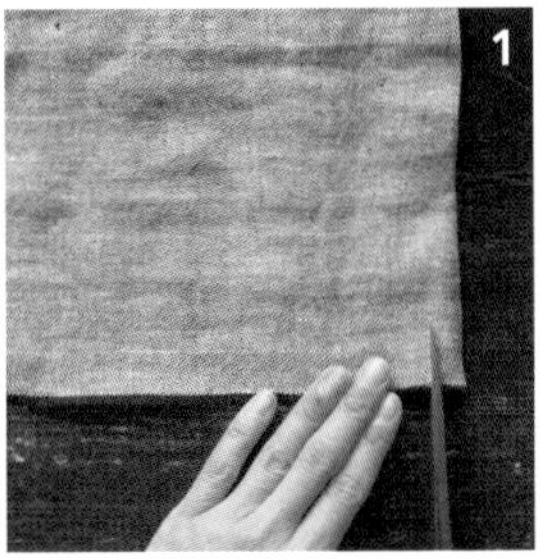

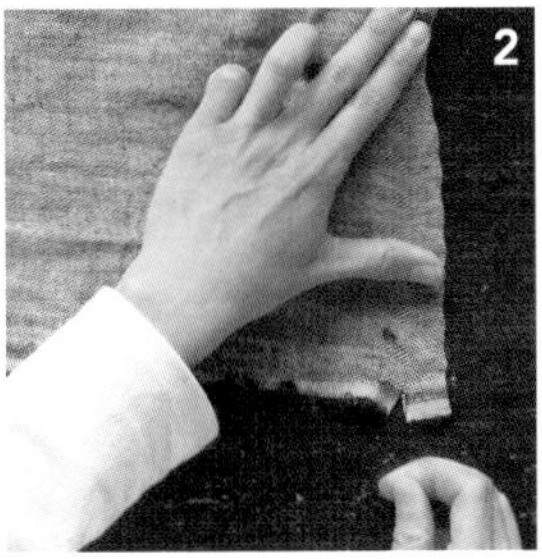

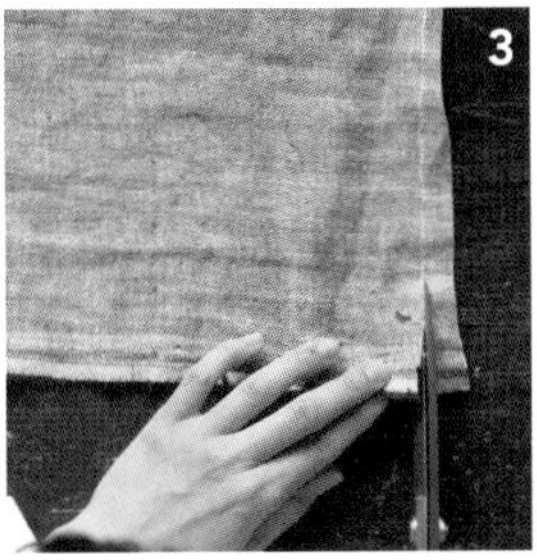

先染めチェックやストライプは柄をめやすにカットしてOK。無地やプリント地は数cmカットし生地を裂くか、地の目を通してからカットしましょう。地の目の通し方は、**1** 生地端を数cmカットし、織り糸１本を引き出す。**2** 織り糸を必要な寸法まで引き抜く。**3** 抜いた跡を目印にしてカット。裂いた場合は布目がゆがみやすいので、裁断の後にアイロンで整えます。

動画あり

着物を着るようになって気づいたこと

娘と一緒に日本舞踊を始め、今年で4年目。舞踊をきっかけとして和装も少しずつ楽しむように。昔和装好きだった母からいくつか着物を譲り受け、お出かけ着とお稽古着にしています。

母とは体形が違うのでお直しして着ていますが、お直し代はカットソーたった1着分ぐらい。最初から着続けることを前提に作られているので仕立て直せ、受け継いで長く着続けることができるのが和装の知恵。洋裁と和裁とではまったく考え方がちがいます。体という立体に合わせて布を加工するのが洋裁。それとは反対に、和服は平面のままで完成させて、実際着るときに自分の体に合わせて包み、折り畳んで初めてデザインができ上がる。だから体形が変わっても、着る人が変わっても着ることができるのです。畳めば平面に戻り、しわもできず、場所をとらず保管できるミニマルさにも感心します。

また、着物を着ることで自分の体の状態も意識するようになりました。子どものころクラシックバレエをしていたので姿勢はいいほうだと思っていましたが、帯をしめるとあれれ、背中が苦しい。それまで自分なりに「いい姿勢」だと思っていたのは反りすぎで、背中に負担がかかっていたのだと気づきました。

さらに、体の動かし方にも変化がありました。もともとせっかちなわたしなので、最初は慌てて動いて身八ツ口をほつれさせてしまったり、帯をひっかけたり。けれど、着物を着ることに慣れてくると自然と所作が丁寧になり、先を見越して落ち着いて行動することができるように。それに、着物に合わせた所作をしているとなんだか体が楽ちん！　洋服を着ていたときは自由自在に動いていたつもりが、いままでかなり腰や腕に負担をかけていたのだと気づきました。

そして、うれしい変化がもうひとつ。手作り服もそうですが、着物を着られるようになってとくに、市販の洋服をさらに買わなくなったのです。だって、ふと見まわしてみれば着物みたいに親子で受け継ぎ、長く着続けたいと思えるデザインのものや、昔のテーラードみたいに縫製がしっかりとした洋服ってほんまに少ない。ファストファッションに同じお金を出すのなら、仕立てのいいリサイクルの着物を買ったり、おさがりの着物を受け継いで仕立て直して使い続けるほうが経済的だし、ずっと満

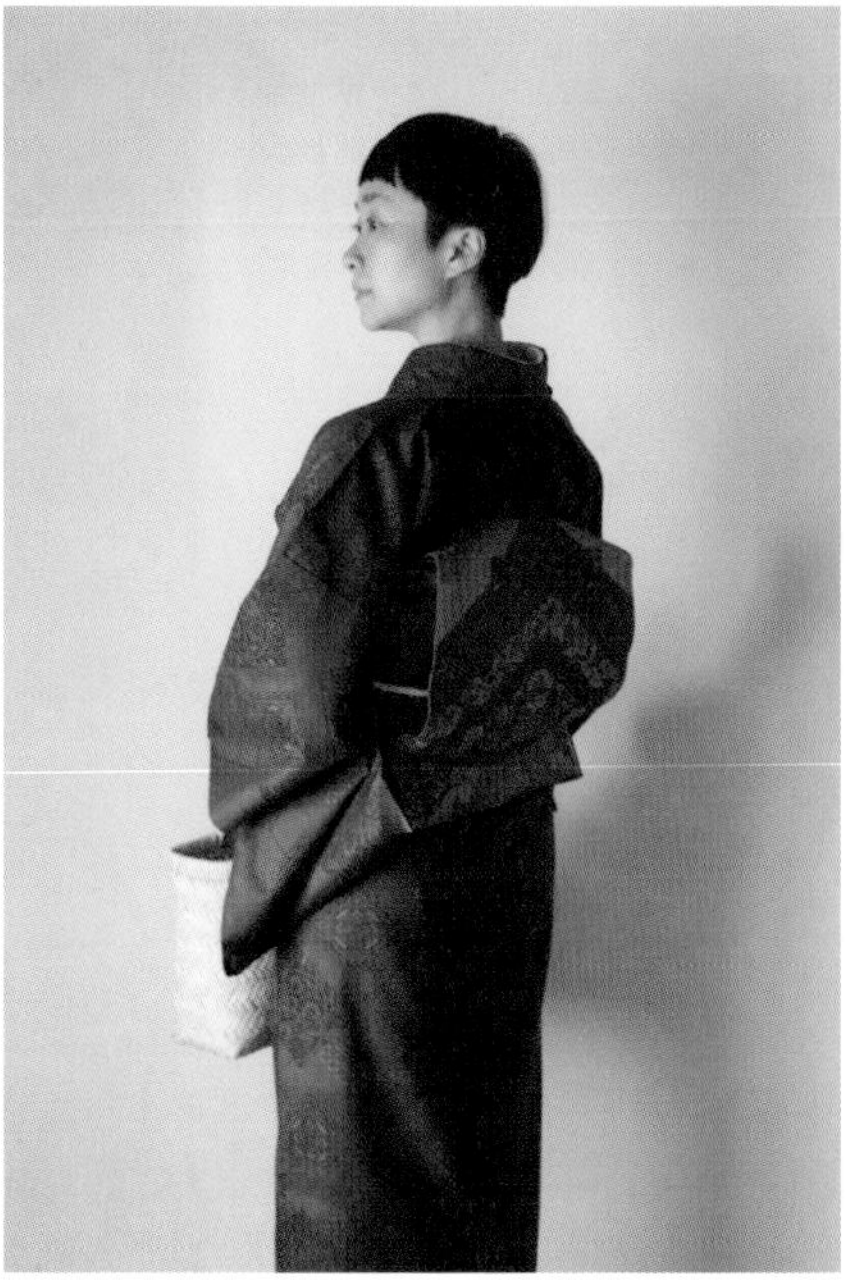

足できる気がします。

じつは若いころ、母から誘われたときには「めんどくさいから絶対ごめん！」だった和装。でもこの年になってはじめて、あらためて着物っていいなと思えるようになりました。肝心の日本舞踊は全然進歩しないのですが、おばあちゃんになっても、わたしなりに着物を楽しんでいきたいな。そして着物のように、時代を経ても長く受け継いでいけるような洋服作りをしていけたらいいなと思います。

第三章

わが家の道具選び

出汁さえあれば

出汁《だし》さえ常備しておけば、シンプルな料理も段違いに美味しく仕上がるので、忙しいときも大助かり。わが家では昆布はみついし昆布、かつお節は厚削りのタイプを使用。二番出汁はとらずに、しっかり煮出して濃い味の出汁をとっているので汁ものや麺類は倍に薄めて、煮物や天つゆにはそのまま使います。

めんどうなイメージのある手作り出汁ですが、最初にまとめてパックにするところまでやっておけば、その都度冷凍庫から取り出して煮出すだけ。夏場は塩をひとつまみ入れておくと傷みにくくなります。

出汁がらもふりかけや佃煮、猫のおやつにと活用。出汁がらの昆布は冷凍庫に入れておいても忘れがちになってしまうので、ワイヤークリップではさんでコンロのふちにひっかけて。すると半日ほどでカラカラに乾くので、その状態で保存し、ある程度たまったらまた水でもどしてまとめて佃煮にすると無駄なくいただけます。（佃煮はp.48〝返し〟を活用して作っています）

出汁作りに長年愛用しているのが野田琺瑯の持ち手つきストッカー。前日の夜水と10cm角程度の昆布を入れておき、琺瑯ふた（別売り）を。翌日直火にかけ出汁をとり、粗熱をとればそのまま冷蔵庫で保管できて便利です。

わが家では出汁は「炊いたん」によく使います。炊いたんとは、菜っ葉とうす揚げやちくわを出汁で煮て、塩か返しで軽く味付けする京都ならではのおばんざい(おかず)。出汁たっぷりに仕上げると汁もの兼おかずにもなるので重宝します。

動画あり

かござるでこんなこと

若いころからかごの佇まいが好きでしたが、13年前町家に引っ越してからさらにかご好きが過熱。というのも町家には収納スペースが少ないので、よく使う道具は自然と目につくところに出しておいたりひっかけて収納するようになったから。プラスチックなど人工の素材だと視覚的にごちゃついてしまうので、やむなく天然素材でできたものを選ぶようになりました。すると自然と手にとる回数がふえ、「こんな使い方もありかも?」と使い道の幅も広がったのです。

ちなみに、頭上のシダのかごは実は水切りかご。洗った器は、ある程度水が切れたらテーブルに並べて干しておけば、ふく手間が省けます。

1 わが家のリサイクルゴミ入れは柱にひっかけたマルシェかご。
2 かごはある程度の大きさがあっても軽く、使い終わったあと吊るして使えるので、台所の天板もすっきり。

ふた無しのかごなのでなんとなく中身の雰囲気がわかり、小さな子どもやお客さまでも場所がすぐわかるというメリットも。

4

3

6

5

3洗ったあとの食器を伏せておくのもかごへ。**4**カトラリーや毎日使うお茶碗、グラス類、ふきんはそれぞれジャンルごとにかごに入れ、オープンラックで収納しておけば使う場所にかごごと持っていって配膳できます。**5**野菜入れにしているかごは市場かごとしても使っています。**6**ざるはバットがわりに切った野菜を入れたり、ゆであがった食材の湯切りに使ったり、懐紙を敷いてお皿がわりにしたりと毎日大活躍。コンロまわりにひっかけておけば湿気がこもらないのでカビの心配もありません。

動画あり

受け継ぐ道具

わたしがもの選びをするうえで基準にしていることはたった一つ。それは「受け継いでいきたい」かどうかということ。流行っている、なんとなく必要、といった観点で何かを手に入れることはまずありません。もし何か壊れて使えなくなったとしても、手持ちのもので代用できないか、無くても何とかできないかを試してみます。

◎使えば使うほどに味わい深くなるもの
◎古くなっても手入れしながら使い続けられるもの
◎手放すことになったとしても、誇らしい気持ちで受け渡すことができるもの

そういう観点でものを選ぶと、天然素材のもの、シンプルで美しいデザインのもの、古くから作り続けられてきたものや、文化のなかではぐくまれてきたものが自然と集まってきた。そんな気がするのです。

お茶碗

天神さんの市でおばあちゃんから譲っていただいたもの。亡くなられたご主人の思い出の品だそう。手にとるとほっこりあたたかい。

あけびのかご

津軽の厳しい自然にはぐくまれて育ったあけびを手間暇かけて編みあげられたかごは、置いてあるだけで気品があって美しい。古い着物にも似合います。

turk のフライパン

鉄の一枚板から叩いて作られた継ぎ目のないフライパン。しっかりとした厚みがあるのでカリッとこんがり、美味しく仕上がります。

文鎮

実は夫が職場のゴミ捨て場から救済してきたもの。時を経て角がとれ、鉄製なのにどことなくぬくもりさえ感じられるほど。

籐のポット

古道具屋で偶然みつけた象印の籐のポットは保温力ばつぐん。朝一番にお湯を沸かして入れても一日温かいままなので、白湯に、お茶に、焼酎お湯割りにと大活躍。

楓のおにぎり入れ

おにぎり大好きな息子の1歳の誕生日に買ったもの。最初は真っ白でしたが、使ううちに色が変化していくのも天然素材の良さ。大人になって家を出ていくとき持たせてあげたい。

古布のブローチ

いとこが古い藍の着物を使って手作りしてくれたブローチ。藍には防虫効果があり、古い生地であっても長く保存ができるのだとか。

荒神帚《こうじんぼうき》

荒神とは竈《かまど》の神様のこと。竈用の小さな箒が荒神帚です。夫の田舎にある道の駅で見つけた箒はおじいちゃんの手作り。適度な張りがあり建具の汚れもさっと掻きだせます。

オリーブのまな板

樹齢400年の古木から切り出したオリーブのまな板は作家さんから直接譲っていただいたもの。傷がつきにくく、抗菌作用があるので長く使えます。木目も美しい。

古い椅子

こちらも夫が職場で不要になった古い椅子をもらってきたもの。あちこち汚れ、ガタがきていましたが、きれいに洗って手直ししたらとてもいい雰囲気。まだまだ長く使えそう。

お家ごはんをごちそうにしてくれる土鍋

町家に引っ越してきてしばらくしたころ炊飯器が壊れてしまったのをきっかけに、手持ちの鍋でごはんを炊くようになりました。あるとき土鍋で炊いてみたところびっくりするほど美味しくて、それ以来ごはんは土鍋で炊くように。すると炊飯器よりもずっと便利なことに気づいたのです。

まず、炊飯時間が短いこと。炊飯器は炊きあがりまでだいたい30分ほどかかりますが、土鍋だと蒸らしをふくめて15分ほどで炊きあがるので、忙しい食事時には大助かりです。次に美味しさ。土鍋は保温性が高く、遠赤効果もあるため芯まで火が通りふっくらつやつやに。炊飯器と比べてのデメリットは保温機能が無いことですが、食事ごとに食べ切れる量を炊きますし、冷めても美味しいので問題ありません。

息子は赤ちゃんのころから炊き立てごはんのおにぎりが大好物。土鍋で炊きあがるごはんはその湯気まで美味しくて、たくさんのおかずがなくても大満足です。

愛用品はサタケの精米機と、長谷園のかまどさん。

動画あり

新聞はえらい

テレビはほとんど見ないし、スマホも持たないことに決めているので、情報収集はもっぱらが新聞。興味のあることがらだけに限られるネットニュースより、限られた誌面でまんべんなく情報を入手できる新聞が頼りです。

隅々まで読んだあとは、ゴミ箱、キッチンペーパー、ぞうきん、敷物、包み紙、食材の保存にと大活躍。汚れたお皿や鍋をふくウエスがわりにしたり、霧吹きで湿らせて窓ふきに使えばインクの油分で曇りがすっきり。適度に湿度を吸収し、足りないときは排出してくれるので野菜や果物をくるんで置いておくと長持ちします。においを吸収する力があるので戸棚や靴箱に敷くのもおすすめ。台所では一枚ずつばらして重ねて束ねておけば、片手で一枚ずつ取り出せ、生ごみ処理や揚げ物のときの敷き紙として使いやすくなります。

子どもたちが小さいころは遊び道具としても大助かり。丸めて剣にしたり、紙でっぽうを折ったり。情報を伝えてくれるだけでなく、用途に合わせていろんな姿に変身してくれる新聞紙は、わが家のヒーローのようです。

1 半分に折った新聞紙のわのほうを中心に向かって三角に折る。 **2** 手前の上端を二つ折り。 **3** 裏返して左右を中心に向かって折る。 **4** 手前の上端を二つ折り（洗濯ばさみなどで吊るして使う場合はここで完成）。 **5** 底を写真のように畳む。 **6** 完成（置いて使う場合）。

1

2

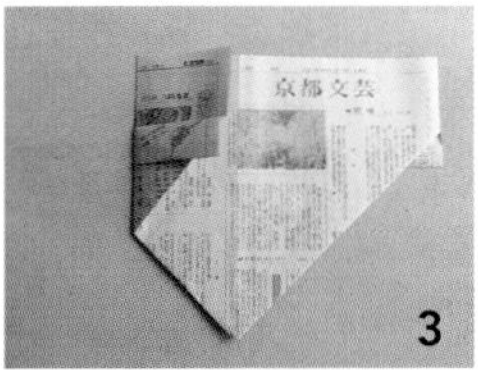

3

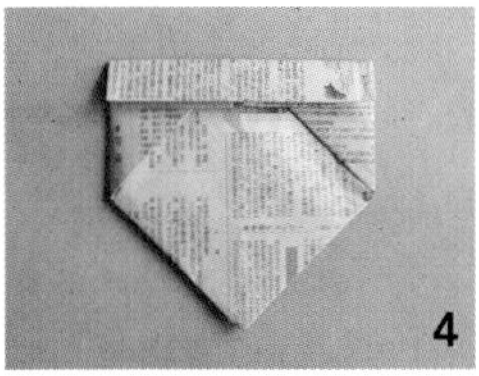
4

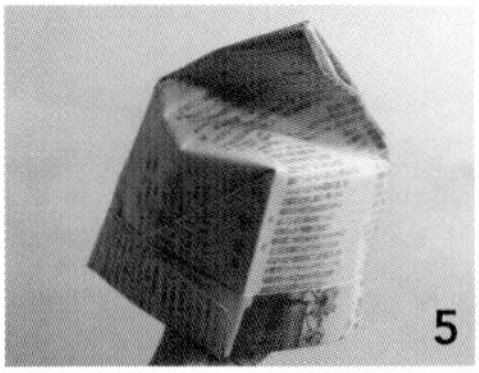
5

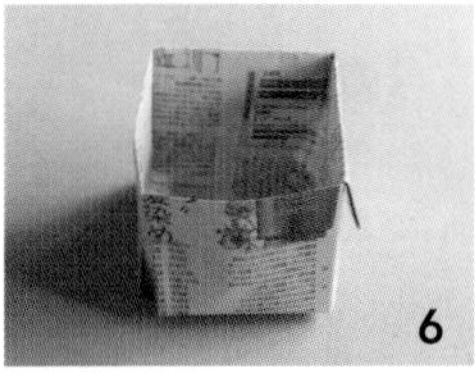
6

動画あり

洗剤はシンプルに

10年ほど前から続けている石けん生活。ここ数年は洗濯、掃除、食器洗いに手洗い、すべて一種類の粉状（針状）石けんでまかなっています。

一般的な洗剤はそのほとんどが水分。そのため頻繁に詰め替えなければならず、パッケージを捨てるのも気がひけます。けれど、粉状ならば保管に場所をとらないし、用途に合わせて好みの濃さで水に溶いて使えて便利です。

使う石けんはアルカリ剤や蛍光剤が入っていない「純石けん」なのがポイント。通常市販されている洗濯石けんは、泡立ちをよくするためアルカリ剤が混ぜてあります。洗濯だけに使うのなら少量ですむので経済的でよいのですが、手洗いに使うと手が荒れてしまうし、蛍光剤などの添加物が入っていると食器洗いには向きません。わが家で使っているのは食材の配達でもお世話になっている生活クラブの洗濯用石けんです。食器洗いや手洗いにはそのまま、洗濯には汚れ度合いに合わせてセスキ炭酸ソーダや酸素系漂白剤などアルカリ剤を加えて。ウールやシルクにも使えるのがうれしいところです。

石けんの扱いで、一つだけ注意しなくてはいけないのは、しっかり泡立てること。よく「石けんは汚れが落ちない」と言われますが、中性洗剤とは汚れを落とす仕組みが違います。中性洗剤はそのものが界面活性剤（水と油を混ぜる役割をするもの）ですが、石けんはそのもこもこした泡が汚れを落とすのです。

わが家で使っている石けんは液体ではなく粉状でもなく、「針状」です。粉が舞い上がりにくく、水にも溶けやすいのです。ボトルにビー玉や小石を入れておくと混ざりやすくなります。トイレ掃除にはスプレーにして（クエン酸25g：500mlの水）。トイレやレンジなどのアルカリ性の汚れに効果があり、におい予防にも。ふきんの煮洗いは、弱火で5分ほど煮て冷めるまで放置するだけです（酸素系漂白剤小さじ1：水1ℓ）。変色するのでアルミ鍋はNG。

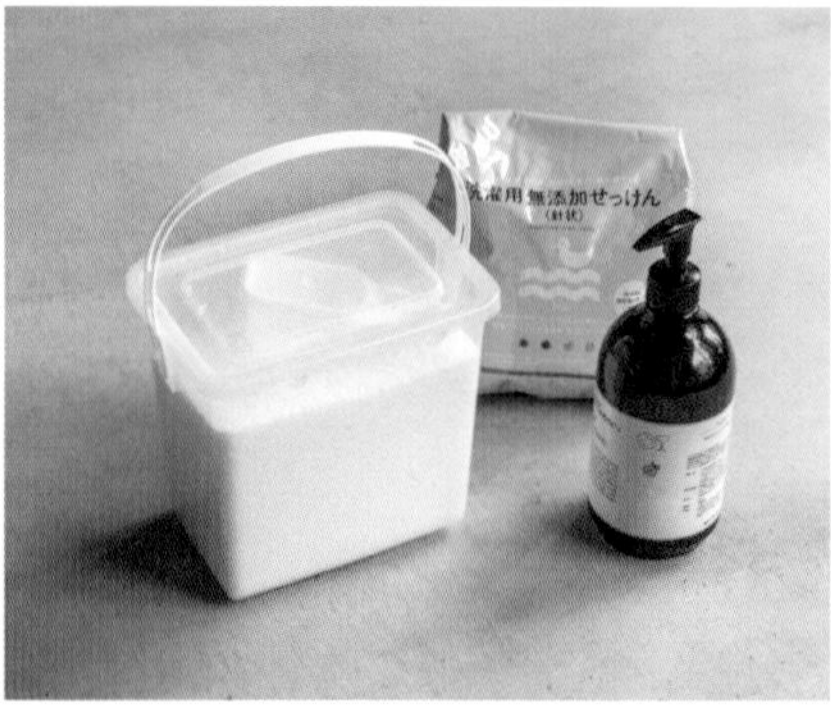

参考図書：『セスキ＆石けんでスッキリ快適生活』赤星たみこ（青春出版社）

動画あり

石けんは十分な量を使い、もこもこと泡立てることが重要。二槽式は槽が小さい分遠心力が働き、石けんの泡立てには最適。食器洗いや手洗いはプッシュ式ボトルで（石けん50g：500mℓのぬるま湯※掃除用は1.5倍ぐらい薄める）。

泡が汚れを落としてくれるので、洗っている途中も洗いおけに溜め水はせず、泡で包み込むようにして洗います。石けんの界面活性力は水と出会ったとたん効力がなくなるため、少ない水ですすげて、ぬるつきも残らず水の使用量も減らせます。台所では石けん専用の反発力の強いスポンジを使っています。油汚れの多い食器を洗う前には、あらかじめ汚れをスクレイパーや新聞紙などでぬぐってから洗うようにすると、石けんや水の使用量も減らせます。

すっきりと便利が両方かなう、ひっかけ収納

町家に暮らし始めて一番困ったのが、収納スペースが少なかったこと。以前より大きな家に引っ越してきたはずなのに、持ってきた荷物が収まりきらず途方にくれました。そこでよく使うものは厳選して出しっぱなしにし、フックで吊ったり掛けたりしておくように。たとえばバッグをクローゼットなどにしまう場合、まずは扉をあけ、そのなかのケースを取り出し、バッグを取り出す。などと動作が3つ必要なうえ、両手で作業する必要があります。ですが、ひっかけ収納だと片手でとれて片手で元に戻せ、しかも一目で見てわかるので探す手間も省け、ほこりがたまりにくく掃除もしやすいメリットも。

わが家では家族のバッグは階段の壁面に有孔ボードを設置し、そこに集合。ティッシュやテレビのリモコン、ゴミ箱だって吊るしています。毎日使うマスクもかごに入れ、玄関にひっかけて。わたしも家族もしまい込むとどこに行ったか分からなくなる性分なので、ひっかけ収納にしてからかなり「あれどこ〜?」のストレスが減りました。

いままではなんとなく机の上に置いていたものも、ひっかけ収納にしてみると意外と便利になるかもしれません。

マスクはかごに仕切りをつけ、人別に仕分けています。帰宅後は使用済みのマスクを上段に入れるルール。

ティッシュケース 作り方 p.117

エコバッグ大・小 作り方 p.118

50
40
30
20
10
0
10
20
30

第四章
未来のわたしを助けてくれる保存食

旬の食材と時間とがかけあわさって、勝手に美味しく仕上がる保存食。食材をむだなく使えて経済的だし、時間が経つにつれてだんだんとでき上がっていく様子も、なんとも愛おしいものです。

保存食はめんどうなイメージがありますが、わたしは「未来の自分へのプレゼント」だと思っています。とはいえがんばりすぎると続かないので、食事作りのときにほんのひと手間かけるだけ。たとえば朝ついでに野菜を干しておけば、煮込む時間が短縮されて夕食作りのとき助かるだろうな。今日魚の味噌漬けを仕込んでおけば週末美味しく食べられるだろうな、というように、余裕があるから保存食を作るのではなく、疲れていて余裕のない未来の自分を、保存食の力を借りて助けてあげる。そう視点を切りかえてみるとやる気になれます。

ここではわが家流の保存食作りと、その応用レシピをご紹介しています。最初は合わせ調味料作りから。調合しておくだけで料理作りの手間がはぶけ、ぐっと便利になりますよ。

1 具だくさんの豚汁には自家製味噌で、甘味とコクをプラス　**2** イワシの梅煮は本返しと梅干し入りで傷みにくく　**3** 白菜のお漬物は２週間経ったころが酸味が出て美味しい　**4** 出汁作りで出た昆布を本返しと実山椒で佃煮に　**5** わが家自慢の白梅干し。娘ははちみつをかけておやつがわりに　**6** わが家の柚子胡椒は韓国唐辛子と黄柚子を使い甘口仕上げ　**7** 軽く塩もみした根菜に甘酢で、サラダ感覚で食べられるお漬物に

日本の伝統的な保存食は究極のほったらかし料理。自然の持つ力で勝手に美味しくなります。代表選手、漬物は軽く干して4%程度の塩で漬けるだけ。お好みで昆布や唐辛子を。調味料は昔ながらの製法で作られた添加物のないものを選ぶと、素材がひき立ちます。

1
2
3
4
5
6
7

返しと甘酢

初心者さんにまずおすすめなのが
合わせ調味料作り。
量って保存容器に入れておくだけで
味付けばっちり、
メニューの幅も広がります。

生姜焼き

[材料] 4人分
豚肉 … 400g
塩・こしょう … 少々
玉ねぎ(くし切り) … 1個
にんにく(すりおろし) … 1片
しょうが(すりおろし) … 1片
返し … 大さじ2
なたね油 … 適量

①フライパンに油をひき、豚肉に塩・こしょうをしながら軽く焼き色がつくまで中火で炒める。
②玉ねぎを入れて炒め、くったりしてきたらしょうが、にんにくを加え、さらに炒める。
③返しを鍋肌に回しかけて香りが立ったら火をとめる。
④皿に盛り付け、好みでさらにしょうがや卵黄(分量外)をトッピングし、からめていただく。

唐揚げ

[材料] 4人分
鶏肉 … 400g
塩・こしょう … 少々
にんにく(すりおろし) … 1片
しょうが(すりおろし) … 1片
返し … 大さじ2
ごま油 … 大さじ1
片栗粉、小麦粉 … 各大さじ3
揚げ油 … 適量

①鶏肉をポリ袋に入れ、塩・こしょうを振る。にんにく、しょうが、返しを順に加えてもみこみ、5分ほどおく。
②ごま油をもみこみ、片栗粉と小麦粉を入れてポリ袋の口をしめ、振って粉をまぶしつける。
③揚げ油に弱火で火を入れ、肉の表面が白くなるまで揚げ、一度取り出す。
④中火で③をカラッと揚げる。

かけうどん/そば

[材料]
うどんやそばなど … 1人分
出汁 … 300mℓ
返し … 40〜50mℓ(お好みで)

うどんやそばをゆで、出汁と返しを火にかけて温めたものをかけてお好みの具をのせていただく。

※返しの分量を倍にすると天つゆに。
倍の水で溶くとすき焼きの割り下に。

動画あり

返し

［材料］作りやすい分量
丸大豆しょうゆ…1カップ
本みりん…1/4カップ
粗精糖…40g（好みで加減する）

すべて混ぜて常温で保存する。

※みりんを煮切ってから粗精糖を溶かし、しょうゆを入れると「本返し」に。返しよりまろやかになるが、アルコール分がないので冷蔵庫で保存。
※粗精糖がとけたら使え、半年間保存可。

甘酢

［材料］作りやすい分量
醸造酢（米酢）…2カップ
粗製糖…大さじ8〜10
昆布…10×10cm程度
塩…大さじ1〜2

すべてを合わせて保存容器に入れる。
昆布は刻んで料理に使う。

※翌日から使え、半年間保存可。

油淋鶏

［材料］4人分
鶏肉…400g
塩・こしょう…適量
片栗粉…適量
A 甘酢…大さじ1
返し…大さじ1
長ねぎ（みじん切り）…1/3本
にんにく（みじん切り）…適量
しょうが（みじん切り）…適量
ごま油…大さじ1

①鶏肉は塩・こしょうをし、片栗粉をまぶして、ごま油で両面をカリッと焼く。
②Aを合わせて調味料を作る。
③鶏肉を食べやすい大きさに切り、②を回しかける。

※鶏肉はタラやカレイなどの白身魚、豆腐で代用しても美味しい。

ピクルス

［材料］作りやすい分量
大根、にんじん、きゅうり、パプリカ、かぶ、カリフラワー、プチトマト、みょうがなどの干し野菜（スティック状か一口大に切って半日ほど干したもの）
甘酢…適量
水…（甘酢の倍量）
ローリエ、粒こしょう、赤唐辛子などお好みで

①鍋に甘酢と水、香辛料を入れ、ひと煮立ちさせて粗熱をとる。
②干し野菜をゆで、好みの堅さになったらざるにあげ、保存容器に詰めたら①を注ぐ。

※翌日〜1週間ほど食べられる。

ちらし寿司

［材料］作りやすい分量
ごはん…適量
甘酢…適量
好みのお刺身…適量
青じそやみょうが、穂じそ、木の芽、きゅうりなど

①ごはんに甘酢を混ぜ、すし飯を作る。
②お刺身、薬味をトッピングして盛り付ける。

干し野菜

半日干すだけでうまみアップ、調理時間も短縮。野菜をむだにせずたくさん頂けます。

[材料] 作りやすい分量

大根、かぶ、にんじん、白菜、玉ねぎ、白ねぎ、パプリカ、なす、トマト、ズッキーニ、きゅうり、カリフラワー、きのこなど

洗って好みの大きさに切り、数時間から2日ほど干す。大根、かぶ、きゅうりや白菜は干してから4%の塩漬けにしても。

干し野菜スープ

[材料] 2人分

白菜、にんじん、大根、かぶ、玉ねぎ、トマト、ズッキーニ、きのこなど好みの干し野菜 (1〜2日干したもの)

鶏がらスープや出汁など … 400mℓ

塩 … 少々

なたね油 … 大さじ1

①野菜は軽く洗って水をしっかりと切り、好みの大きさに切る(やや大きめに切っても干すので火の通りが早い)。

②鍋に油を熱して野菜を軽く炒める。

③スープを入れてことこと煮る。

④好みのやわらかさになったら塩で味を調える。

干し野菜のペペロンチーノ

[材料] 1人分

プチトマト、ズッキーニ、玉ねぎを半日干したもの

にんにく (みじん切り) … 1/2片

赤唐辛子 (みじん切り) … 1/2本

パスタ … 90g

塩 … 大さじ1

オリーブオイル … 大さじ2

①野菜は軽く洗って水を切る。湯を沸かした鍋に塩を入れ、パスタをゆで始める。

②フライパンにオイル半量を熱し、にんにくと赤唐辛子を入れて香りが立ったら、野菜を入れてさらに炒める。

③やや固めにゆでたパスタを、②と合わせて炒め、ゆで汁大さじ2〜3を加えて煮つめ、残りのオイルを回しかける。

素揚げ

[材料] 作りやすい分量

大根、にんじん、かぶ、なすなどの干し野菜 (皮つき、いちょう切りで数時間〜半日干したもの)

なたね油 … 適量

しょうゆ … 適量

すりごま … 適量

①野菜は軽く洗って水をしっかりと切り、冷たいままの油に入れて火をつける。

②最初は弱火、焼き色がついてきたら中火にして外側がカリッとしてきたら油からあげる。

③熱いうちにしょうゆとすりごまを加えて混ぜ合わせる。

実山椒

5月頃に出まわり始める山椒は、枝から実を外してゆでるだけ。多少小枝が残っても大丈夫です。

[材料] 作りやすい分量

実山椒…適量　塩…適量

①お湯を沸かして材料を入れ、30秒ほどでざるにとり、水にさらす。
②ときどき水をかえながら1時間～半日ほど好みの辛さになるまでさらす。
③水気をふきとり冷凍庫保存する。

※1年間保存可能。

ちりめん山椒

[材料] 作りやすい分量

ちりめんじゃこ … 100g
実山椒 … 30g
水 … 100mℓ
日本酒 … 100mℓ
返し(p.49参照) … 大さじ1

①鍋に調味料と水をすべて入れ火にかけ、沸いたら弱火にしてじゃこを2～3分炊く。
②実山椒を入れ、落としぶたかアルミホイルでふたをし、汁気がなくなるまで弱火で10～15分ほど煮つめる。

※冷蔵庫で1週間、冷凍庫で3か月ほど保存可能。ごはんのおともはもちろん、パスタにも合う。食パンにのせてチーズをかけてトーストも美味しい。

カルパッチョ

[材料] 作りやすい分量

鯛、サーモン、カンパチやホタテなど好みの魚介 … 適量
実山椒 … 適量
オリーブオイル … 適量
塩・こしょう … 適量
レモン(くし切り) … 1切れ
ディルやバジル、セルフィーユ、イタリアンパセリなどお好みのハーブ

①実山椒はオイルに漬けこんでおく。
②魚介を皿に盛って塩・こしょうをふり、ハーブを盛り付ける。
③オリーブオイル漬けの実山椒をオイルごと回しかける。
④食べる直前にレモンを絞っていただく。

麻婆豆腐

[材料] 4人分

豆腐(2cm角切り) … 1丁
肉みそ(p.53参照) … 70g
長ねぎ(みじん切り) … 1/2本
A　実山椒、豆板醤 … 各小さじ1(好みで加減)
　　赤唐辛子 … 小さじ1
鶏がらスープ … 1/2カップ
水溶き片栗粉 … 大さじ2～3
なたね油 … 大さじ1

①油を熱して肉みそとねぎを中火で炒め、ねぎがくったりしてきたらスープを加える。
②煮えてきたら豆腐とAを加えて、さっくり混ぜる。
③弱火にし、水溶き片栗粉でとろみをつけ、鍋をゆすりながらひと煮立ちさせる。

手作り味噌

毎年2月に「みそ会」と称して友人家族らと共ににぎやかに仕込みます。同じレシピでも毎年仕上がりが違うのが面白い。

[材料] 4kgができ上がる量

大豆、生麹…各1kg
天然塩…450g
種味噌…適量
(あれば昨年作ったものを半カップほど、なければ市販の非加熱味噌)

①大豆はよく洗って汚れを落とし、前日から18時間以上水につける。

②ひたひたの水で3〜4時間ほど、指で軽くつぶせるほどの硬さになるまで茹でる(圧力鍋なら30分ほど)。

③豆が温かいうちにビニール袋に入れて形がなくなるまでつぶす(フードプロセッサーやすり鉢でもOK)。

④塩と麹を手のひらですり合わせるように混ぜる。

⑤④を③とよく混ぜ合わせる。このときに種味噌も入れる。

⑥ハンバーグをこねる要領でテニスボール大に丸め、消毒用アルコールをスプレーするなどして消毒した容器の底に塩(分量外)をふり、投げつけるようにして詰めていく。

⑦空気が入らないように手でぎゅっと圧をかけ、最後に塩(分量外)を薄く敷き詰め、ラップで覆う。
※1、2

※1　そのまま8か月間ほど直射日光のあたらない常温で保管する。
※2　夏季にカビがはえやすいので、ときどき開けて確認する。もしはえていたらそこだけ薄く削り取り、消毒用アルコールと塩をかけておくと夏場でも傷みにくい。

①

②

④

西京焼き

[材料] 作りやすい分量
サワラ、鮭、タラ、サバなどお好みの魚や豚肉、鶏肉など人数分
味噌 … 200g
A | 粗精糖 … 大さじ2
　| 酒 … 大さじ2
　| 本みりん … 大さじ2

①味噌とAを混ぜ、人数分の魚や肉を並べて保存できるふたつきの容器に敷き詰める。※1
②①の肉や魚に、まんべんなく味噌をからめる。
③翌日〜4日漬けこみ、取り出して味噌をへらやキッチンペーパーなどで軽く取り除き、くしゃくしゃにしたアルミホイルの上に並べ、魚焼きグリルの弱火またはオーブントースターで10分焼く。

※1 魚や肉は漬ける30分前に塩をふり、余計な水分をとっておく。
※一般的な魚の切り身が4切れほど漬けこめる。味噌床は3回ほど使いまわせるが、だんだん食材の水分で水っぽくなったり塩分が減ってきたりするので味噌や塩を足す。
※白みそを使う場合はみりんと粗精糖をそれぞれ大さじ1にする。

肉みそ

[材料] 作りやすい分量
豚ひき肉 (脂が少なめのもの)
… 200g
にんにく (すりおろし) … 1片
しょうが (すりおろし) … 1片
A | 味噌 … 50g
　| 粗精糖 … 30g
なたね油 … 大さじ1
※ごま油を使うとさらにコク深くなります。

①フライパンに油を熱し、にんにくとしょうがを香りが立つまで軽く炒める。
②ひき肉を入れ、透明な脂が出るまで5分程度炒める。
③一旦火からおろし、Aを入れてさらに5分ほど弱火で炒める。

※そのままごはんのおともに、レタスで巻いたりラーメンやチャーハンの具にも。
※脂が気になる場合は②の最後にキッチンペーパーでふきとる。

焼きおにぎり

[材料] 4個分
ごはん … 2膳分
A | 味噌 … 大さじ1
　| 出汁 … 大さじ1
しょうゆ … 少々
ごま油 … 小さじ1

①冷やごはんを使う場合は温めておく。Aを混ぜ、形を整える。
②フライパンに油を熱し、おにぎりを両面焼く。
③仕上げに表面にしょうゆを少し塗り、焼き色をつける。

※写真は塩ひとつまみで味付けした出汁 (p.35) をかけお茶漬けにしたもの。

白梅干し

わが家では毎年大樽に15kg仕込む梅干し。たった数日の仕込みで一年中美味しい梅干しを食べられます。仕込み中の香りも幸せ。

［材料］
Lサイズのジッパーつき袋で作りやすい分量

完熟梅…1kg
天然塩…180g
焼酎（25度）…20mℓ

①梅は流水でよく洗い、ふきんやキッチンペーパーで水気をふきとる。
②つまようじなどを使ってやさしくへたをとる。
③ジッパーつき袋に梅を入れ、塩と焼酎を入れる（液漏れの原因になるので、口部分に塩がつかないように注意）。
④梅が傷つかないようやさしく袋をもみ、塩と焼酎をまんべんなくいきわたらせる。袋の空気を抜き、ジッパーつき袋をとじる。
⑤雑誌などで重しをし、直射日光があたらない常温の場所で保存する。
⑥最初の10日は、2日ごとぐらいに表裏、上下をかえ、合計1か月ほど漬ける。※1
⑦土用の丑の日（7月下旬）あたりに3日間ざるの上に並べて干す。※2、3

※1　梅酢（塩漬けすることで出てきた梅の水分）が漏れることがあるので注意。
※2　晴天が続かなければ日が空いても合計3日になればよい。
※3　干した場合は常温保存可能。干さなくても冷蔵庫で1年間は保存可能。
※塩漬け後に出た梅酢はドレッシングやらっきょう漬け、新しょうが漬けに使える。ごはんを炊く際に少量加えると夏場でも傷みにくい。

⑦

⑤

④

イワシの梅煮

[材料] 2人分
イワシ (10cm程度のもの) … 10尾
梅干し … 1個
しょうが … 1片
A | 返し(p.49参照) … 50mℓ
 | 粗製糖 … 大さじ1
 | 水 … 100mℓ

①イワシはうろこをとり、頭と腹びれをキッチンばさみで切りとる。指で内臓を取り除き、流水できれいに洗う。
②しょうがの半分は千切りに、もう半分は5mm程度の薄切りにする。
③鍋にAを入れ火にかける。軽く煮立ったらイワシと梅干し、しょうが (薄切り) を入れる。
④落としぶたかアルミホイルでふたをし、弱火で20分ほど煮る。
⑤しょうが (千切り) を、イワシの上に盛り付ける。

※魚はイワシのほか、アジ、サンマ、カレイ、タラ、サワラやサバなどでも代用可能。

梅びしお

[材料] 作りやすい分量
梅 … 10個
A | 粗製糖 … 各大さじ1
 | 本みりん … 大さじ1

①梅干しは種をとり、包丁で細かくたたく。
②鍋にAを入れてひと煮立ちさせ、①を加える。
③弱火で軽く煮る。

※山芋短冊やきゅうり、オクラと和えたり、梅しそ巻やそうめんの薬味にしたりしても。お好みでかつおや細切り昆布を入れるとご飯のおともやおにぎりの具に。
※種はいわしの梅煮に使うとむだがない。

梅ごはん

[材料] 2人分
白米 … 2合
梅干し … 2個
A | 出汁 … 350mℓ
 | 本みりん … 大さじ1
 | しょうゆ … 大さじ1

①白米は炊く30分以上前に浸水させ、ざるにあげておく。
②鍋 (もしくは炊飯器) に白米とAを入れて軽く混ぜ、梅干しを入れて炊く。
③炊けたら梅干しを一度取り出して種を抜き、実を戻して混ぜ合わせる。

第五章

暮らしのこと、作ること、働くこと

若いころは暮らすことも、好きな手作りも、働くことも別々。
それが、12年前この仕事を始めてから、すべてごちゃまぜに。
家で働きながら暮らし、暮らしながら作り、働きながら育てて……
もちろん落ち込んだり迷ったりすることもあったけれど、
いま思えばその道のりすべてが愛おしく思えます。
この章ではわたしが歩んできた働き方と暮らし方、
そしてそのなかで発見したさまざまなこと、
そして最近始めた新しいチャレンジについてご紹介します。
また、わたしの若いころにくらべ、価値観はますます多様に。
マイノリティでも生きやすくなったり、ライフスタイルも自由になった反面、
学校ではなかなか教わらない「自分で選ぶこと」がさらに大切になっています。
かつてのわたしのように仕事選びに悩む若い方、岐路に立っておられる方にとって、
わたしなりの「自分らしく」生きるヒントもちりばめています。

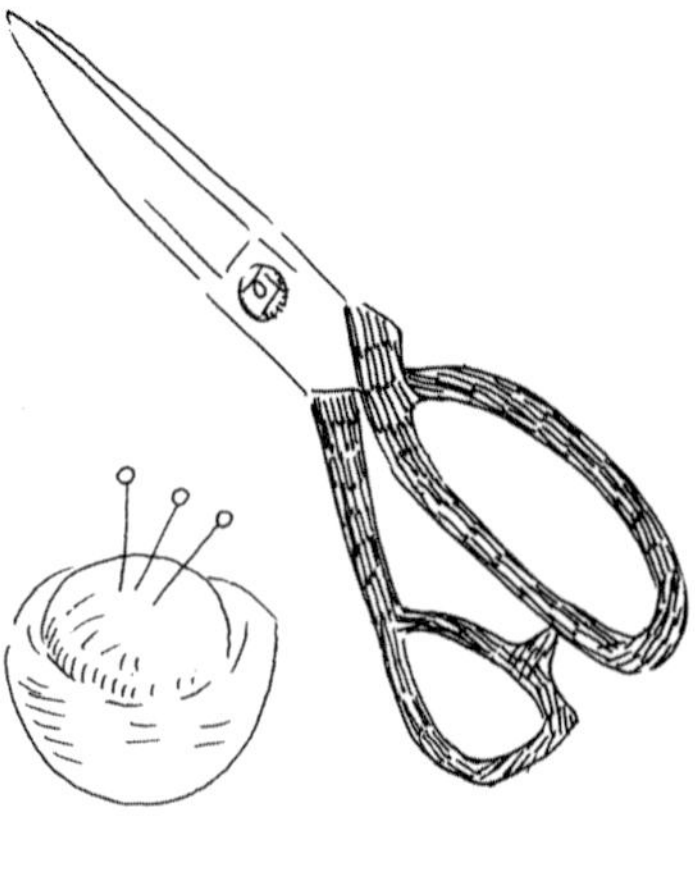

好きなことを仕事にする、はかけ算で

「好きなことを仕事にする」それができたらどんなに幸せだろう。そう思う人は少なくないかもしれません。

かつてのわたしもその一人。子どものころなりたかった職業はさまざまで、幼稚園のころは看護師さん、お花屋さん。小学生のころは絵本作家、映画監督、小説家。中学生では漫画家に声優……。いつだって熱しやすく冷めやすい性格で、何かに影響されてはすぐに浮かれて夢を語るわたしに、周りの大人たちはいつだって「好きなことで食べていけるほど世の中甘くない」とばっさり。そのたびに悔しい思いをしたものでした。

そんなわたしの初就職先は、大型スーパーの店員。学生時代のアルバイトのとき「向いてるかも」と思った接客を極めるべく選びました。けれど、人の役に立てるうれしさでつい無理をしてしまい、体を壊してあえなく数か月で退職してしまいました。次に選んだのは大好きな雑貨を扱うネットショップ。しかし実際の業務内容といえば雑貨そのものと接するよりも、苦手な数字の管理がメイン。もちろんやりがいもあったけれど、ハードすぎて子育てしながら続けられる気がせず、結婚を機に退職。その前後もいくつかの仕事を経験しましたが、どれも長くは続きませんでした。

そんなわたしが12年もの長いあいだ続けられているのがこの「手づくり暮らし研究家」という仕事です。その内容は実にさまざま。手作り服の本を出したり、デザイン監修をしたり、暮らしや食にまつわる本の出版や講演会も。ほかには友人たちと障害専門雑誌を作ったりラジオ出演したり、さらにはフリースクールを作ったりと「手づくり」をテーマにパラレルに働いています。

それらはどれも子どものころから「好き」だったことばかり。小説家にはなれなかったけれど、ブログで好きに文章を書いていたら本を出せました。映画監督は無理だったけれど、YouTube 動画を楽しく作っています。声優をめざして学んだ発声法は、大勢の人の

前で話すときに役立ちました。しかも、憧れの漫画家のように締め切りに追われる日々です（とほほ）。
とはいえ、洋裁作家としての実力はまだまだ。文章もけっしてすごく上手いわけでもなく、話し方もまだまだ勉強中。どれもそれ一つで食べていくには中途半端なレベルでしょう。でも、洋裁もできて文章も書け、写真も撮れて講演会もできる、それだけで多くの人に興味をもってもらえます。両立できそうにない仕事のたとえに「二足のわらじをはく」という言葉がありますが、わたしの場合10足はあるんじゃないかな。違う形ではあるけれど、わたしは子どものころなりたかった職業をいま、いくつもできているのです。
仕事選びにおいてふつう、一つのことを極めるのが良いとされています。もちろん、それはそれで素晴らしいことだけれど、そのぶんリスクもあります。社会的に需要がなくなればどんなに好きな仕事でも続けら

わたしの働き方　年表

中学生	実家の有限会社の事務手伝いで お駄賃をもらう
18歳	はじめてのアルバイト ファミリーレストランにて 接客業
19〜21歳	スーパーのレジ打ち、 イベント、料亭、 パチンコ店にて コーヒーのケータリングなど 各種アルバイト 海外旅行に行きまくる
22歳	新卒で大型スーパーの社員に 総菜部門に配属されるも 怪我をして退職 姉夫婦の経営する整体院で アシスタント
23歳	雑貨ネットショップの カスタマーサービスにて アルバイト後正社員に
24歳	商品管理部の 部長に昇進 HP作成や撮影アシスタントなども兼務
25歳	結婚　のち体調を崩し退職 姉が独立して開業した エステにてアルバイト
27歳	長女出産
28歳	FU-KO《ふーこ》　Basics.　開業 ブログも同時スタート ネットオークションでの販売や、 委託販売を始める
29歳	FU-KOの ネットショップ開設 FU-KOは娘の好きなぬいぐるみの名から
33歳	長男出産
34歳	はじめてのソーイング本出版 京都にて初の個展開催
36歳	はじめての暮らし本出版
37歳	インスタグラム始める ヴォーグ学園名古屋校講師となる 芦屋でも個展開催スタート
38歳	発達障害専門季刊誌「きらり。」出版
40歳	YouTube チャンネル開設 東京でも個展開催スタート
41歳	不登校の子どものための フリースクール開設に向け準備中

れません。専門性が高いと競争相手も多いのでストレスも多いでしょう。それよりも、自分のなかの小さな「好き」や「得意」を生かし、その一つ一つを「かけ算」していけば、それがオリジナリティになります。わたしがいま楽しく仕事を続けられているのは、一つの職業に絞らずにいろんなことに手を出したからじゃないかな。それに、いろんな仕事をしていると、一つの分野で経験したことがほかの分野で生きたり、違う世界につながっていったりと、ワクワクすることがいっぱいなのです。

仕事は嫌でも我慢してやるもの。そんな風潮がまだまだ少なくありません。耐えながら仕事を続け、心身ともに打ちのめされてしまうのは辛いことです。けれど、わたしみたいに自分の「好き」をかけ算してワクワク仕事ができる人がふえたら、社会ぜんたいが良くなるはず。少なくとも、わたしの子どもたちにはそうあってほしいと思っています。この間、7歳の息子が将来わたしの仕事がしたいと言ってくれました。きっとわたしが楽しそうに仕事をしているからかな、と思えてうれしくなったものです。

「まだ自分に何が向いているのかわからない」「好きなことを仕事につなげられない」そんなご相談を、わたしより若い世代の方からたびたび受けます。そんなときは「子どものころ夢中になったことをヒントに、一つだけに絞らずにかけ算していけばいいかもしれませんよ」とお伝えしています。

もちろん、かつて夢みていたけれど、あきらめてしまった……という方でも大丈夫。いつからでも、いくつになってもきっと、子どものころに夢中になったことはあざやかに思い出せるはずですから。

ヒント

・子どものころに時間を忘れて夢中だったことは？
・楽しく仕事をするために小さな「好き」をかけ算してみよう

あえて「めんどう」を選ぶ理由

昔から「便利だから」「流行っているから」「誰々のおすすめだから」みたいなものからは、あえて距離を置いています。

スマートフォンを持たないのも同じ理由。いまやスマホは一人一台の時代で、持たないのがありえないと言われるほど。けれど自分自身を振り返ってみると、自宅アトリエでの仕事のため最低限メールと通話できる携帯電話、パソコンとタブレットさえあればとくに困ることはありませんし、固定費だってずいぶんと抑えられます。日々の買い物で細かくやりくりするよりも、毎月の支出の固定費を見直すほうが効果的だし、めんどうくさがりなわたしの性分に合っています。

また、最近学校や子どものお稽古事などSNSが必須となりましたが、スマホがなくても大丈夫。タブレットでアプリをダウンロードし、PCと連携させれば両方で使えるので問題ありません。

それに、スマホを持たない一番のメリットは「めんどう」なこと。めんどうなことの何がいいの？　便利なほうがいいに決まってる、と言われそうだけれど、それがそうでもないのです。まず、PCだと立ちあげるのに時間がかかるので、使う時間が自然と限られます。タブレットはかさばるのでちょっとした外出には不向き。ネットニュースより新聞のほうが広くまんべんなく客観的に情報収集できます。

一日に何度もSNSをチェックするのは心休まりません。旅行先では地図を検索するよりも車窓の風景を眺めていたい。あっという間に大きくなっていく子どもの、そのきらきら光る瞳を見ながらおしゃべりしていたいから、わたしはあえてめんどうを選んでいるのです。

ヒント

- スマホがなくても意外と大丈夫。むしろメリットもたくさん
- めんどうをあえて選んでみると、やりたいことに集中できる
- まずはメール返信の時間を設定したり、アプリの通知をオフにするなどスマホに触れる時間を減らすよう工夫してみても

エプロン

作り方

p. 119

積極的に「やめる」を選ぶ

子どものころ親から「一度やり始めたことを簡単にやめてはいけない」と何度も言われました。わたしもかつてはそう信じていましたが、40歳を過ぎたいまでは一度やってみて合わなければすぐやめるし、苦手なことは積極的にやらないと決めています。

若いころは仕事を転々とし、自分に向いていないことでもがんばってやらなくちゃ、と無理をし続けてはくじけてしまう日々でした。（「p.57好きなことを仕事にする、はかけ算で」参照）しかも、仕事で疲れているはずなのに、やりたくないことを無理してやってたまっていくストレスを解消するため、深夜まで映画をみたり暴飲暴食を続けたりして、仕事に影響がでることも。結婚前にやっていた仕事ではそのせいで体調を大きく崩し、労災認定がおりて失業保険を受けることになり、結果として職場に迷惑をかけてしまいました。

だからいまの仕事を始めることになったとき、「けっして無理はしないぞ」と覚悟を決めました。まずは憂鬱な電車通勤はしない。苦手な接待や、付き合いなどには絶対に行かない。企業とのタイアップやインフルエンサーのお声がけもありましたが、やってみると自分らしくない気がしてそれ以来お断りすることにしました。また、経理も圧倒的に苦手だとわかったので、税理士さんにお世話になることに。数年前からは洋服作りの下準備をアシスタントさんにお願いし、ずいぶん助けられています。

そうして「やらない」ことをふやしていくうちにふしぎと仕事が軌道にのり、嫌々仕事をしていたときとは比べ物にならないほど、心おだやかで充実した時間を過ごせるようになってきたのです。

「やりたくないことをやらない」とか「途中でやめる」というとわがままと思うかもしれません。小学生のころから「遊ぶ前に宿題をすませるように！」と教わってきましたものね。けれど、人生の時間は限られていることを、10年前の大震災のとき痛感しました。それに気づいてから、わたしは「合わない」ことを少しずつ、積極的に手放してきました。すると、必然的に気持ちと時間に余裕が生まれるようになりました。余裕があると、やりたいことにまっすぐ向き合えます。ストレスもたまらず発散の必要もないし、毎日ワクワクする仕事だけをしているから、後に残るのは心地よい疲れと達成感だけなのです。

それに、一番の変化は人の手を借りられるようになったこと。若いころは「人に頼むなんて申し訳ない」とか「自分でやったほうが早いから」と一人で解決していたことも、誰かに気持ちよく頼むのです。もちろんプロの方はそれが得意分野なので、わたしが嫌々やるよりもずっと早く解決します。しかも、その方にはそれに見合った報酬をお渡しするのでお互いが幸せに。さらに、わたしは空いた時間でさらに得意なことにたっぷり時間を使うことができ、さらに効率があがるのです。そう考えると、「やりたくないことをやめる」ことは悪いことではなく、むしろよりよい選択と言えるのではないでしょうか。

昨年、小2の息子は学校に行くのをやめました。いま彼は大好きなゲームと猫をかわいがること、そして戦いごっこで日々充実しています。半年たったいま、もっと遊ぶ仲間がほしい！　と言い始めた彼。そこで、有志と力を合わせ、「学校に行かない」選択をした子どもたちが集えるフリースクールを作ることになりました。彼らの選択が、これからどんなすてきな循環を生み出していくのか、いまからとっても楽しみです。

ヒント

- 一度やり始めたことをやめるのは悪いことじゃない
- やめると、やりたいことのために時間が使える
- やめると、人と人との好循環が生まれてくる

試着室で3時間

子どものころ、洋服好きだった母と、16歳違いの姉につれられてよく出かけていたデパート。彼女たちの買い物はとにかく長くて長くて、退屈のあまりお店を飛び出しては、よく迷子になっていたものでした。

中学生になったある日、母と姉の趣味で選ばれる服が気に食わないと不平を言い、長い買い物に付き合わされるのもまっぴらごめん、と断固拒否。それからはワンシーズンごとに予算をもらって自由に選べることになりました。やった！　これで自分好みの洋服が着られる、と大喜び。けれど、当時はファストファッションもまだあまりなく、予算内でなかなか気に入ったものが見つかりません。デニムが欲しくて片っぱしから試着しまくり、気がつけば3時間経過していて試着室で青ざめた……ということも。店員さんの冷たい目線に、買わずにあわてて店を後にした記憶があります。母や姉のことを「買い物が長い！」とさんざんなじったくせに、どっこい自分も同じだったというわけです。

時間だけはたくさんあったので、スーパーにある衣料品店、古着屋さん、紳士服のお店、商店街の個人商店など、ありとあらゆる可能性をもとめて探し回りました。キッズ服を無理やり着たり、はんてんをアウターがわりに来て友人にあきれられたりもしたっけ。でも、たとえ運よくお気に入りを見つけても、「ああ、ここがもう少しこうだったらなあ……」と、必ずどこかちょっとずつ気に入らないところがあるのです。

そこで、丈を自分で直してみたり、ボタンをつけかえたり色を染め直してみたり、レースやタグは外したり……と、少しずつ自分好みに手直しをするように。そんな、自分の手で理想の一枚に近づけていく過程は、なんともワクワク心躍るものでした。

そんなふうに、膨大な苦労を重ねた若いころの洋服選び。「理想のものがなかなか見つからない！」というジレンマと、「すこしでも理想に近づけたい」ということだわりは、ふつうに考えればむだなあがきだったのかもしれません。けれど、いまになって思うと、それはわたしの物作りの原点になっているのです。
市販品には、どこか妥協してあきらめなくてはならない部分が必ずあります。反対に、手作りは手間も時間もかかるようでいて、実は自分の内面にある理想さえクリアになっていれば、あとはそれを形にすればいいだけ。

わたしはずっと服選びに困り続けていたからこそ、自分のなかにある理想をしっかりとイメージできたし、いっぱい失敗したからこそ、たとえ周りの人と違ってもかまわず自分の「これが好き！」を貫ける強さを持っていたと思っています。日本ではみんなと同じなのが良いとされていることが多いけれど、わたしは逆だと思います。だって、たとえば何の変哲もない白い靴下にはみんな興味をもちません。でも、もし同じ白い靴下でも、すごくはき心地にうるさい人が作った「まるで裸足みたいな靴下」だと、すごくそそられませんか。それは別に一般的には役に立たないことだっていい。ほかと同じじゃないことは、それだけで魅力的で価値があるのです。

若い人に「自分のやりたいことがわからない」「自分の価値がわからない」と感じる人がふえているのはもしかしたら、自分のこだわりや個性を無いことにして「みんなと同じ」に合わせてしまったからなのではないでしょうか。だから、もし自分のなかに「絶対こうだったらいいのに！」というこだわりに気づいたときは、周りに合わせようとせず、ぜひ大切にしてみてください。できるだけ「そんなの無理だよ」って人とは距離を置いて。そういう人はだいたい、一歩ふみ出そうとしているあなたがまぶしいだけ。それよりも、SNSなどを利用すれば同じ趣味の人と出会えます。彼らと同じ夢を語り合ってみてください。あなたのこだわりはあなたを、まだ誰も見たことのない世界につれ出してくれるはずです。

ヒント

・人と違うことは、新たな価値を生み出すパワーになる
・やりたいことを見失ってしまったら、自分がふだん不満に思っていることを振り返ってみよう

手で書くことにこだわる

日記や詩、ときどき絵。子どものころからずっと「書く」ことを続けてきました。あるときには単なる楽しみの一つとして。そしてあるときには迷ったこと、不安なこと、面白いこと、感動したことなど、心が動いたときに自分の気持ちを整理するために書いてきたように思います。

大人になってからはブログやSNSを始めたこともありタイピング（もしくはフリック）で書くこともふえましたが、じっくりと計画を立てたり、考えを深めたり、思いを伝え、大切な記録を残すときは、いつも手書きと決めています。

その理由はきっと、手書きならではの「ゆっくりさ」があるから。もちろんパソコンなどの電子機器で文章を書くと、いま考えていることを素早く形にできます。

反対に、手で書くと必然的にゆっくりとしたペースになります。手が文字を紡ぎだすのを眺めていると、こんがらがった頭のなかが少しずつ整理されていきます。わたしにとって手で書くことは、頭のなかに渦巻くさまざまな思いからエッセンスだけを取り出すこと。実はこの原稿も一度手書きしたあと、パソコンで清書しています。

いまやパソコンやスマホはわたしたちの生活になくてはならない存在となりました。触れているだけでたくさんの情報を得られ、何か判断に迷ったときも検索すれば瞬時にそれにまつわるさまざまな意見を参考にできます。ときに誰かの発した言葉に同調したり批判したり、反論のコメントを残したりすることもあるでしょう。けれど、あまりにもすぐに反応・発信できてしまうために内容をよく顧みないままに瞬間的に発言してしまったり、同時に名前の知らない誰かの無遠慮な発言を目にして、心がざわざわすることも少なくないと思います。

反面、手書きだと「わたしはほんとうにそう考えているのか」を、書きながら自分の内面に問いかけることができます。見せようとしなければもちろん、誰かに意見されることもありません。手で書くことは表現でもあるけれど、同時に、自分の心のなかと対話することでもある気がするのです。

たとえば、何度言っても片づけない子どもを叱りすぎてしまったとき。誰に見せるでもなくいまの思いを書いてみます。わたしが子どもを叱りすぎている理由はなんだろう、と問いを立ててみると、子どもの将来に不安を感じているからだと気づきました。不安を感じるのは「将来片づけられる大人になってほしい」から。さらにその思いの奥を見つめてみると「ちゃんとした母親だと思われたい」からだと気づいたのです。人が怒りを覚えるのは、自分が大切にしていることを相手が大切にしてくれないと感じるから。子どものためと言いながら、ものすごく自分本位だったんだと気づいて恥ずかしくなりました。原因は子ども自身にはありませんでした。「いい母親でいなくては」というのは、どこかで見聞きしたこと。わたしではなく他人の価値観。答えを求めるうちにどこかで偶然取り込んでしまったそれで自分自身を縛っていただけだったんだ、と書くことではじめて気づけたのです。

だからもし、「べき、ねば」の思いがあふれて不安で苦しくなってしまったときは、すぐにネット上に答えを探すのではなく「まず手で書く」ことをおすすめします。おばけは正体がわからないからこそ怖いもの。不安の正体を具体的に理解すれば恐怖心も減っていきます。それがただの柳の枝だと気づけばどうとも思いません。

わたしの人生は誰のものでもなく、かけがえのないわたし自身のもの。わたしはわたしの一番の理解者です。書いている当時は苦しくても、いつか見返したときにはきっと、その道のりを愛おしく、誇らしく思えるはずです。

ヒント

- 手で書くと自分の本当の思いに気づけるかも
- 「べき・ねば」と思ってしまうときこそチャンス！
- 気軽に始めるのが一番！　Ａ４コピー用紙とボールペンでＯＫ

センスを磨くために必要なこと

3年前に縁あって隣家の町家を購入し、その半分をアトリエにしました。基礎は大工さんにやっていただいたのですが、経費を抑えるために壁の塗りかえ、補修などは自分たちでやってみることに。何しろ100年前に自然素材だけで建てられた町家なので、できるだけ昔と変わらない方法で手を入れたい。ということで、大工さんにアドバイスを受けながら、壁は昔ながらの漆喰や土壁で、柱や床は柿渋やべんがら、えごま油を使って塗装することに。

漆喰については、比較的簡単に楽しく作業できました。というのも、最近DIYで漆喰塗りされる方もふえているようで、漆喰の会社がビギナー向けに作った冊子や動画など参考になる資料がたくさんあり、おおいに役立ったのです。土壁は漆喰をやったあとだったのでさらに簡単！　調子に乗って藁を入れて仕上げたりもして、「なかなかええやん〜」と我ながら仕上がりに大満足。

さて困ったのがべんがらです。べんがらというのは土からとれる酸化鉄が主な成分で、昔から木の塗装に使われてきた天然顔料。神社の鳥居や町家の出格子に塗られている、あのマットな赤や茶色の塗料といえばピンとくる方も多いでしょうか。ペンキのようにシンナーなどを使わず、柿渋に溶かして塗るため、においや有害な物質がなく、おまけに経年劣化もしにくい、といいことずくめ。けれど、肝心の「使い方」がなかなかわからなかったのです。

図書館や本屋さんを探しても、資料はほとんど見つからず、YouTubeを見てもみんな使い方がてんでバラバラ。一体何が正解なんだろう?と大混乱したものでした。そこでべんがらを売ってくださった老舗にきいてみても「使い方?　さあ……」とそっけない返事。お店の方によると「大工さんもお弟子さんに口伝で教えはるそうですよ」。そうか、だから資料が残っていないのか……。戸惑うわたしにお店の方は「ま、てきとうにやってみはったらどうどすか?」とのんびり。

左がもともとの住居、右が新たに購入した町家です。二軒は柱や壁も共有の「二戸一」の町家で、間取りもまったく一緒(上写真)。現代風にリフォームされていた箇所は昔ながらの雰囲気に戻し、玄関と縁側で行き来ができるように。(左写真)

たしかに、やってみないと始まらへんな！　と覚悟を決めたわたし。さっそく配合を変えた液をいくつか作り、解体のときにでた端材に塗ってその変化を見てみることにしました。実際やってみると、混ぜる柿渋の量によってむらになったり、ダレてしまったりと失敗の連続。けれど、使い込むうちにだんだんと勘どころがわかってきました。そして気づいたのです。「たしかに、これは頭で理解することじゃないな」って。

べんがらは柿渋と混ぜた瞬間に固まり始めるため、作り置きがききません。天然顔料だからまったく同じ色をだすことはできないし、そのときの温度や湿度、塗る場所の木材の種類によっても乾きぐあいがまったく違います。だからお店の方がおっしゃったように、べんがらの使い方は「とにかく、やってみること」だったのです。

べんがらの液の様子、乾きぐあい、色あいの変化。それを目で、手で、肌で感じ、べんがらがどうなりたがっているのか、小さな声に耳を澄ますこと。たとえ資料なんてなくっても、べんがらをどう使うのかは、べんがら自身がちゃんと教えてくれたのでした。
わたしたちはついつい、何か選択をしたり、新しい行動にでるとき、もっともらしい理由を探します。偉い人がこう言ったから、専門家がすすめているから、今までこうだったから……。そんなふうに裏づけがあると安心して一歩が踏みだせますよね。裏づけは、常識と言いかえられるかもしれません。でも、それがいつも正しいとは限らないはず。誰かがこう言ってたからその通りにしたのに失敗した！　とその人のことを責めてみたって始まりません。たしかにいままではそれが正しかったかもしれない。けれど状況は刻々と変化していきます。そのことは、このコロナ禍において多くの人が経験したことかもしれません。

だとしたら、変化する状況のなかで信じられるのは自分のセンスだけ。間違えられやすいけれど、センスは知識や情報ではないのです。ファッション、料理、もの選び、ひいては人生の大きな選択など……あらゆることにおいて自分で経験し、五感をフルに使ってこそ、それぞれのセンスは磨かれていくのだと思うのです。

そう、べんがらの使い方はべんがらを実際に使ってみることでしかわからないように。
だから、どうしても自信が持てないときは、まずは小さくやってみる。失敗は大歓迎です。だって、失敗したということはその方法じゃなかったということ。だから違う方法を試せばいいってわかっただけでもうけもの。そうやってすこしずつ自分のセンスが信じられるようになっていけば、どんなときも揺らがない自信がうまれていくはず。そのことを、わたしはべんがらから教わった気がします。

ヒント

- 迷ったら、小さくやってみよう
- 失敗は「これじゃなかった」に気づくヒント
- 誰だっていつだって、どんなことでだってセンスは磨いていける

YouTubeに挑戦！　マスクプロジェクト

　メリーゴーランド京都さんは京都の古いビルにひっそりとある、子どもの本専門の小さくてすてきなお店です。店長の潤さんとはひょんなことから知り合ってたちまち仲良くなり、受注会以外でもいろんな無茶なお願いをこころよくきいてもらっていました。
　それまでネットショップしかやってこなかったわたしに、「うちで展示会をやってほしい」と言っていただいて、初めて個展を開くことになったのがいまから6年前。それ以来かけがえのないご縁を数知れずいただいた、わたしにとって大切な大切なお店です。

　5回目となる昨年夏も、お客さまも指折り数えて楽しみにしていただいていて、わたしも毎年みなさんに直接お会いするのを心待ちにしていた受注会の直前、ついに緊急事態宣言がでました。
　ぎりぎりまで判断に迷いましたが、日に日に状況が変わり、先行きが不透明になるなか、二人で話し合ってやむを得ず中止を決めました。お電話では、いつも朗らかな潤さんの声が心なしか沈んで聞こえました。当時、お店はまったくお客さまにいらしていただけない状態で、毎月ある作家さんの展示会も、しばらくは開催できそうにないとのこと。それは小さな本屋さんにとっては致命的なことです。このまま、いつまで持ちこたえられるかわからない。だからいまできることを、できる限りやってみたい。と、慣れないネットショップの開設を進めておられました。とはいえ、「仕入れたものをそのまま並べるようなショップにはしたくなくって……」という潤さんのまっすぐな思いは、痛いほど伝わってきました。

　そんな大切な場所を、こんなことでけっして無くしたくない。わたしにできる、わたしにしかできないご恩がえしは何かないものか……と無い脳みそをフル回転させました。けれど、どんなに考えてもわたしにできるのはやっぱり手作りしかない。まず最初に思いついたのは、当時品薄が続いていたマスクを服地のはぎれで作り、納品することでした。けれど、ほかの受注会でいただいたオーダーを抱え、子どもたちの休校中、ただでさえ作業時間がとれず、これ以上作業を上乗せするのはむずかしい……そんなわたしの力では微力すぎて、きっと気休め程度にしかならないでしょう。

でも、もしかしたらメリーゴーランドさんのために役立てられるかもしれない、と思えたわたしの財産が、二つだけありました。ひとつは、生地などの材料。当時流通も混乱していて生地や糸などあらゆるものが不足していました。そして、ふたつめはブログやSNSを読んでくださっているたくさんの方の力でした。そこで、急きょ作り方動画をYouTubeにアップし、ブログなどを読んで手を挙げてくださった有志のみなさんにご自宅のミシンでマスクを作っていただき、それをメリーゴーランドさんで販売したのです。名づけて、「みんなで応援、マスクプロジェクト」！

わたしは材料を提供し、ご縁をつないで応援。作り手さんは、手作りの力を集わせ応援。そして、みなさまにネットショップを利用いただいて応援。この3つの力でメリーゴーランドさんを応援する期間限定のプロジェクト、結果は大成功！

なんと、1か月の間4回にわたって納品させていただき、累計1000枚以上のマスクをお届けすることができました。わたしもずっと眠らせていたのを心苦しく思っていた生地たちを役立てることができ、マスク不足に悩まされていたたくさんの方からのお喜びの言葉とお店を応援する温かなお声に、潤さんとともに胸がいっぱいになったものです。

さらに、このプロジェクトがきっかけで、それまで敬遠していたYouTubeチャンネルを開設。いままでブログやSNSだけでは表現しきれなかった新たな可能性がみえてきました。それまでどこか「上手な動画を撮れるまで開設はやめておこう」と一歩引いて考えていたところがありました。けれど、たどたどしくもスタートさせてみると、みなさん意外に楽しく見ていただけているようでほっと一安心。そっか、もっと気軽にチャレンジすればよかったんだ！　と目からうろこでした。その後、ご縁あって撮影や編集を手伝っていただけることに。韓国に「始まりが半分だ」という

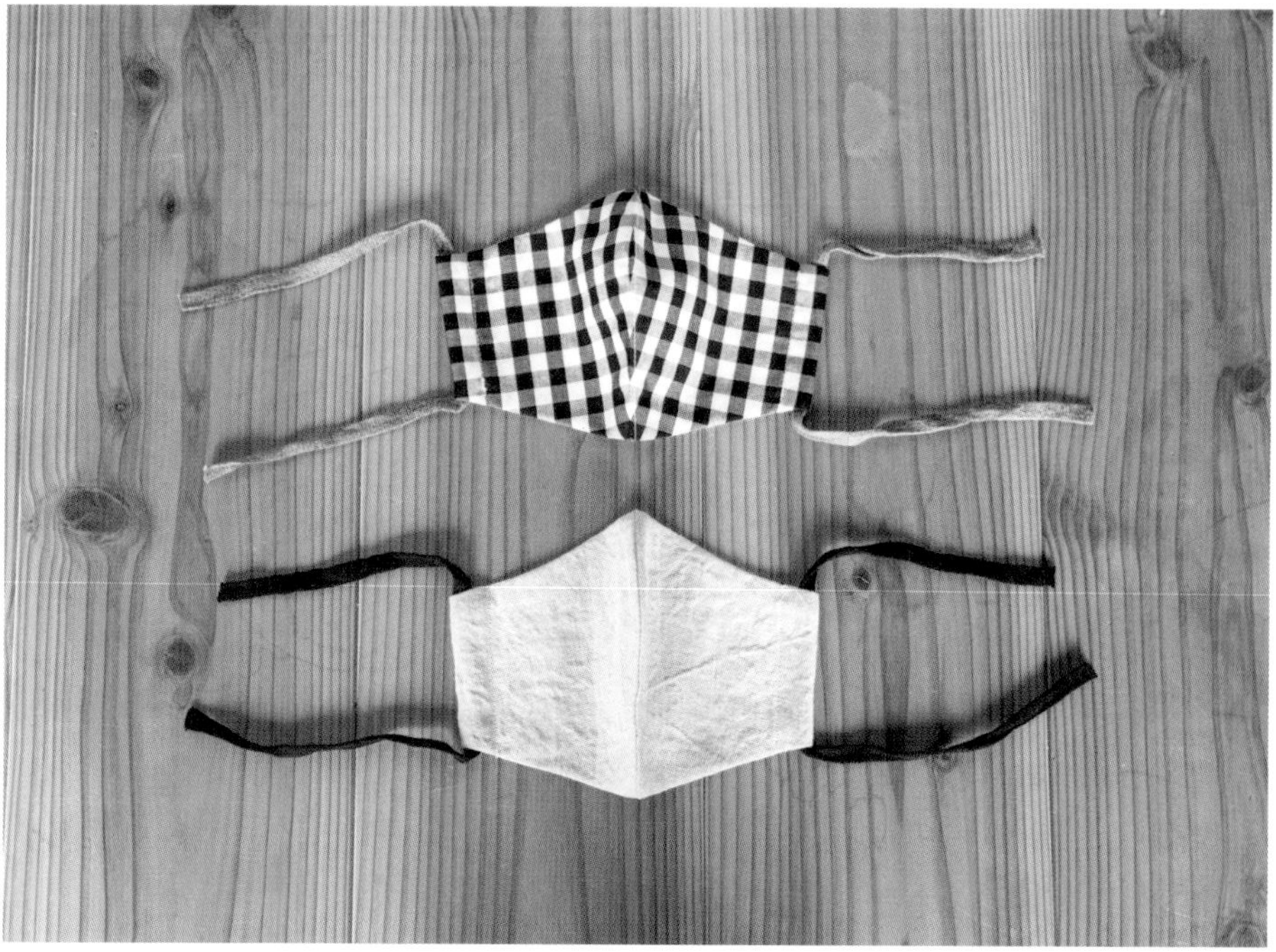

ことわざがあります。できるようになってから始めるのではなく、始めるからこそできるようになるのかもしれませんね。これからは写真や文章だけではうまく伝えられなかった手作りのあたたかみや手触り、楽しさを、どんどん動画で発信していこうと思っています。どうぞご期待くださいね！

マスク 作り方 p.121
マスクケース 作り方 p.122

動画あり

ヒント

・あきらめず、それぞれができることを持ち寄れば大きな力になる
・できるから始めるのではなく、始めるからこそできる

第六章
家族のこと

家で過ごす時間がふえ、
暮らしながら仕事をするようになった方も多いと思います。
家族と24時間一緒だと自分のペースがつかめなくてイライラする、
子どものリクエストに応えてへとへとになってしまう、
自分の時間が確保できない、気持ちの切りかえがむずかしい……そんな声をよく聞きます。
わたしの場合、この12年間ずっと在宅勤務のようなもの。
何かトラブルが起こるたび、家族とのほどよい距離感やコミュニケーションの方法を
アップデートしてきました。その一つが「相手を変えず、自分を変える」こと。
自分の都合で家族を思い通りにするのではなく、まず自分がやり方を変え、
お互いに「自分はこう思う」を伝え合いながら心地の良い関係を築いていく。
めんどうなようですが、心地良い家族の暮らしを作るためには
それが一番の近道だと思っています。
これからの家族のあり方に悩むみなさんの参考になればうれしいです。

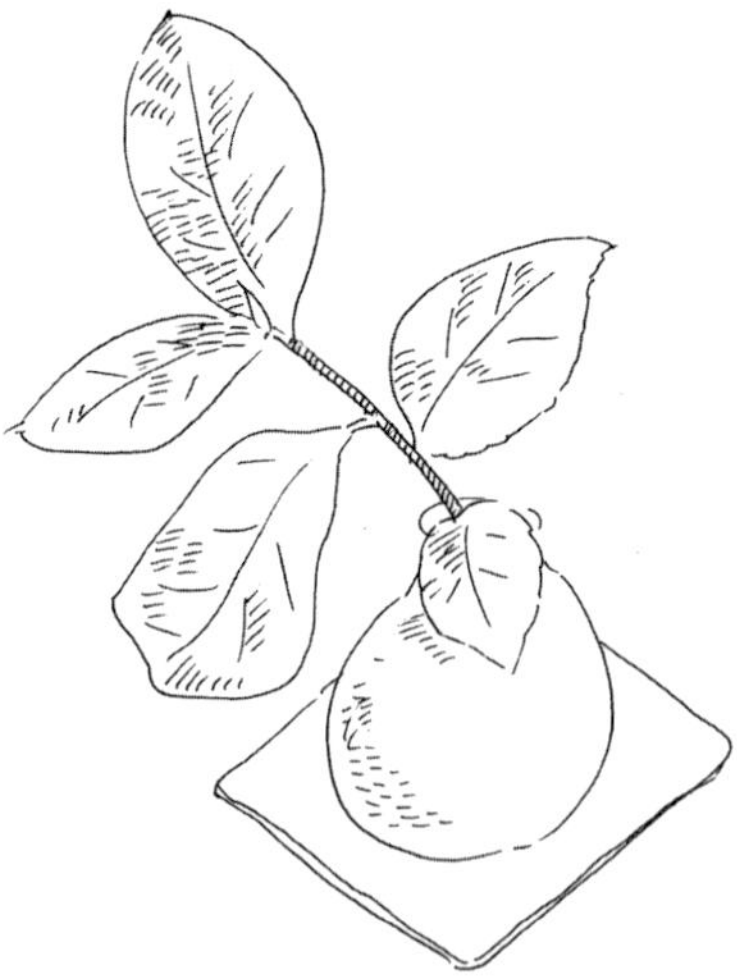

一緒に居るけれど、それぞれに過ごす

2020年の春、わが家も例にもれず子どもたちの学校の休校と、夫の自宅待機がスタート。もともと自宅が仕事場だったわたしを含め、家族4人が24時間、家で顔を合わせることになりました。彼らと話し合って日課と決めたのは、お互いのスケジュールをざっくり把握しておくこと。自宅待機期間がそんなに長くなかった夫はともかくとして、数か月一緒に過ごしたわたしと子ども二人は毎朝簡単な時間割のフォーマットを用意し、同じ時間にそれぞれが何をしているかを知っておくことを日課に。すると何か頼みごとがあって声をかけるときも「あ、いまはこれをやってるから後で声をかけよう」などと気遣うことができました。

もともと休日の過ごし方も「家族みんなで」というよりはそれぞれがそれぞれに好きなように過ごし、意見が割れれば旅行だって別行動。たまたま顔を合わせればその日一日にあった面白いことをそれぞれに話し合うような気軽な関係なので、顔を合わせる時間がふえてもさほど苦にはならなかったように思います。

さらに、単純に食事の回数がふえてわたしの家事負担が重くなったので、各自力を貸してもらえるよう提案。中学生の娘は洗濯と食事作り、小学生の息子は掃除、夫は皿洗いをしてくれることに。やり始めると面白くなったのか、娘の成長はとくに顕著。わたしが下手に洗濯を手伝ったりすると「端をそろえて畳んで！」とお叱りの言葉が（！）。

また、前年に隣家を購入し、リノベーションでそれぞれ過ごすスペースができたのも、自粛期間でも家族が快適に過ごせた理由かもしれません。家族は一番身近な他人です。どんなに仲が良くても、お互い何を考えているのかはどれだけ時間を尽くしてもとうてい理解できません。大好きな家族であっても、ずっと顔を合わせていればお互いペースを乱されてイライラしてしまうもの。一緒に居るから一緒に行動しなくては、仲良くしなくてはと思うとしんどいと思います。お互いが違うことをそれぞれ楽しんでいるけれど、ときど

きは一緒の時間を過ごす。無理して同じことを経験するよりも、それぞれがそれぞれに体験して気づいたことや、面白かったことを共有することで、お互いにとって豊かな時間が過ごせる気がします。

このコロナ禍で外出がままならず、家族のいさかいがふえたり、家事シェアでトラブルがあったりということをよく聞きます。それはもしかしたら、近すぎる距離感がそうさせているのではないかな。家族とはいえ、それぞれに都合があり意思があります。お互いがお互いのペースを守り、尊重するためには物理的にも心理的にも「距離感」が何より大事。世間では「ソーシャルディスタンス」が声高に叫ばれましたが、親密な家族の関係にこそ、適切な距離を保つことが必要なのかもしれません。

ヒント

・家族と家事をシェアするならまずはコミュニケーション。お互いの都合を知り、できることを探していこう
・心の距離を近くしたければ、物理的な距離はあえてとる必要が。お互いがお互いのスペースとペースを大事にしよう

わたし、子どものことはほめません

子育てをしていると、叱らないでほめて育てようとか、ほめて自己肯定感をのばそう、なんてフレーズをよく耳にしますが、それって本当かな？　って思います。たしかにわたしたち大人だってがんばっていることをほめられるとうれしいし、元気がでるもの。けれど、もし相手に自分を思い通りにしたいという下心があったならどうでしょう。見えすいたお世辞を言って「うまく転がしてやろう」みたいな本心がみえた瞬間、げんなりしちゃいますよね。

子どもだってそれは一緒。子どもは大人が思った以上にわたしたちの表情や雰囲気を感じとっています。「ほめる」とはほんらい、相手との間の上下関係を前提にして、立場が上の人が下の人を評価する行為。大人はつい子どものことを導いてあげなくては、と上下関係をイメージしがちだけれど、たまたまわたしたちのほうが早く生まれただけで、子どもだって尊重すべきひとりの人間です。むしろ、経験ばかりが積み重なって直感が鈍ったわたしたちよりも、自分の感覚に正直に生きている彼らから学ぶことのほうが多いかもしれません。だからわたしたち親子は上下ではなく、お互いに尊重しあえる横の関係でありたいなと思うのです。

だから、わたしが子どもたちと向き合うときに心がけるのは、ほめるのではなく「気持ちを伝える」こと。たとえば念願だった自転車に乗れたときには「偉いね！　すごいね！」ではなく「いっぱい頑張ったもんね。うれしいねー！」と。落とした物を拾ってくれたときは「ありがとう、手がふさがってたから助かるわー」といったぐあいです。

逆に、ほめるとは逆の状況でも同じです。子ども同士がケンカをしていたら「二人ともわたしの大切な子なのに悲しいよ」。ジュースをこぼしてしまったら「美味しいジュースだったのにがっかりやね。ふきん持っておいで」。野菜を残してしまったのなら「あなたが元気で過ごせるように考えて作ったから、一切れだけは食べてほしいな」のように。

「〜しなさい！」「〜しないとダメだよ！」と一方的に命令するようなコミュニケーションに慣れていると、最初はちょっとむずかしいかもしれません。けれど、そうやってわたしが自分の気持ちを素直に伝えていると、子どもたちのほうも表裏なく素直に自分の気持ちを話してくれるのです。この間娘と娘の友人と3人で出かけたときのこと、お店のご主人に「友だち同士だと思った！」と驚かれたことがあります。マスクをしていたので年齢がバレなかったのが大きな原因とは思いますが（笑）、それほどまでにわたしたちの会話は一般的な親子らしくなく対等な関係に見えたのでしょう。


それに、子どもに対して「気持ちを伝える」を続けていると、もうひとつ大きなうれしい効果が。それはわたし自身が生きやすくなったこと。以前はできない自分に苛立ったり、失敗してしまう自分のことを責めたりしていたのですが、「がんばったけれど、空回りしちゃったね」とか「失敗して残念だったよね、次はこうしてみようか」と自分のマイナスな気持ちにも素直に寄り添えるようになってきたのです。

世の中には子育てに関する本や情報があふれています。それは、それだけ多くの人が悩み、がんばっているということ。まずはがんばっている自分の気持ちに寄り添い、次は子どもたちに自分の素直な気持ちを伝えてみてはいかがでしょうか。

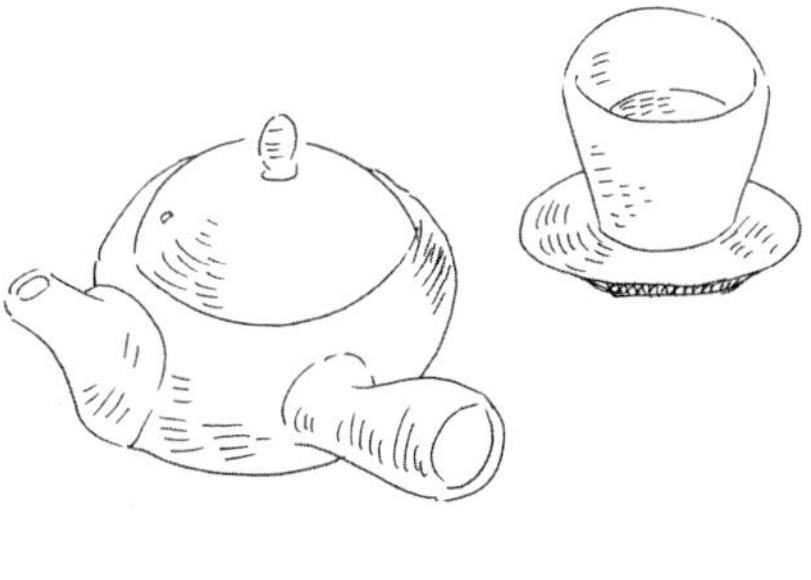

ヒント

- 親子のあいだに上下関係はない
- ほめるのではなく子どもの気持ちに寄り添ってみよう
- 子どもの気持ちに寄り添うと、自分の気持ちにも素直になれる

いつも心にマッコさんを

マツコさんって、あのデラックスな方です。わたしの場合、佐藤二朗さんやタモリさん、みうらじゅんさん、最近ではカマたくさんなんかもいいなあ。何のことかって、メンターのことです。

わたしは若いころからビジネス書を読むのが好きなのですが、ここ数年そのなかにメンターという言葉をちらほら見つけるようになりました。メンターというのはよき助言者、指導者のこと。近しい人でもいいし、芸能人や歴史上の人物でもよく、実際に教えてくれるというよりは生き方そのもので示してくれるような尊敬できる存在。もし実際に会ったらものすごく緊張するだろうけど、話すときっとうれしくてたまらない。いつも心の中にその人の存在があって、もしあの人だったらこう言うだろう、こんなふうに対処するだろう、とはっきりとイメージできる人のことを言うんだそう。何か新しいことにチャレンジするとき、不安が強かったり選択に迷うときなどに、メンターという存在を心のなかに設定することで、ぶれることなく理想の姿に近づいていけるのだとか。

なるほど、これは使えるかも！　と思いついたわたしは、子育てや仕事のことで行き詰まりを感じたときは彼らを呼び出してみることに。たとえば子どもに感情的になってしまったときは、マツコさんが効果的。「あんた7歳児相手になにやってんの。ちょっと落ち着きなさいよ」とドスの利いた声で言われると、はっと冷静になれたり。もし将来が不安になってしまったら「不安《ファン》タスティック！」と花柄シャツのみうらじゅんさんにつぶやいてもらい、それでもだめならカマたくさんから「そんなの時間のむだよ〜、四の五の考えずにとにかく動きなさい！」って強めの一発を、といったぐあい。脳内でそんなやり取りをくりかえしていると、たいていの悩みはどうでもよくなってくるのです。

それもそのはず、わたしがメンターに選んだのは、みんながみんな「ふつうじゃない」生き方をしている

多読なので新刊や評判の本は電子書籍で。手元に残しておきたい本はなじみの本屋さんで購入します。気になった箇所をすぐにメモできるようノート片手に。

人たち。

世の中の常識や平均的な価値なんかには目もくれず、堂々と自分の人生を歩んでいる人たちは、価値観が幅広くて懐が深い。心に思い浮かべるだけで彼らの視点を借りることができるなんて、なんだか心強いと思いませんか。

特にマツコさん、カマたくさんはトランスジェンダーなので、ふつうの人よりも強い逆風のなかを歩んでこられたはず。自分の気持ちに素直に、自分らしく生きている人はそれだけで魅力的です。

ヒント

・迷ったり不安になったらあなたの心にもメンターを。まずはマツコさんがおすすめです！

自分らしくいられる方法

この本を作るとき「みなさんの知りたいことにお答えできるコーナーがあるといいな」と思い、ブログやSNSをご覧いただいている読者の方からご質問を募集しました。暮らしのこと、手作りのこと、子育てなどさまざまなご質問をいただきましたが、そのなかで一番多かったのが「自分らしくいられる方法」。

いつものわたしを取り戻す方法、ごきげんでいるための方法、一人の時間の作り方など……。表現はさまざまでしたが、そんな「自分らしくいられる方法」に関することがなんと全体の約2割近く。それだけ多くの方が「自分らしくいられる時間が欲しい」と思っておられるということ。言葉をかえれば、そんなふうに悩んでいる方は、自分をさしおいて大切な方のためにがんばっておられる方なのかもしれません。

とくに「お母さん」の立場でいると、そういったことは多いかもしれません。わたしも子どもが小さいうちは自分一人の時間が欲しくて仕方がありませんでした。とはいえ夫に子どもを預けて一人で出かけても、子どものことが気になってかえって楽しみ切れなかったり。戻ってからも子どもがさみしかったと泣いたりすると、どことなく罪悪感にさいなまれたものでした。

そんなときに思いついたのが、早起き。家族が誰も起きていない静かな時間に起きてゆっくり本を読んだり、好きな手作りをしたり。寝落ちしてしまうことがほとんどだったので、子どもが寝てから起きて何かするということはあきらめました。帰りの遅い夫にも「先に寝る！」と手紙にその日あった子どもの面白いエピソードを書き残しておくことに。それに、夜更かしだとついだらだらと長引かせてしまって次の日に影響がでるけれど、早起きだと次の予定が決まっているので、「みんなが起きるまでめいっぱい楽しもう！」と前向きに時間を使うことができました。

また、子どものことは大好きだったけれど、大好きで居続けるために積極的に子どもと離れる時間も確保しました。娘は週一の一時保育からスタートし、3歳になる前に保育園に行くことになりました。息子は1歳から。その間は家事をできるだけ効率よく終わらせ、仕事に専念。わたしの母からは子どもを保育園へ預けることに対して「まだ早いんじゃない」ととがめられてモヤモヤしたけれど、わたしが義務感で向き合っても子どもたちに対していい影響がないのはあきらか。子どもたちは園での生活を楽しみ、わたしは自分の仕事を目いっぱい楽しむ。そして夜や休日はゆっくり親密な時間を過ごしているととても幸せで、園の先生たちにも感謝の気持ちでいっぱいになりました。長期の休みなどには友人たちと協力して、それぞれの子どもを預かり合ったりも。まるできょうだいがいっぺんにふえたみたいで子どもたちも楽しそうだったなあ。

もちろん、子どもと一日中いることが幸せ、という方もいらっしゃるかもしれませんし、その方たちの価値観を否定するつもりはありません。親も子も無理なく同じ時間を過ごしてずっと笑顔でいられるのなら、とてもすばらしいことです。ですが、人にはそれぞれ得意不得意があります。一口に「お母さん」といっても、子どもと遊ぶのが苦手な人だっていれば、人付き合いが不得意な人もいる（これはわたし。ぐうぜんお母さんだった友人はいるけれどママ友はいません）。料理がどうしても無理って人もいるでしょう。また、時間や余裕がなかったり、体調がすぐれなくてできないこともある。それなのに「こうあるべき」を理想にして、自分の不得意を無理に克服しようとがんばり続けてしまうと、だんだん「自分らしくいられていない」という暗い気持ちがでてきて当然です。だからまず、自分のなかの得意なことも不得意なことも、すてきなところもダメなところもぜんぶ「わたしってこうだよね」と受け入れてみることがスタートだと思うのです。

家事や料理はたしかに、生きていくために必要なこと。でもそれは自分が無理なく心地よくいられる方法でやればいいんじゃないかな。だって家族はお母さんがそれらを嫌々やってるだなんて思っていません。わたしは保存食作りが好きなので一見すると料理が得意なイメージがあるかもしれませんが、自分が好きな渋い和食しか作らないと決めています。たまに息子がジ

ブログ、インスタでのご質問Q&Aコーナー

Q フォーマル どうしてますか?

A 法事や食事会などはリネンワンピースにパール。弔事には20代から着ているシンプルなセレモニー用を。結婚式はアクセサリー不要の着物で。

Q 献立の立て方は?

A 宅配を利用しているため、基本あるものから考えます。たとえば鶏肉ならメニューは塩焼き、親子丼、唐揚げのみ。自分なりにパターン化することでメニュー選びのストレスから解放され、料理にとりかかるハードルも下がります。

Q はぎれ活用法を教えてください!

A 裁断が済んだらその寸法をマステに書いて貼り、布耳でくるんで巻物のようにしてかごに立てておけば便利。それらは小物作りやパッチワークの一点ものなどに利用するほか、蚤の市などで販売も。キルトなどをされる方に好評です。

Q スタイルキープのために何かしていますか?

A ふだん心がけているのは「姿勢」です。足腰の筋肉をしっかり使えるので肩や腰に負担がかかりません。歯磨き時にはスクワット、一人のときは電動自転車の電源はオフ。「ながら」でできることのほうが長続きします。

Q 親子の意見が食い違うときどうしてる?

A 特に何もしていません。おもちゃ選び一つとっても小さなころから「わたし(親)はこう思うけど、あなたはどうする?」と問いかけてきました。人は自分で選んだことにしか主体的になれないと思っています。

Q 子どものやる気を引きだすには?

A わたし自身のことを振り返ると、ちゃんと休息がとれているとやる気がでます。そのためにはいつも過ごす家がやすらげる場所であること。心から安心できてはじめて「やってみたい!」が花開くのではないでしょうか。

ヤンクフードが食べたいと言うこともありますが、そういうときは「食事作りの手間がはぶけた！」とばかりに喜んで買ってきて一緒に食べたり、食べたくないときは別に好きな料理を一人分作って食べます。野菜炒めと土鍋ごはんにお漬けものを食べているわたしのそばで、息子が美味しそうにフライドポテトをほおばる。お互い「味見させて～」なんてシェアしたりと、息子もわたしも幸せです。

だから、わたしが思う自分らしくいられる方法とは、リフレッシュすることでも一人の時間を作ることでもなく、「自分の気持ちに素直になる」ことだと思います。できないことはあきらめて、できないなりにほかのやり方を選んでみる。世間の意見や「こうあるべきだ」はいったん脇に置いておき、自分の直感を信じる。やりたくないことは積極的にやめて得意なことを生かす。そうしているうちに自分らしくいられる生き方が形作られていくのではないでしょうか。

「お母さん」をしていると、「わたしでなくてはできない」ことはそんなに多くないけれど、「わたしでないといけない」ことは確実にある、と感じます。子どもはわたしがすてきなお母さんだから大好きなんじゃない。大好きなお母さんだから笑っていてほしいのです。あれこれ世話を焼いたりたくさんのおかずを作ってあげるより、ただわたしが機嫌よくここに居るだけでじゅうぶん子どもたちは幸せそうですから。

ヒント

- 自分らしくいられていない、と感じることはがんばっている証拠。まずはそんな自分を認めてあげて
- 一般論や常識はいったん置いておいて、「自分はこうしたい！」にわがままになってみよう
- 自分の気持ちに素直になることで、自分らしい生き方が見つかる

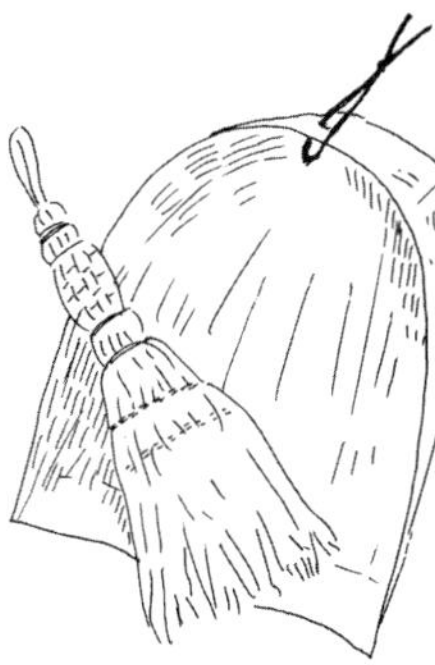

くりかえし作りたい7つの服と小物5点の作り方解説

作り始める前に

＊この本のパターンには、レディースのS、M、Lサイズがあります。下記のサイズ表（ヌード寸法）と作品のでき上がり寸法を目安に、お好みで選んでください。
＊モデルはMサイズを着用しています（身長161㎝）。
＊裁ち合わせ図は、Mサイズです。サイズによっては配置や用尺が変わり、Lサイズは指定の布幅で裁てない場合があるので、必ず確認してから布を購入しましょう。
＊作り方の数字の単位は㎝。材料の寸法表記は横×縦です。
＊巻末の基礎ページを参照してください。

この本のサイズ表

	S	M	L
身長	154	158	162
バスト	83	87	91
ウエスト	63	67	71
ヒップ	89	93	97

［単位：cm］

製図内の注意点

[サイズ表記]
共通＝黒
S サイズ＝青
M サイズ＝赤
L サイズ＝緑

＊p.30～「製図のコツ」、「生地カットのコツ」を参照してください（動画あり）。
＊指定以外、製図に縫い代は含まれていません。各作品の裁ち合わせ図を参考に縫い代をつけ、裁断します。
＊ワンピースなどのポケットは全て同じ製図です（p.125に縮小型紙あり）。
＊衿ぐり、股ぐりの大きなカーブは抜き型紙（p.123～）がついています。

1　ボートネックカットソーの製図 （半袖、七分袖、長袖）

Photo／**半袖**→ p.**16、21、63**
長袖→ p.**13、15、16、19、24、25、34、36、46、58、78**
作り方／p.**96、98**
抜き型紙／p.**123**

[でき上がり寸法] ※左からS／M／Lサイズ
バスト…102／106／110㎝
着丈…50.2／51.2／52.2㎝
袖丈（長袖）…33.5／34／34.5㎝
袖丈（七分袖）…23.5／24／24.5㎝

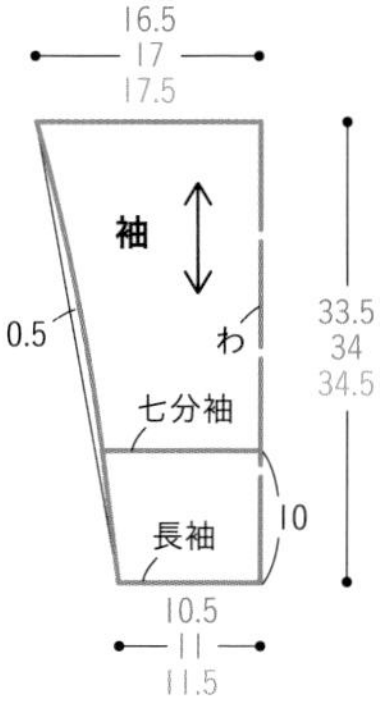

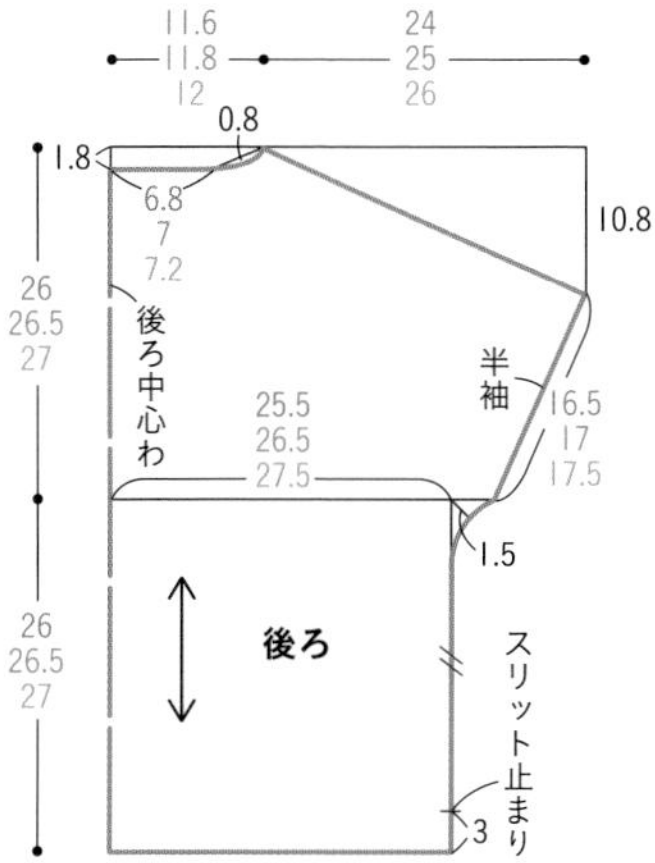

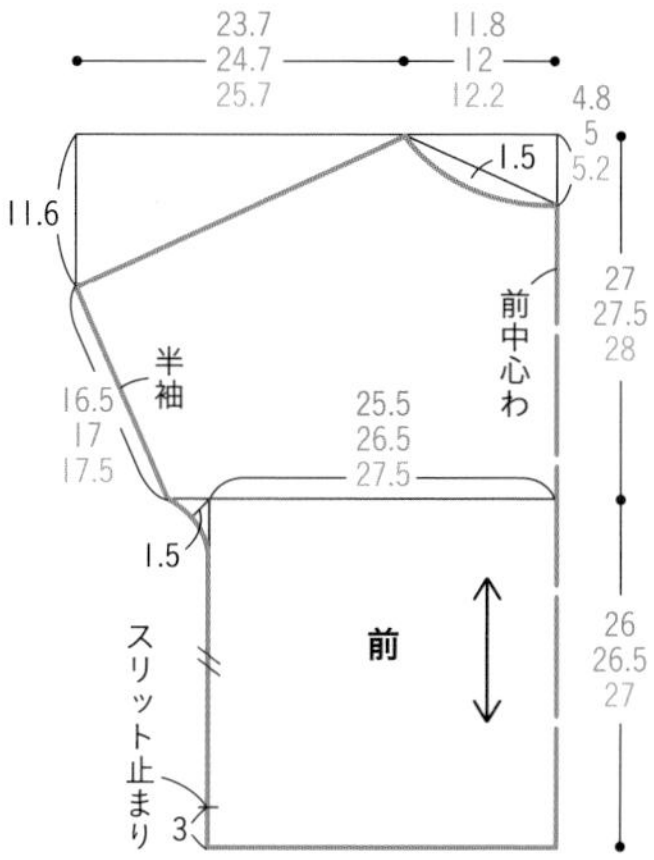

2 リラックスパンツの製図 (テーパード、ストレート)

Photo／**テーパード**→p.**16、18、21、24、25、63、78、79**
ストレート→p.**16、22、23、36**
作り方／p.**99**
抜き型紙／p.**125**

［**でき上がり寸法**］※左からS／M／Lサイズ
ヒップ…133／137／141㎝
パンツ丈…88／91／94㎝

ストレートパンツはテーパードパンツの
前パンツと後ろパンツの製図を引き、
指定の寸法で裾線を引き直して作成する。

ストレートパンツ

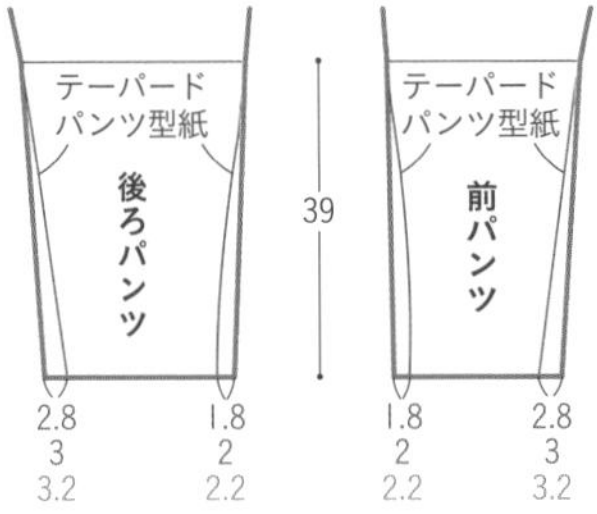

テーパードパンツ

ウエストベルト

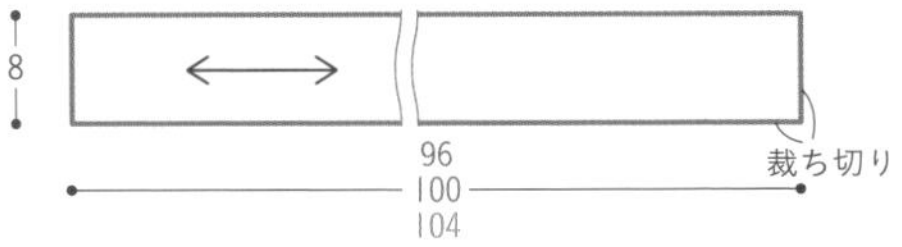

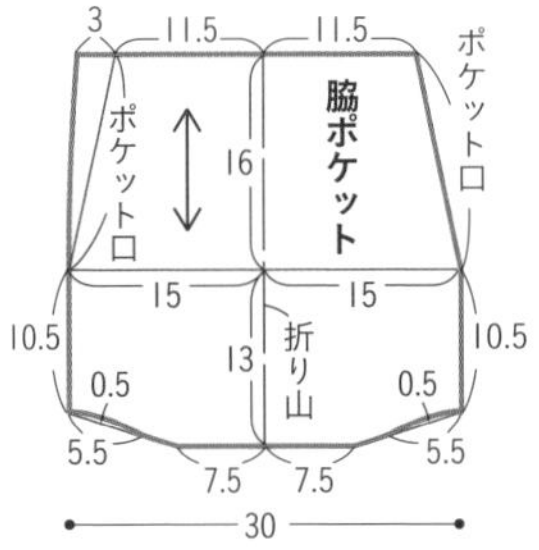

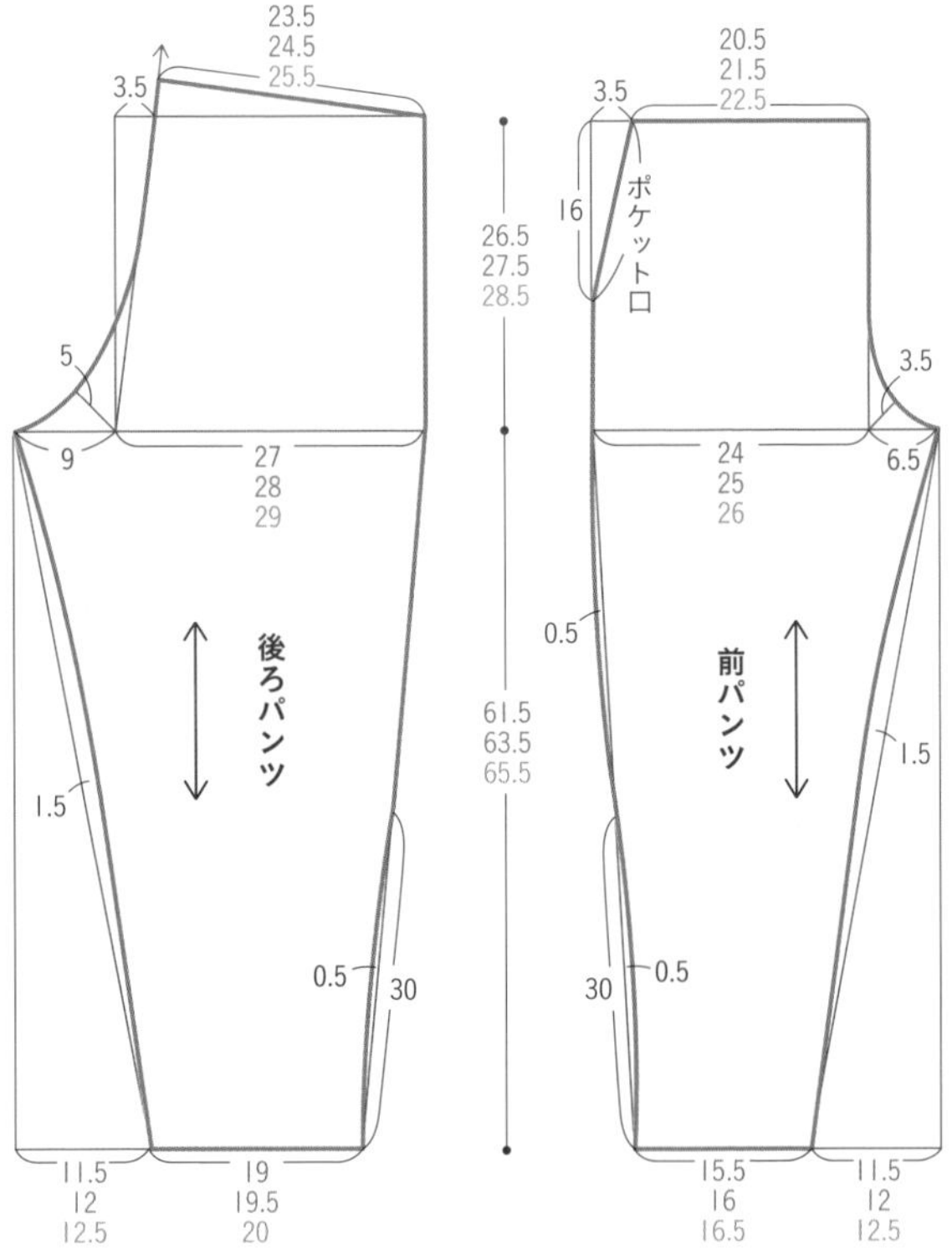

3 ワイドキュロットの製図 (ガウチョ、バルーン)

Photo／**ガウチョ**→p.**15、16、19、23**
バルーン→p.**16、21、34**
作り方／p.**102**
抜き型紙／p.**124**

[でき上がり寸法] ※フリーサイズ
ヒップ…212cm
着丈…89cm

ガウチョパンツとバルーンパンツは
布地に直接線を引いて製図を作成する。

※ 製図は縫い代込み
※(　) は縫い代寸法
※ ▭ は布をカットする

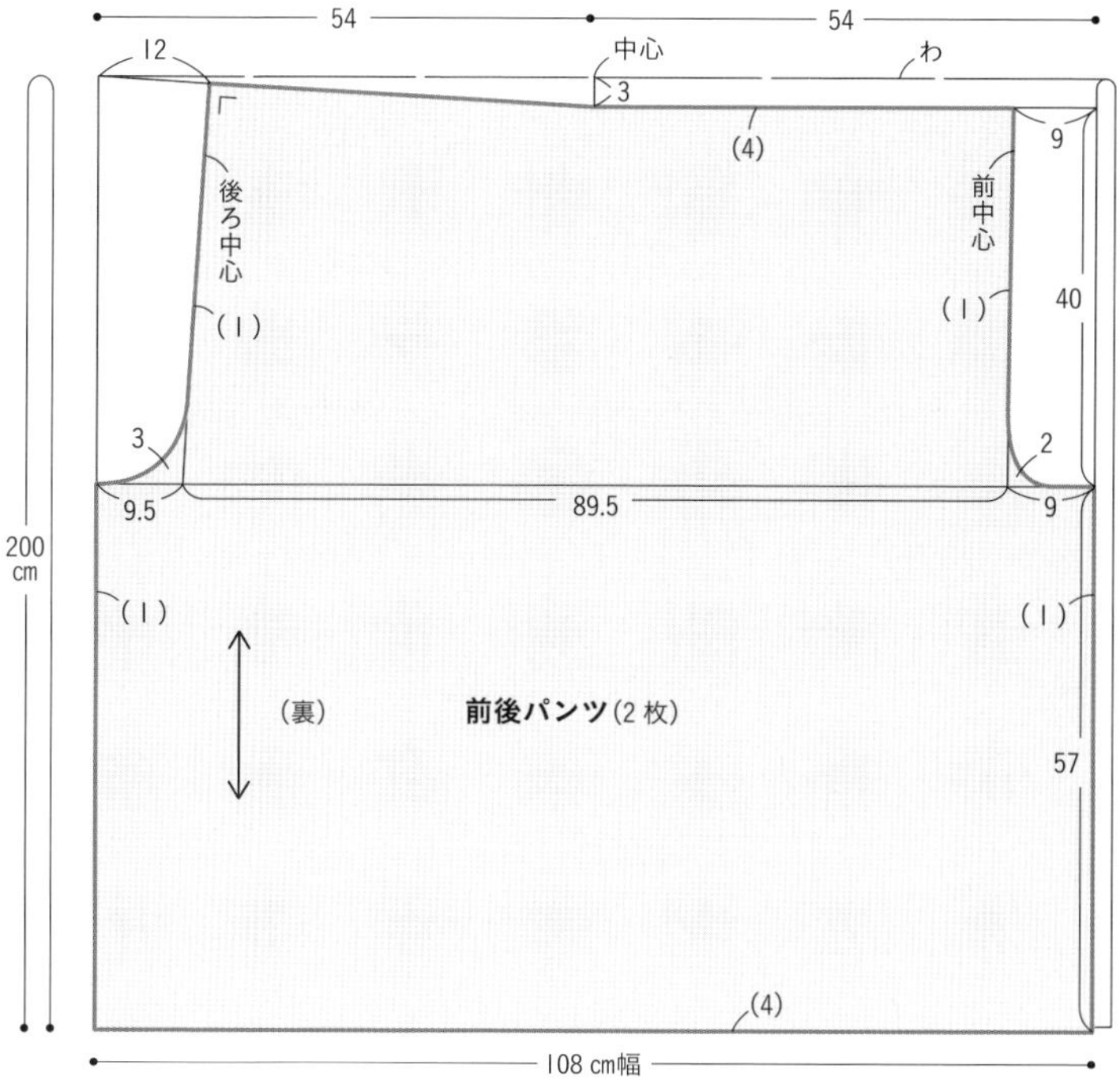

4　カシュクールワンピースの製図（半袖、長袖）

Photo／**半袖**→ p.**17、20**
長袖→ p.**17、22、23、25、46**
作り方／p.**104、107**
抜き型紙／p.**123、125**

［でき上がり寸法］
※左からS／M／Lサイズ
バスト…88／92／96cm
着丈…109／112／115cm
袖丈（長袖）…34.5／35／35.5cm

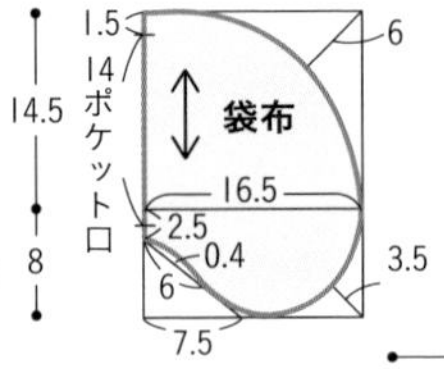

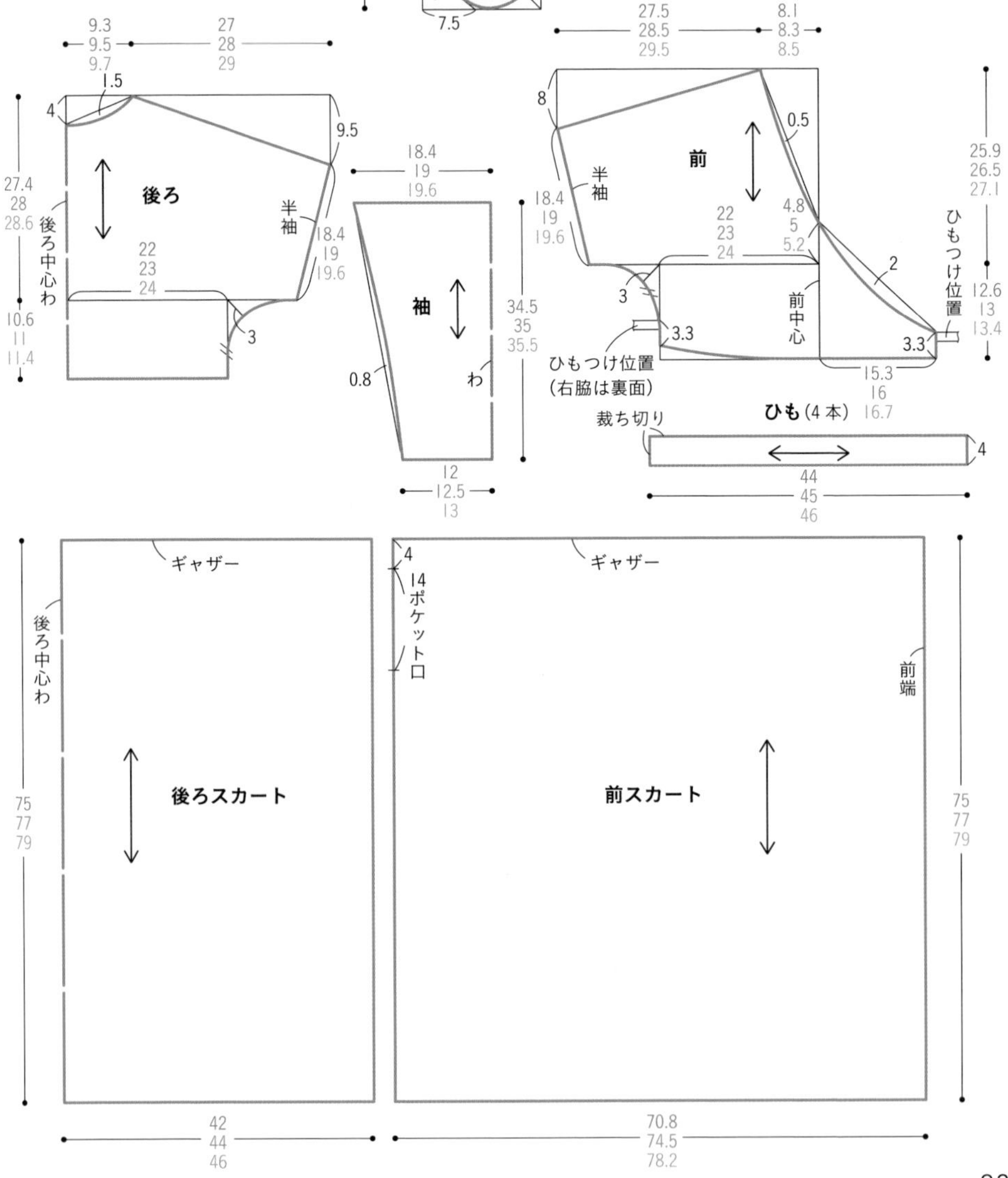

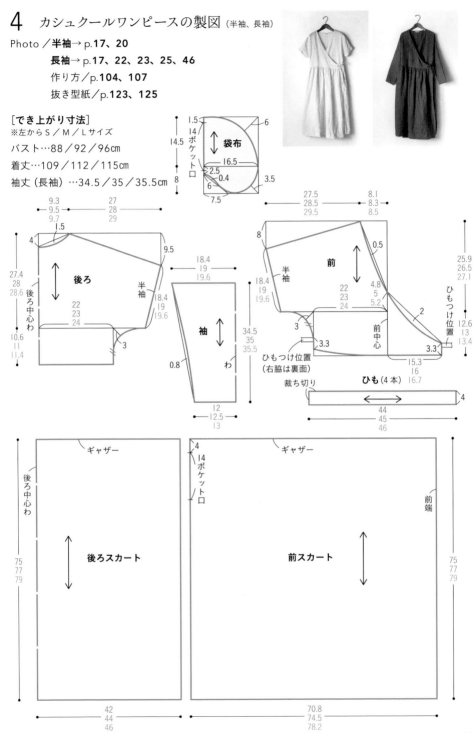

5　Aラインワンピースの製図（半袖、長袖）

Photo／**半袖**→p.**17、21、22**
長袖→p.**17、18**
作り方／p.**108、110**
抜き型紙／p.**124、125**

［でき上がり寸法］※左からS／M／Lサイズ
バスト…108／112／116cm
着丈…102.5／105.5／108.5cm
袖丈（長袖）…24.5／25／25.5cm

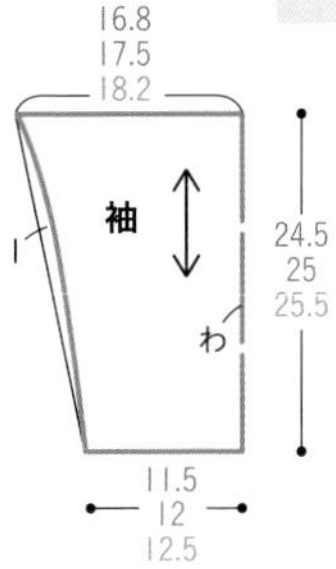

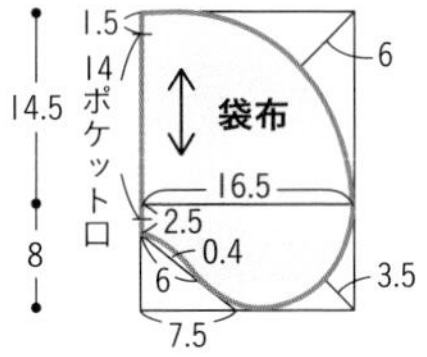

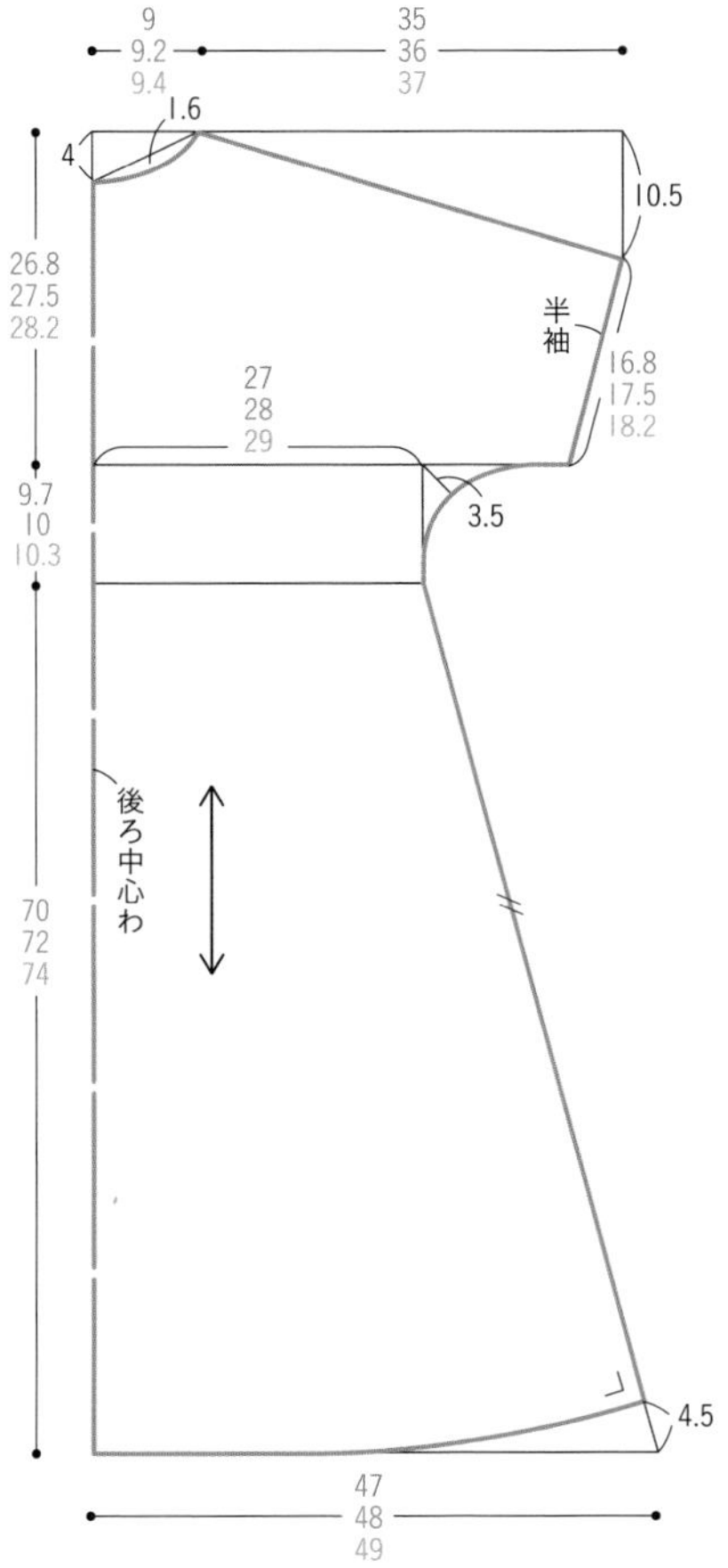

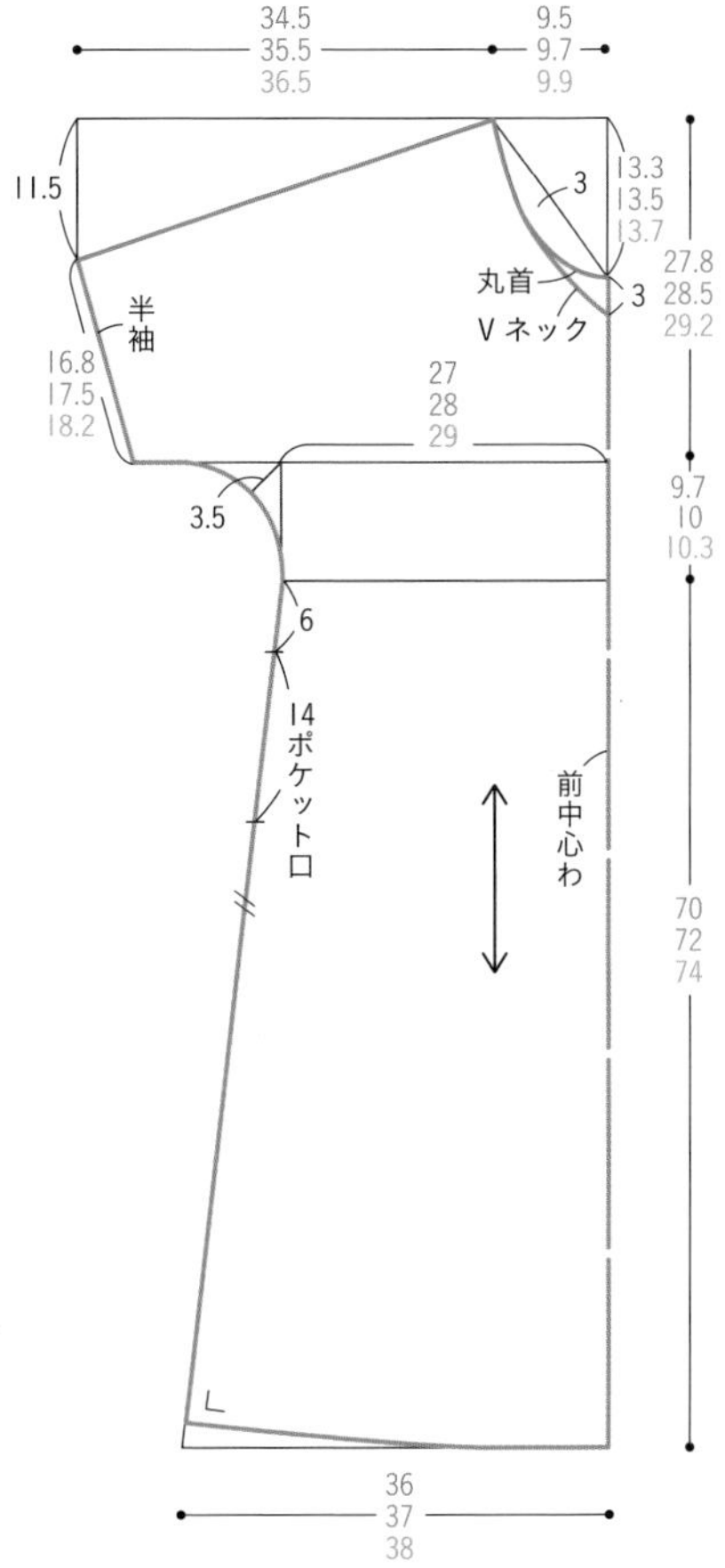

6　ローブコートの製図

Photo／**ウールリネン**→p.**17、24、25**

リネン→p.**17、23、78、79**

作り方／p.**111、113**

抜き型紙／p.**123、125**

[でき上がり寸法] ※左からS／M／Lサイズ

バスト…116／120／124cm

着丈…102／105／108cm

袖丈…35.2／36／36.8cm

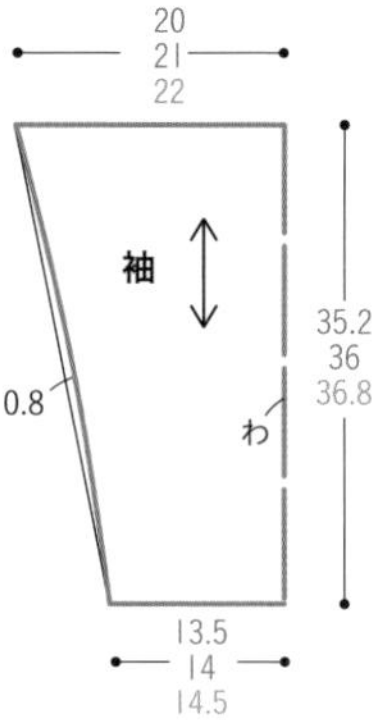

袖
わ
20 21 22
35.2 36 36.8
0.8
13.5 14 14.5

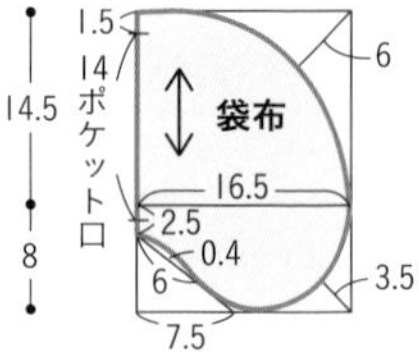

袋布
14ポケット口
1.5
6
14.5
16.5
2.5
0.4
8
6
3.5
7.5

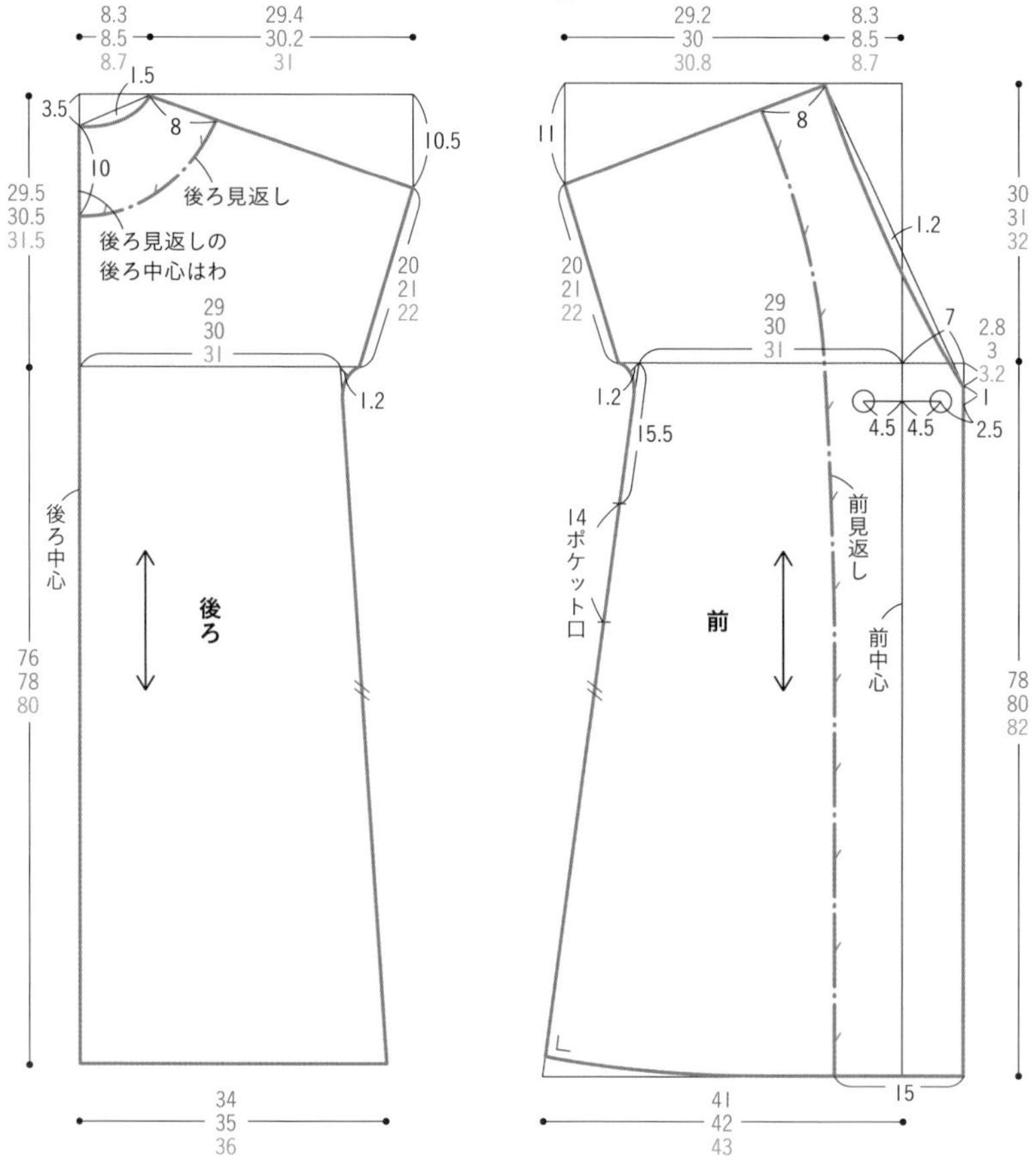

後ろ
後ろ見返し
後ろ見返しの後ろ中心はわ
後ろ中心
8.3 8.5 8.7
29.4 30.2 31
1.5
3.5
8
10
10.5
29.5 30.5 31.5
20 21 22
29 30 31
1.2
76 78 80
34 35 36
前
前見返し
前中心
14ポケット口
29.2 30 30.8
8.3 8.5 8.7
11
8
1.2
30 31 32
20 21 22
29 30 31
7
2.8 3 3.2
1
4.5
4.5
2.5
1.2
15.5
78 80 82
41 42 43
15

7　フラップワンピースの製図

Photo／p.**11、17、19**　作り方／p.**114**　抜き型紙／p.**125**

［でき上がり寸法］※左からS／M／Lサイズ

バスト…108／112／116cm

着丈…109.5／112.5／115.5cm

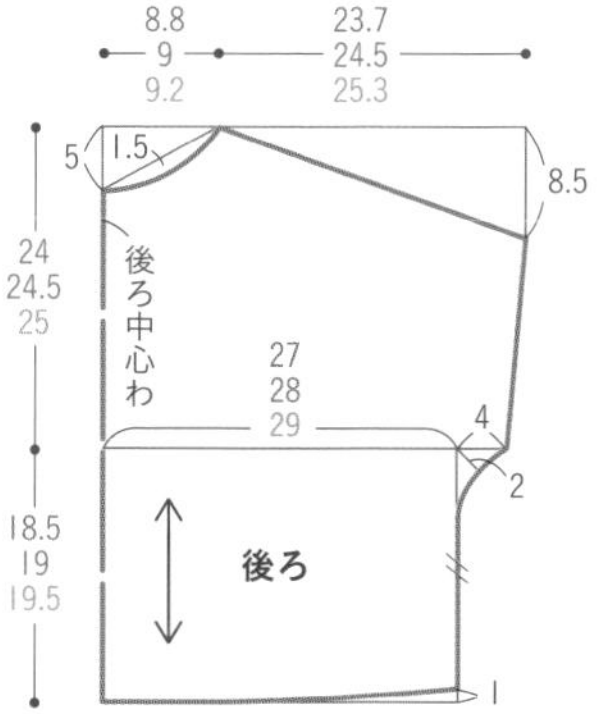

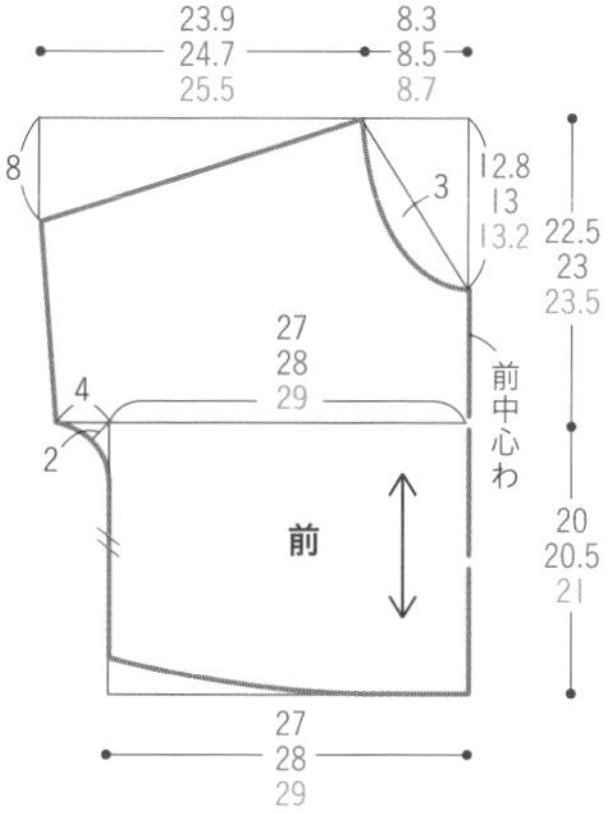

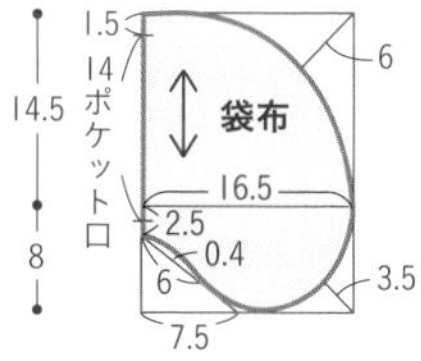

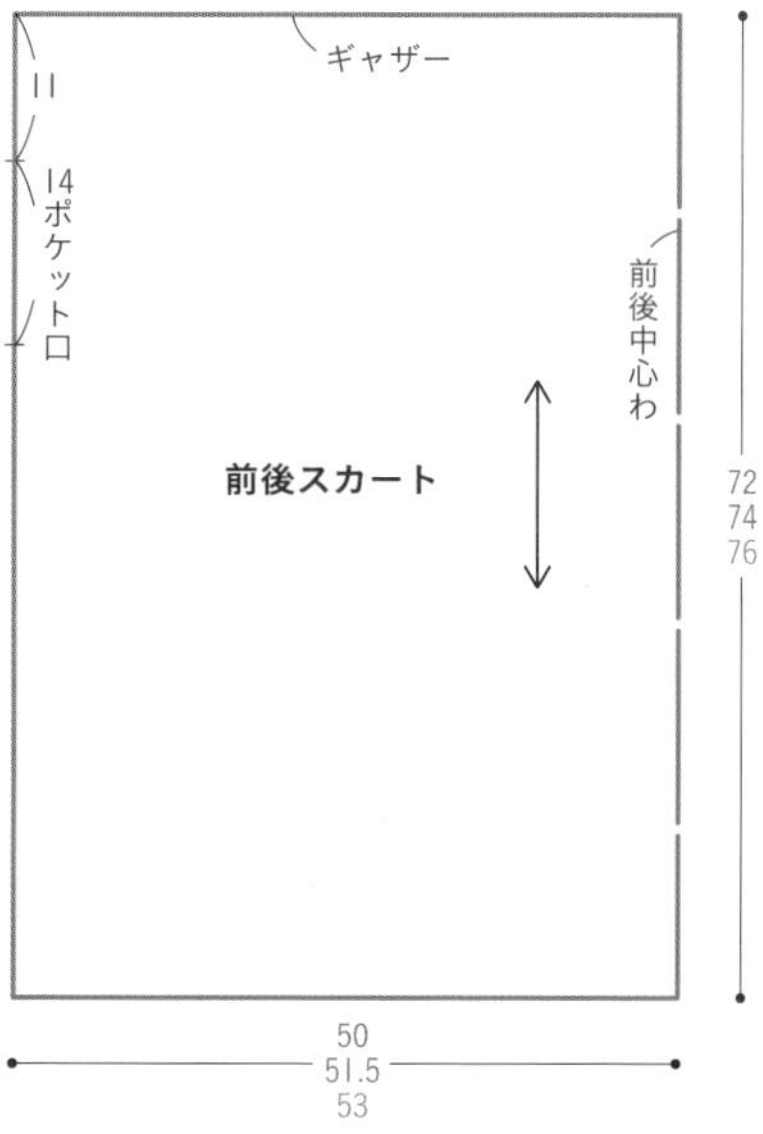

1 ボートネックカットソー(長袖、七分袖)

Photo／p.**13、15、16、19、24、25、34、36、46、58、78** 製図／p.**89**

[材料(長袖)] ※左からS／M／Lサイズ

表布(CHECK＆STRIPEオリジナル天竺無地　きなり)

…170㎝幅1m／1m／1m

伸び止めテープ(ニット用)…0.9㎝幅60㎝

[材料(七分袖)] ※左からS／M／Lサイズ

表布(カットソー生地)

…170㎝幅90㎝／90㎝／90㎝

伸び止めテープ(ニット用)…0.9㎝幅60㎝

[でき上がり寸法] ※左からS／M／Lサイズ

バスト…102／106／110㎝

着丈…50.2／51.2／52.2㎝

袖丈(長袖)…33.5／34／34.5㎝

袖丈(七分袖)…23.5／24／24.5㎝

[作り方]

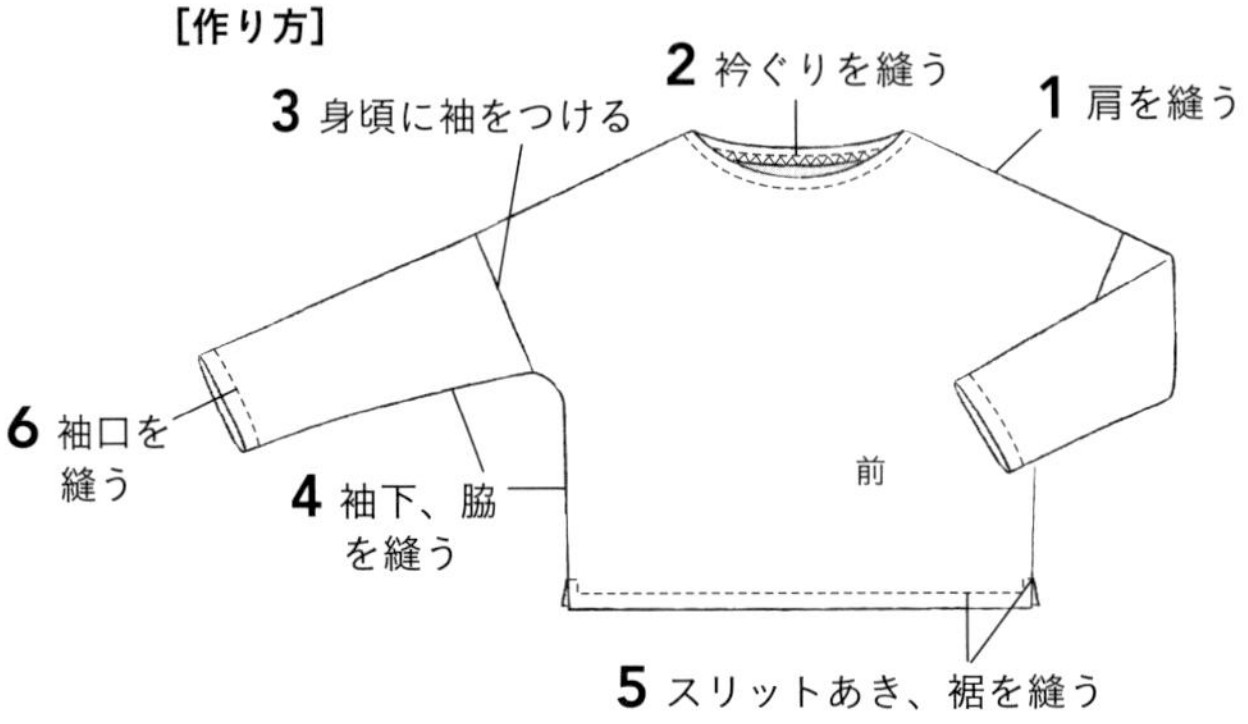

2 衿ぐりを縫う
3 身頃に袖をつける
1 肩を縫う
6 袖口を縫う
4 袖下、脇を縫う
前
5 スリットあき、裾を縫う

下準備

❶ 前衿ぐり、後ろ衿ぐりの縫い代に伸び止めテープを貼る。

❷ 肩、衿ぐり、スリットあき、裾、袖口の縫い代にジグザグミシンをかける。

❸ 前衿ぐり、後ろ衿ぐり、裾、袖口の縫い代をアイロンで折る。

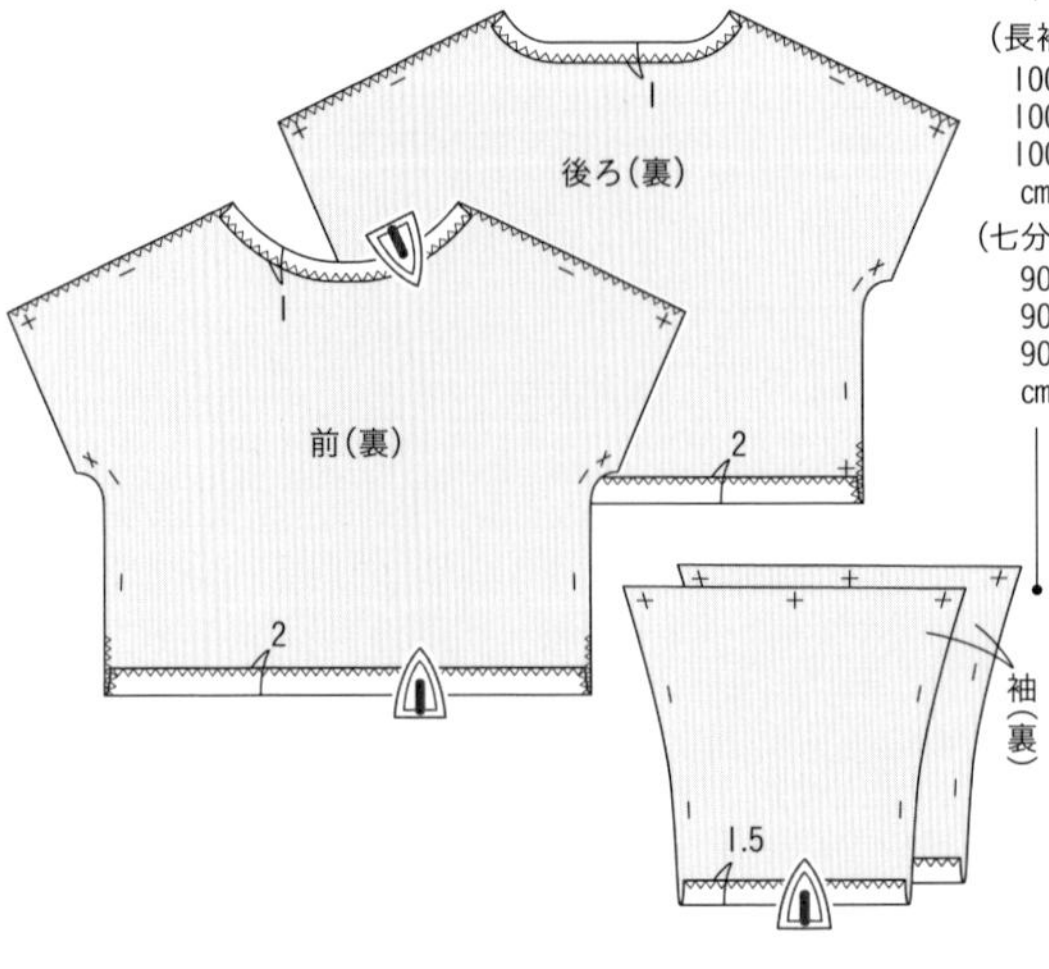

後ろ(裏)
前(裏)
2
2
袖(裏)
1.5

裁ち合わせ図

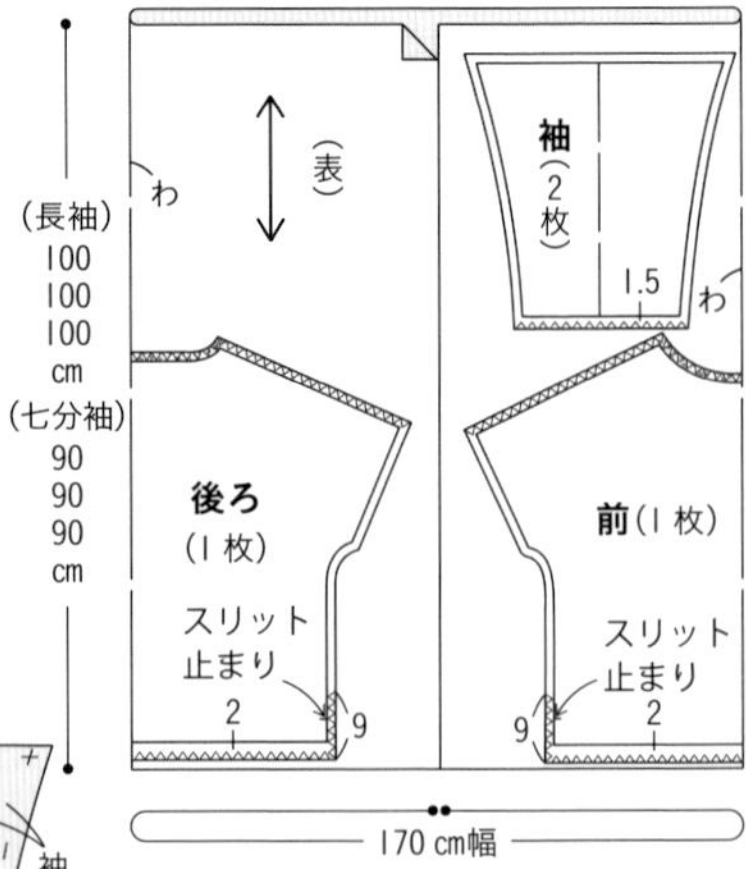

わ
(表)
袖(2枚)
1.5
わ
(長袖)
100
100
100
cm
(七分袖)
90
90
90
cm
後ろ(1枚)
スリット止まり
2
9
前(1枚)
スリット止まり
9
2
170㎝幅

※ 指定以外の縫い代は1㎝

※ [点線の囲み] は裏に伸び止めテープを貼る

※ ╲╱╲╱ は縫い代にジグザグミシンをかける

※ 数字は上からS／M／Lサイズ

1 肩を縫う

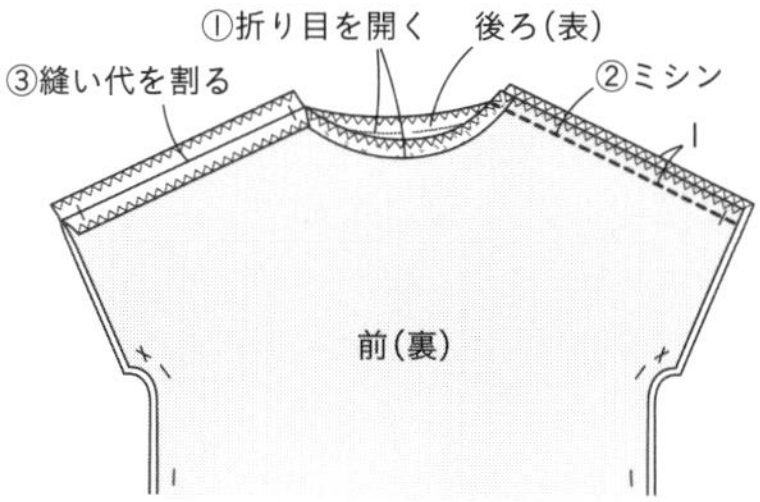

2 衿ぐりを縫う

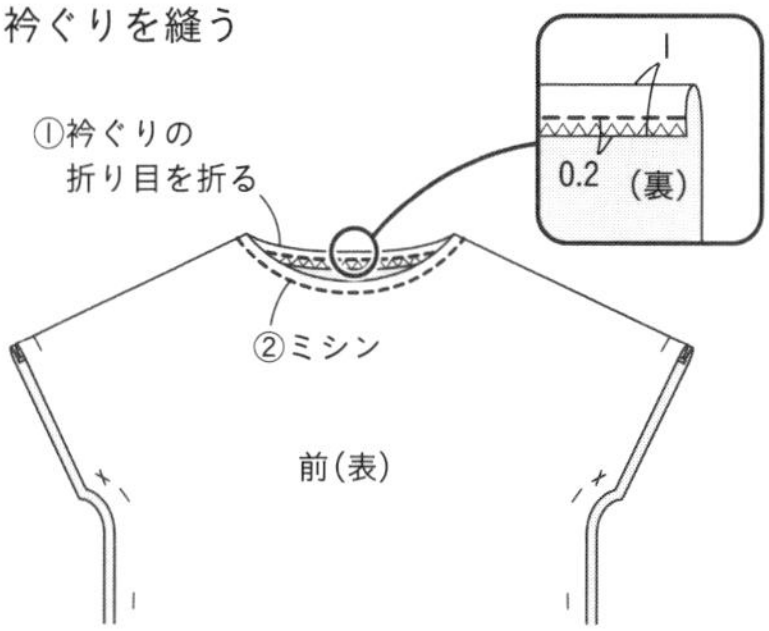

3 身頃に袖をつける

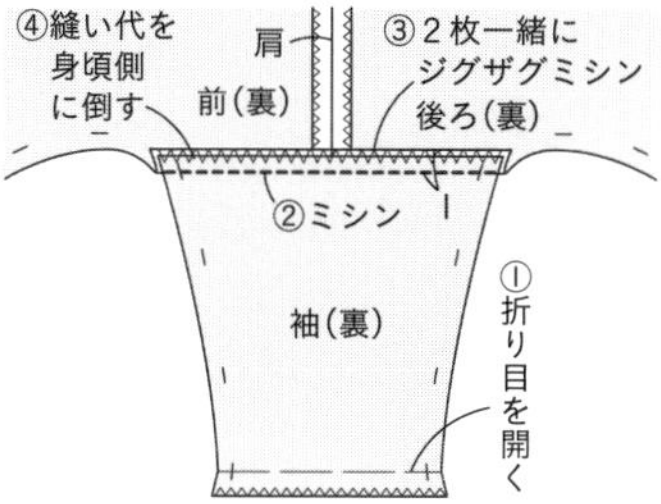

4 袖下、脇を縫う

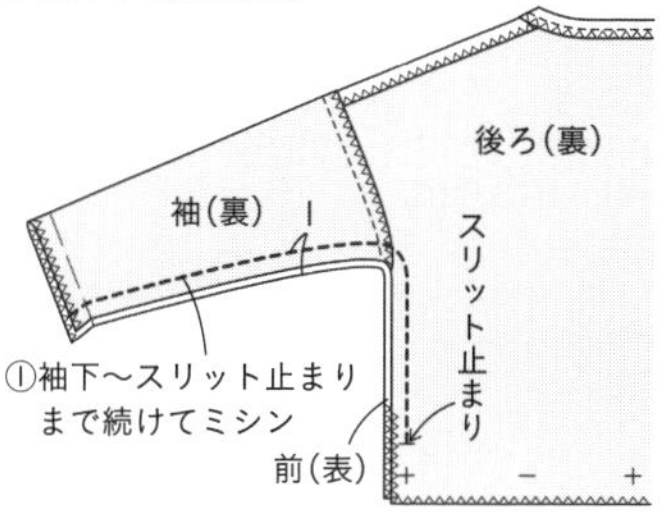

↓

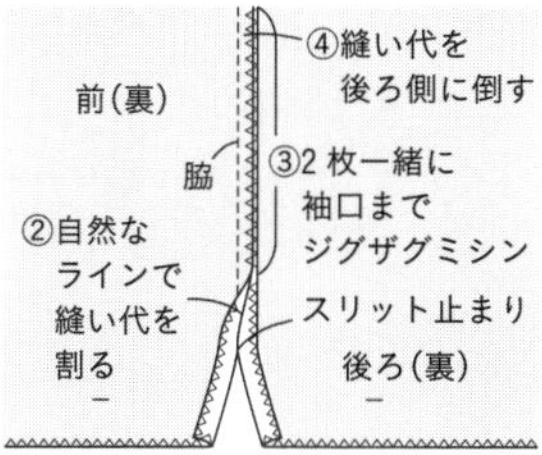

5 スリットあき、裾を縫う

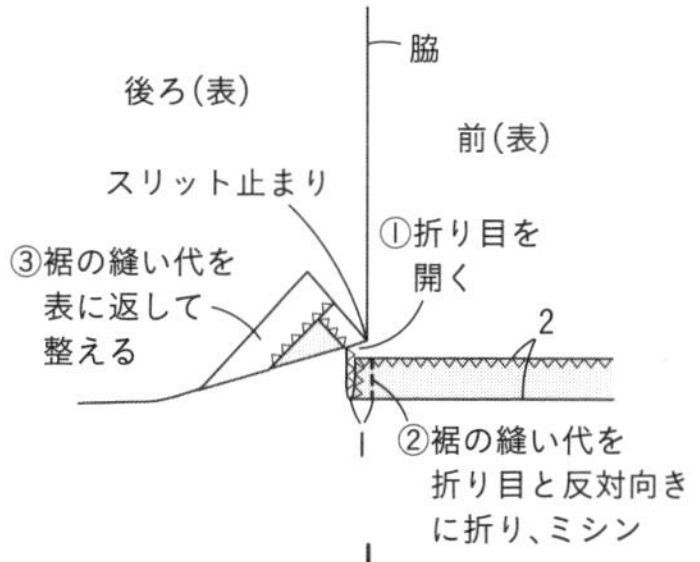

↓

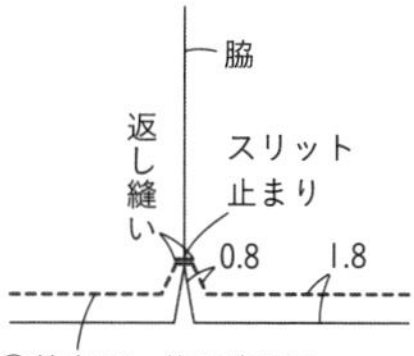
④前身頃〜後ろ身頃の
裾・スリットあきを
続けて縫う

6 袖口を縫う

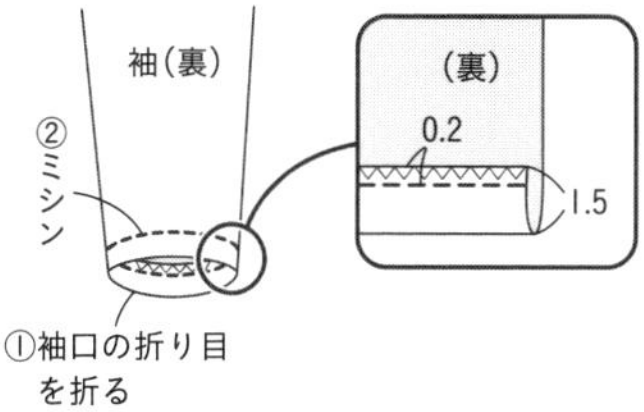

1　ボートネックカットソー (半袖)

Photo／p.**16**、**21**、**63**　製図／p.**89**

[材料 (半袖)]
※左からS／M／Lサイズ
表布 (カットソー生地)
…170cm幅60cm／60cm／60cm
伸び止めテープ (ニット用) …0.9cm幅60cm

[でき上がり寸法]
※左からS／M／Lサイズ
バスト…102／106／110cm
着丈…50.2／51.2／52.2cm

下準備

❶ 前衿ぐり、後ろ衿ぐりの縫い代に伸び止めテープを貼る。
❷ 肩、衿ぐり、スリットあき、裾、袖口の縫い代にジグザグミシンをかける。
❸ 前衿ぐり、後ろ衿ぐり、裾、袖口の縫い代をアイロンで折る。

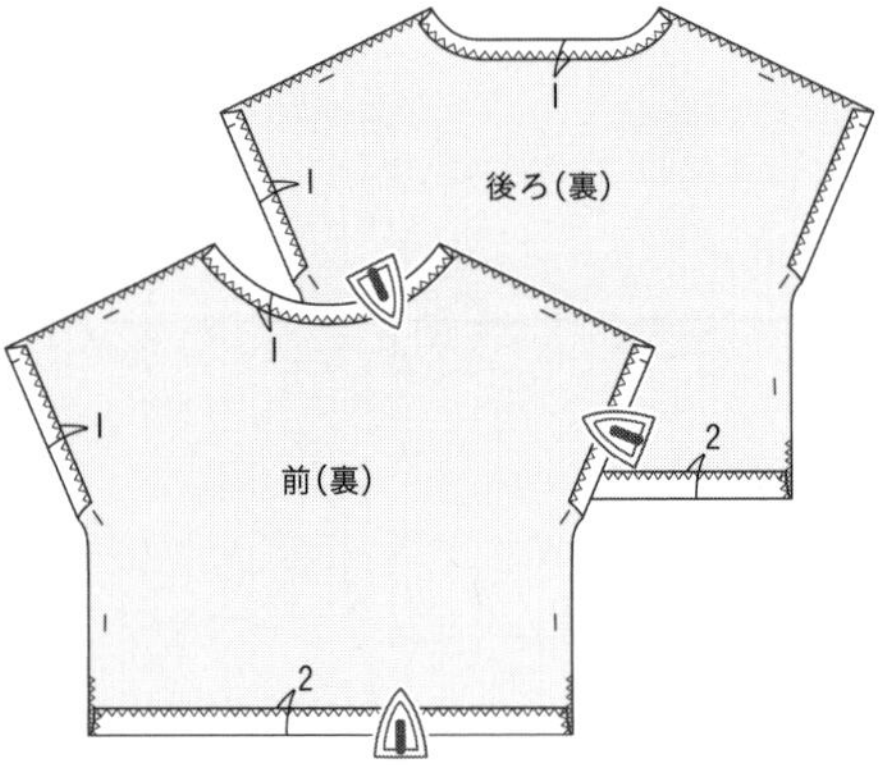

後ろ(裏)
前(裏)
1
2

[作り方]

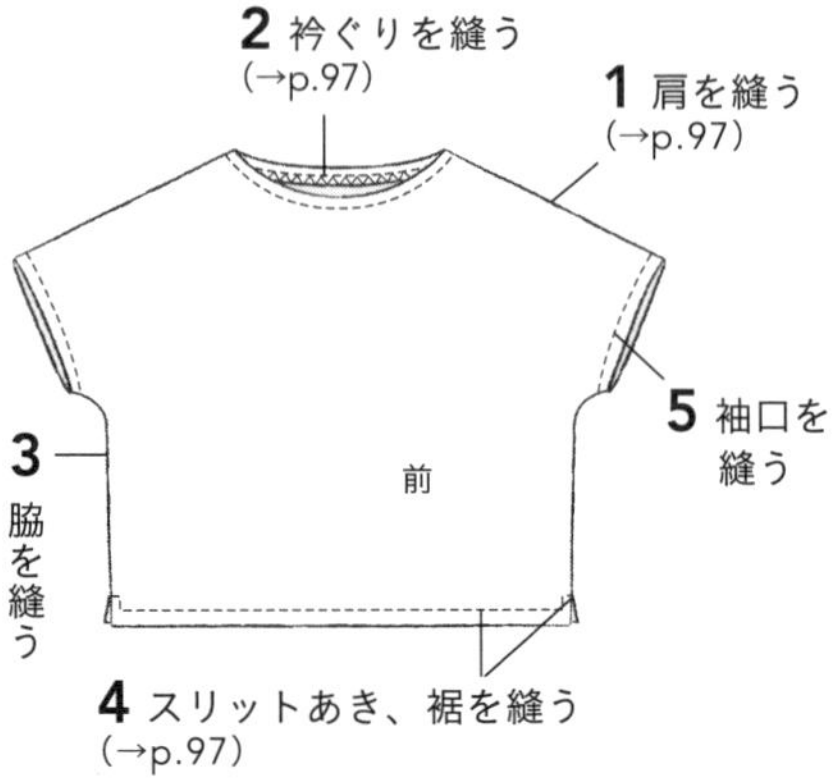

2 衿ぐりを縫う
(→p.97)
1 肩を縫う
(→p.97)
5 袖口を縫う
3 脇を縫う
前
4 スリットあき、裾を縫う
(→p.97)

5 袖口を縫う

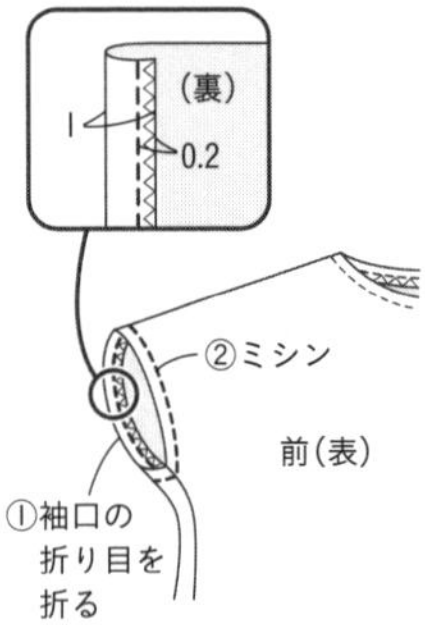

(裏)
1
0.2
②ミシン
前(表)
①袖口の折り目を折る

3 脇を縫う

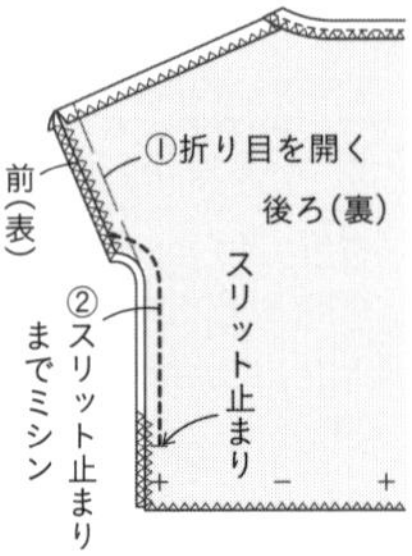

①折り目を開く
後ろ(裏)
前(表)
②スリット止まりまでミシン
スリット止まり

裁ち合わせ図

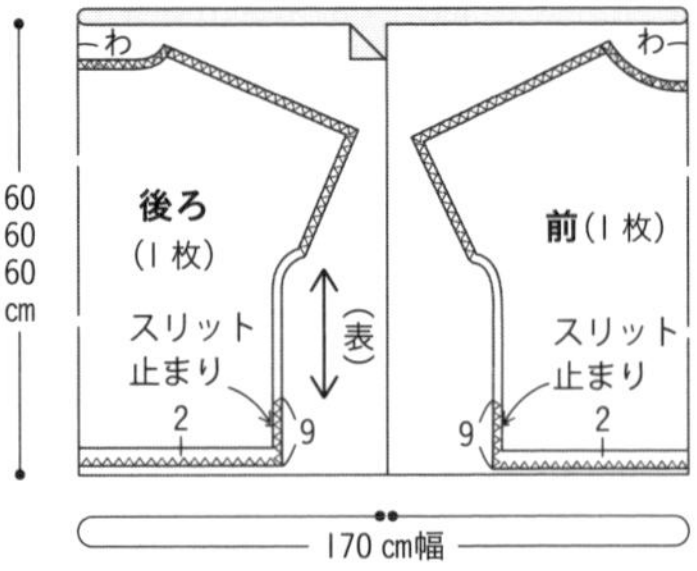

わ
わ
後ろ
(1枚)
前(1枚)
(表)
スリット止まり
スリット止まり
2
9
60
60
60
cm
170cm幅

※ 指定以外の縫い代は1cm
※ ▭ は裏に伸び止めテープを貼る
※ ╲╱╲╱ は縫い代にジグザグミシンをかける
※ 数字は上からS／M／Lサイズ

2 リラックスパンツ(テーパード、ストレート)

Photo／**テーパード**→ p.**16、18、21、24、25、63、78、79**
ストレート→ p.**16、22、23、36**
製図／p.**90**

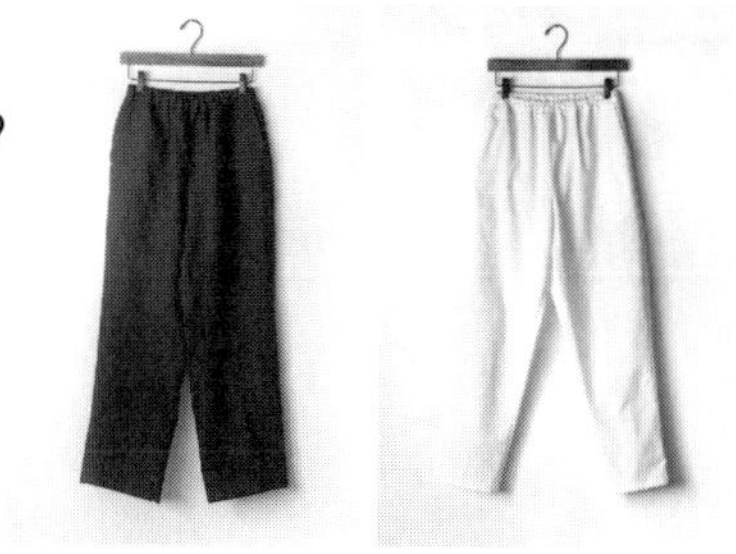

［材料（テーパード）］ ※左からS／M／Lサイズ
表布（CHECK＆STRIPE オリジナル
ナチュラルコットンチノクロス　ホワイト）
…110cm幅2m30cm／2m30cm／2m40cm
伸び止めテープ…0.9cm幅40cm
ゴムテープ…2cm幅適宜

［材料（ストレート）］ ※左からS／M／Lサイズ
表布（タケミクロス　fanage（天日干し）
リネン100％　40番手　ブラック）
…114cm幅2m30cm／2m30cm／2m40cm
伸び止めテープ…0.9cm幅40cm
ゴムテープ…2cm幅適宜

［でき上がり寸法］ ※左からS／M／Lサイズ
ヒップ…133／137／141cm
パンツ丈…88／91／94cm

裁ち合わせ図

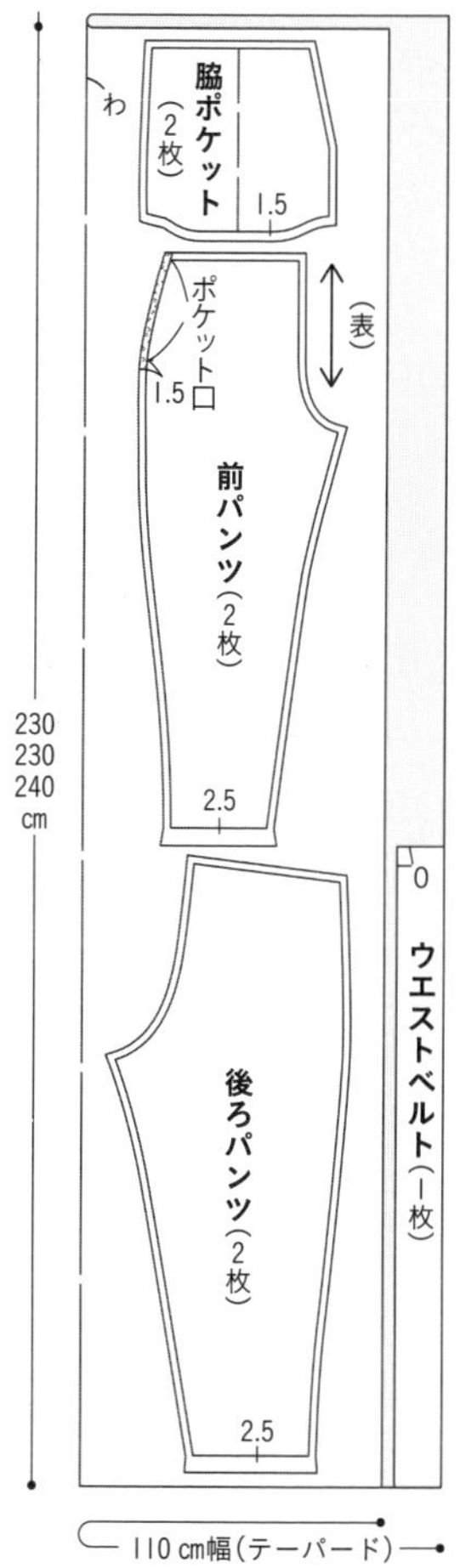
わ
脇ポケット(2枚)
1.5
ポケット口
1.5
(表)
前パンツ(2枚)
2.5
230
230
240
cm
後ろパンツ(2枚)
2.5
0
ウエストベルト(1枚)
110cm幅(テーパード)
114cm幅(ストレート)

※ 指定以外の縫い代は1cm
※ ▒▒は裏に伸び止めテープを貼る
※ 数字は上からS／M／Lサイズ

［作り方］

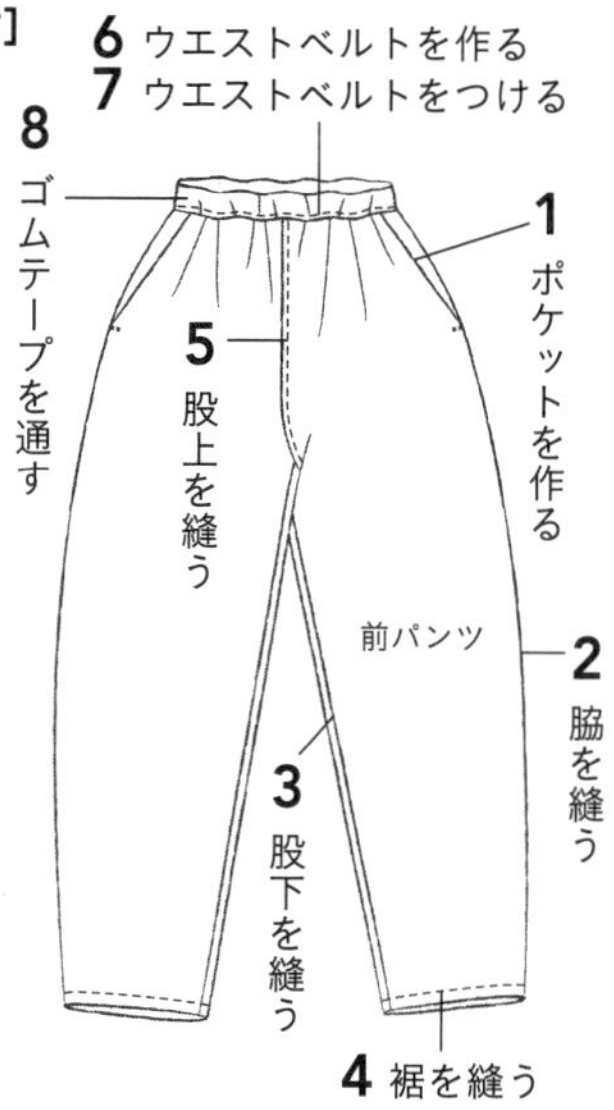
6 ウエストベルトを作る
7 ウエストベルトをつける
8 ゴムテープを通す
1 ポケットを作る
5 股上を縫う
前パンツ
2 脇を縫う
3 股下を縫う
4 裾を縫う

下準備

❶ 前パンツのポケット口の縫い代に伸び止めテープを貼る。
❷ 前パンツ、後ろパンツの裾をアイロンで三つ折りにする。
❸ ウエストベルトを図の様にアイロンで折る。

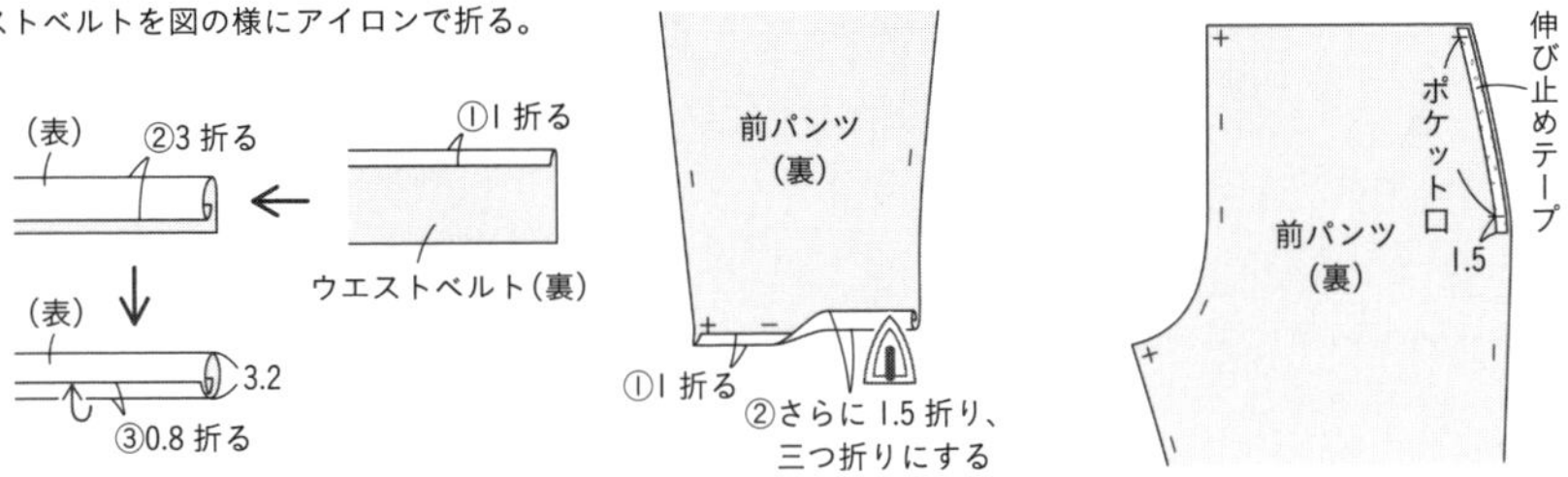

(表)
②3 折る
①1 折る
ウエストベルト(裏)
(表)
3.2
③0.8 折る
前パンツ
(裏)
①1 折る
②さらに 1.5 折り、
三つ折りにする
前パンツ
(裏)
ポケット口
1.5
伸び止めテープ

1 ポケットを作る

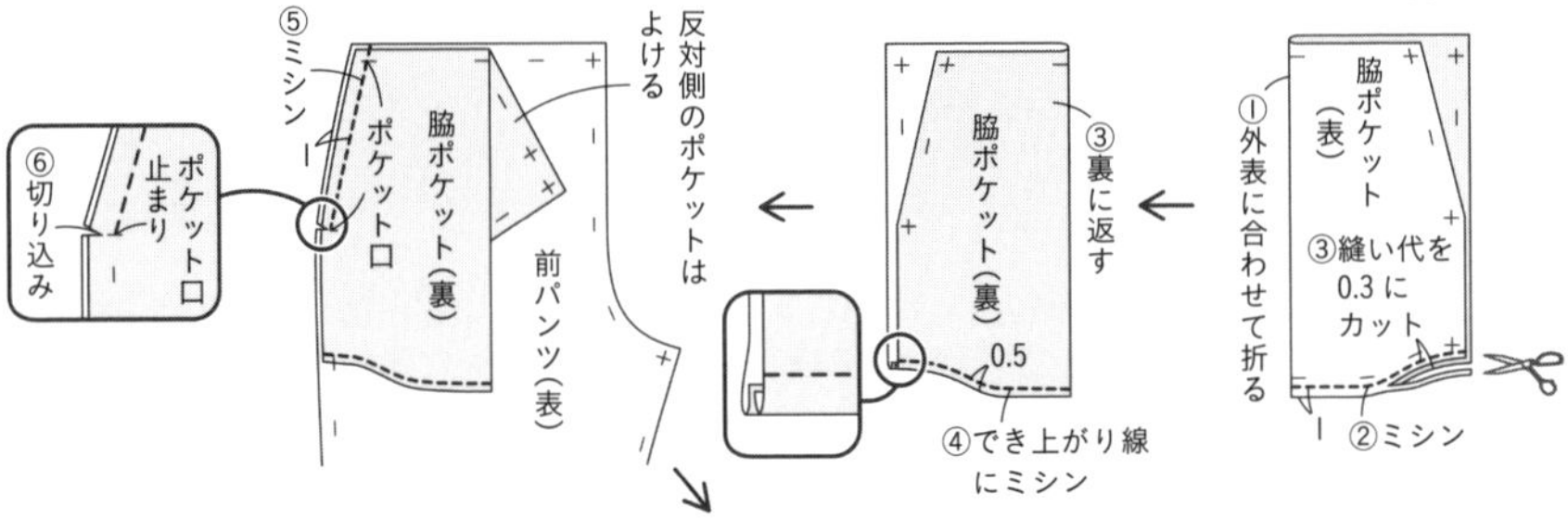

脇ポケット
(表)
①外表に合わせて折る
③縫い代を
0.3 に
カット
②ミシン
脇ポケット(裏)
③裏に返す
0.5
④でき上がり線
にミシン
⑤ミシン
ポケット口
脇ポケット(裏)
反対側のポケットはよける
前パンツ(表)
⑥切り込み
ポケット口止まり

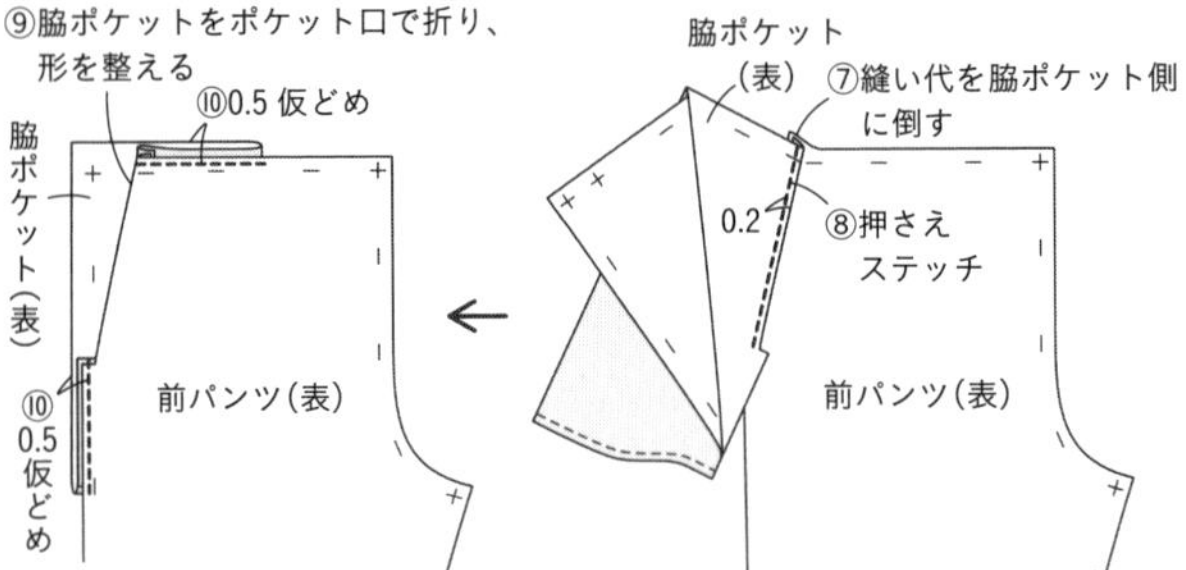

脇ポケット
(表)
⑦縫い代を脇ポケット側
に倒す
0.2
⑧押さえ
ステッチ
前パンツ(表)
⑨脇ポケットをポケット口で折り、
形を整える
⑩0.5 仮どめ
脇ポケット(表)
⑩
0.5
仮どめ
前パンツ(表)

2 脇を縫う

3 股下を縫う

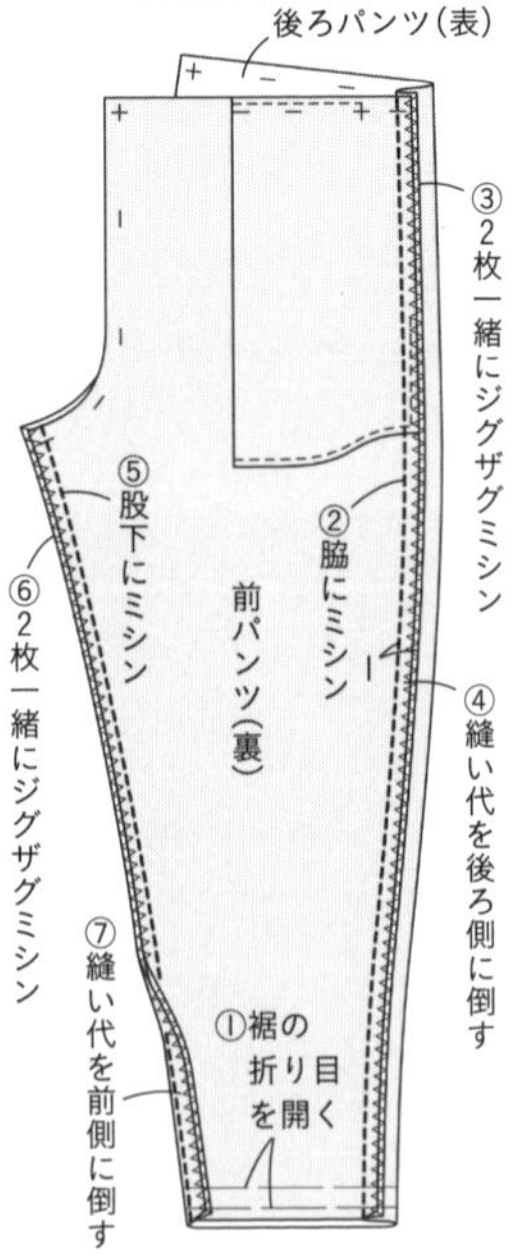

後ろパンツ(表)
③2枚一緒にジグザグミシン
②脇にミシン
前パンツ(裏)
④縫い代を後ろ側に倒す
⑤股下にミシン
⑥2枚一緒にジグザグミシン
⑦縫い代を前側に倒す
①裾の
折り目
を開く

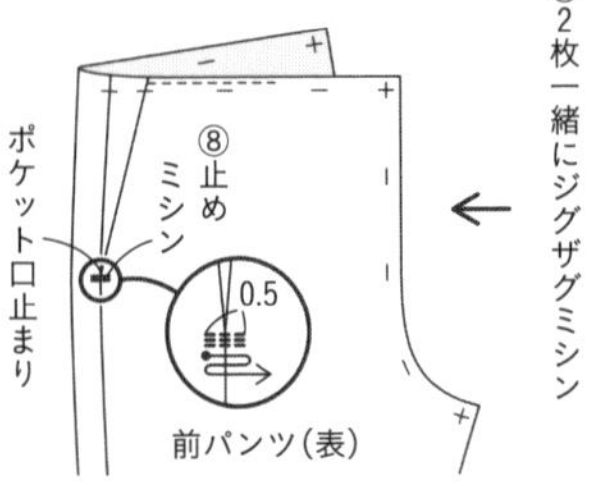

ポケット口止まり
⑧止め
ミシン
0.5
前パンツ(表)

4 裾を縫う

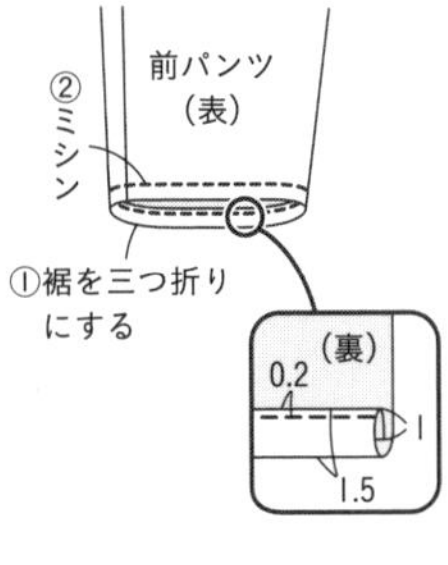

前パンツ
(表)
②ミシン
①裾を三つ折り
にする
(裏)
0.2
1
1.5

5 股上を縫う

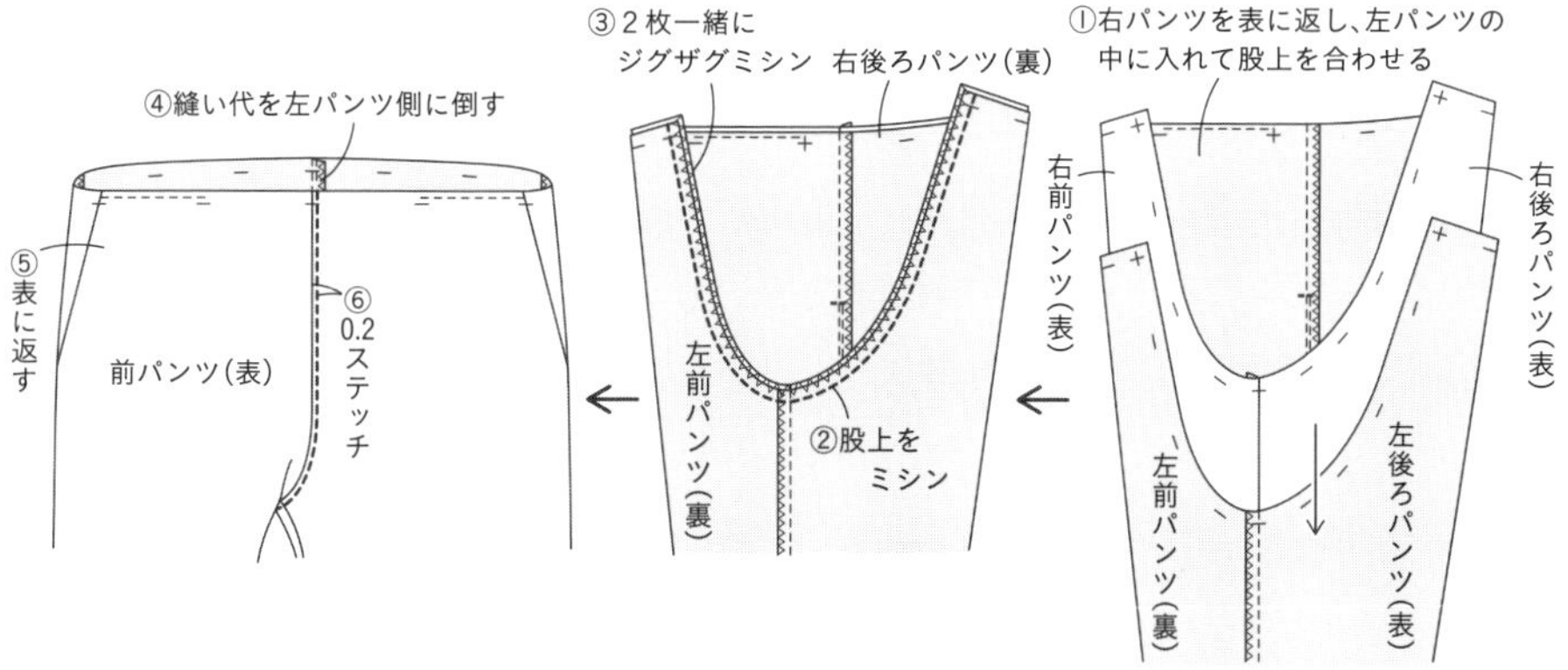
①右パンツを表に返し、左パンツの
中に入れて股上を合わせる
右前パンツ(表)
右後ろパンツ(表)
左前パンツ(裏)
左後ろパンツ(表)
③2枚一緒に
ジグザグミシン
右後ろパンツ(裏)
左前パンツ(裏)
②股上を
ミシン
④縫い代を左パンツ側に倒す
⑤表に返す
前パンツ(表)
⑥0.2ステッチ

6 ウエストベルトを作る

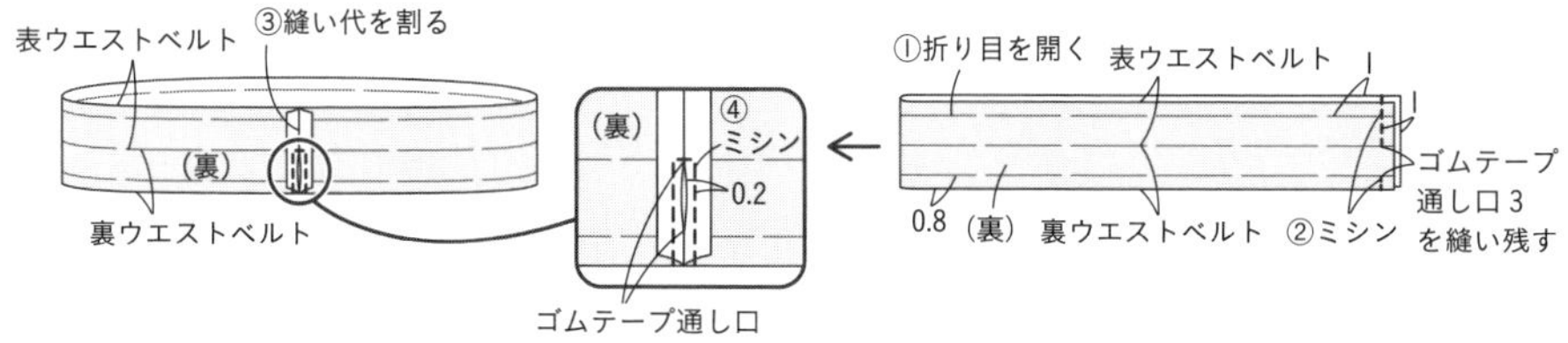
①折り目を開く
表ウエストベルト
1
1
ゴムテープ
通し口3
を縫い残す
0.8
(裏)
裏ウエストベルト
②ミシン
(裏)
④
ミシン
0.2
ゴムテープ通し口
表ウエストベルト
③縫い代を割る
(裏)
裏ウエストベルト

7 ウエストベルトをつける

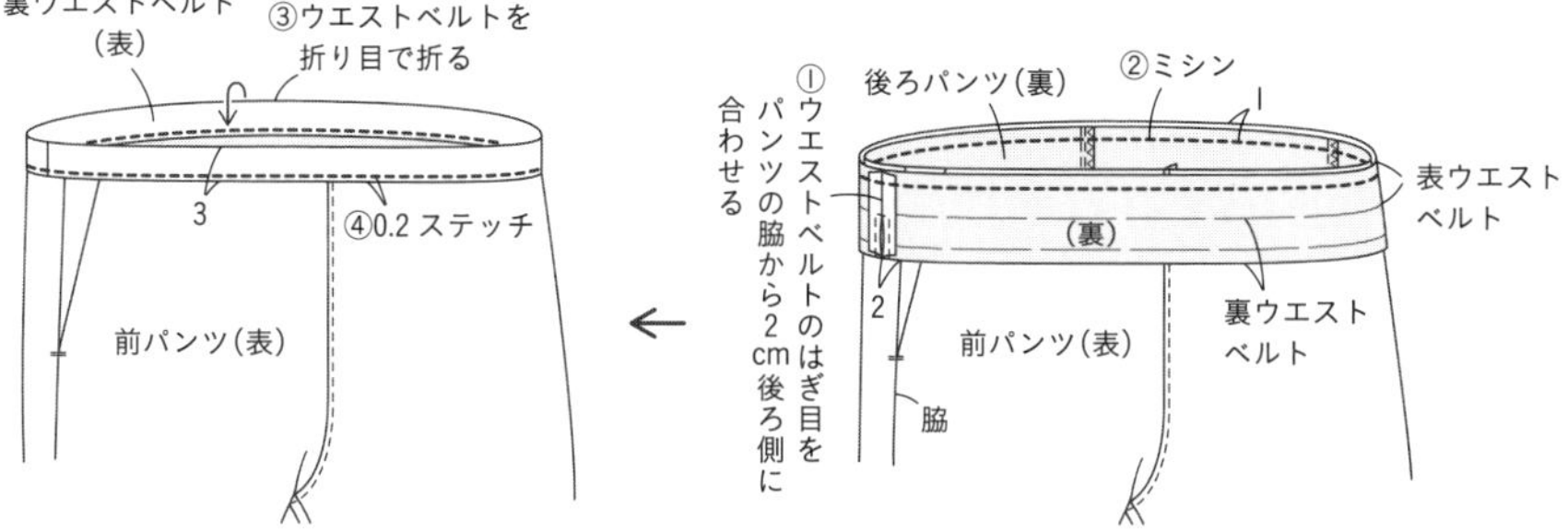
①ウエストベルトのはぎ目を
パンツの脇から2cm後ろ側に
合わせる
後ろパンツ(裏)
②ミシン
1
表ウエスト
ベルト
(裏)
裏ウエスト
ベルト
2
前パンツ(表)
脇
裏ウエストベルト
(表)
③ウエストベルトを
折り目で折る
3
④0.2 ステッチ
前パンツ(表)

8 ゴムテープを通す

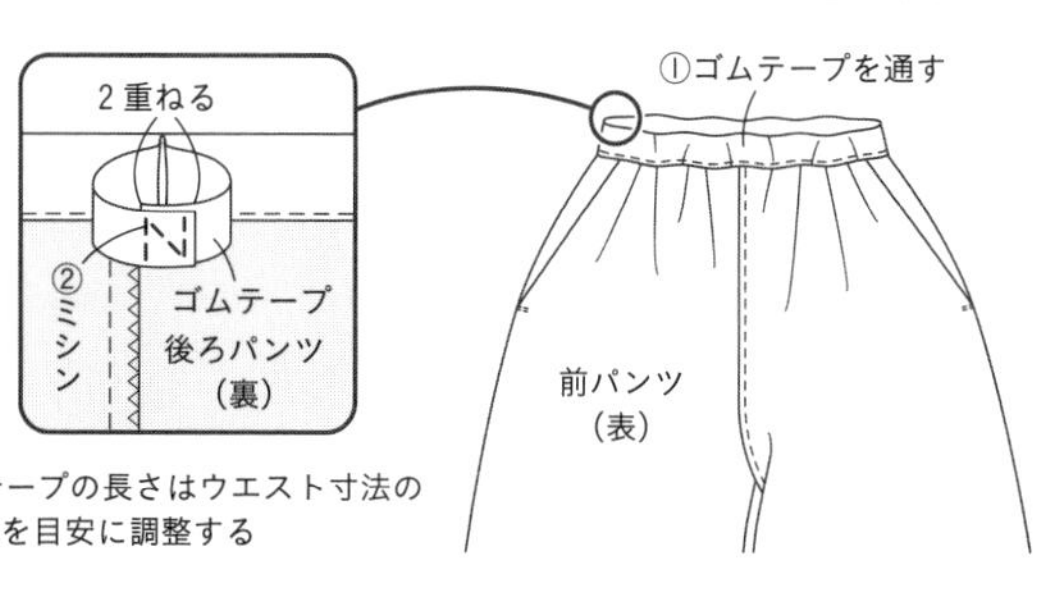
2重ねる
②ミシン
ゴムテープ
後ろパンツ
(裏)
①ゴムテープを通す
前パンツ
(表)

※ゴムテープの長さはウエスト寸法の
1割減を目安に調整する

3　ワイドキュロット（ガウチョ、バルーン）

Photo／**ガウチョタイプ**→ p.**15、16、19、23**
バルーンタイプ→ p.**16、21、34**
製図／p.**91**

[材料（ガウチョ）] ※フリーサイズ
表布（リネン　ベージュ）……108cm幅2m
ゴムテープ…2cm幅適宜

[材料（バルーン）] ※フリーサイズ
表布（生地の森　洗いこまれたベルギーリネンローン　1/60番手　グレー）……108cm幅2m
ゴムテープ…2cm幅適宜

[でき上がり寸法] ※フリーサイズ
ヒップ…212cm
パンツ丈…89cm

[ガウチョパンツの作り方]

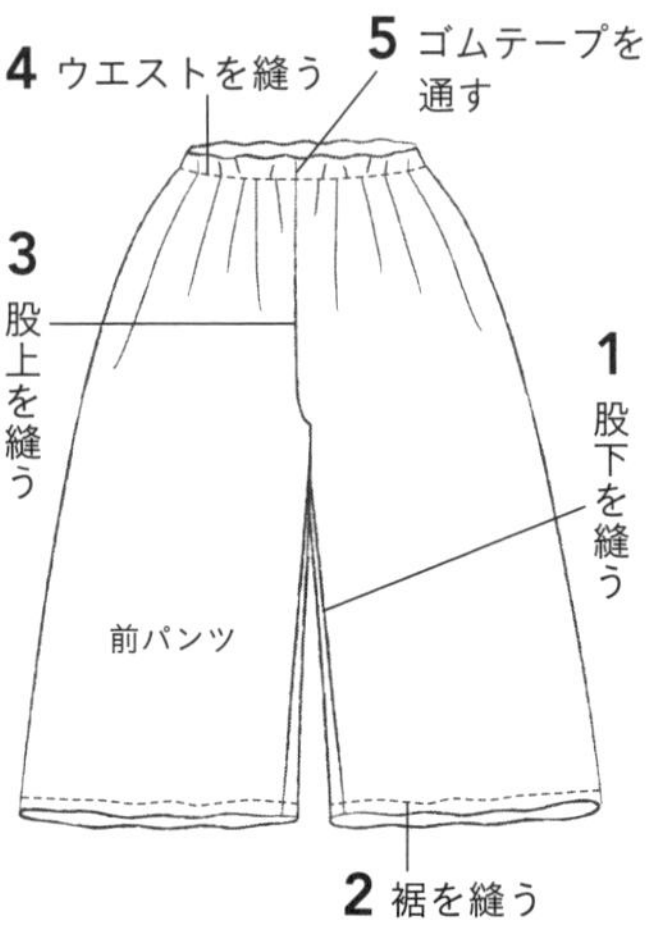

4 ウエストを縫う
5 ゴムテープを通す
3 股上を縫う
1 股下を縫う
前パンツ
2 裾を縫う

下準備

ウエスト、裾をアイロンで三つ折りにする。

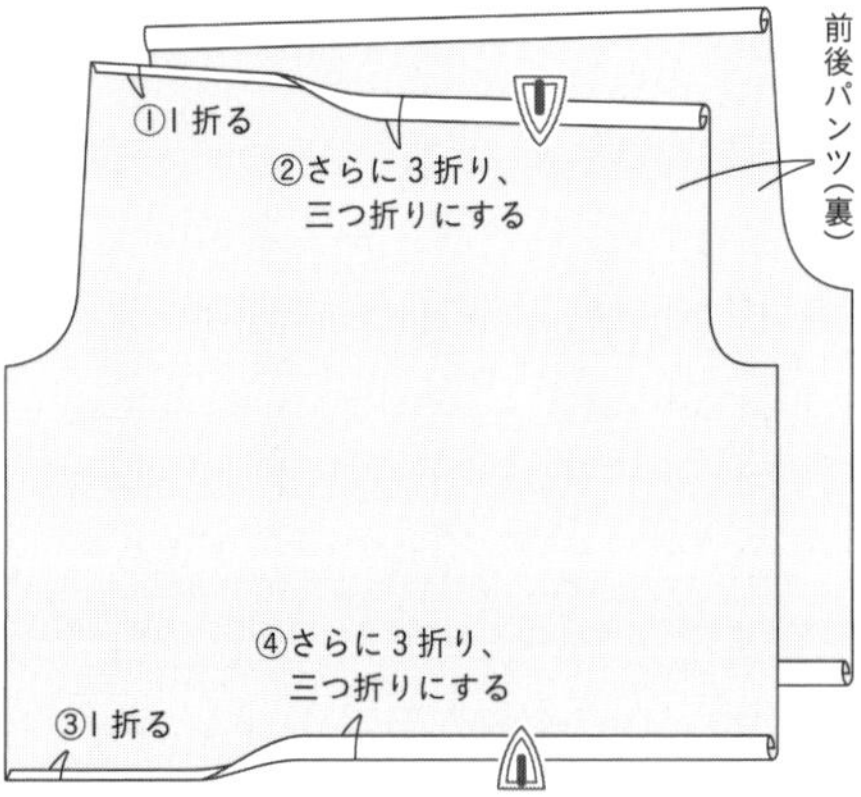

前後パンツ（裏）
①1折る
②さらに3折り、三つ折りにする
④さらに3折り、三つ折りにする
③1折る

1 股下を縫う

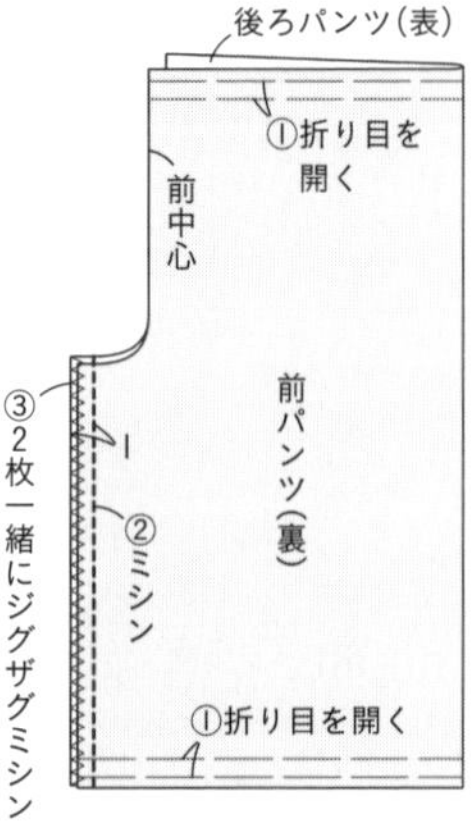

後ろパンツ（表）
①折り目を開く
前中心
前パンツ（裏）
③2枚一緒にジグザグミシン
1
②ミシン
①折り目を開く

2 裾を縫う

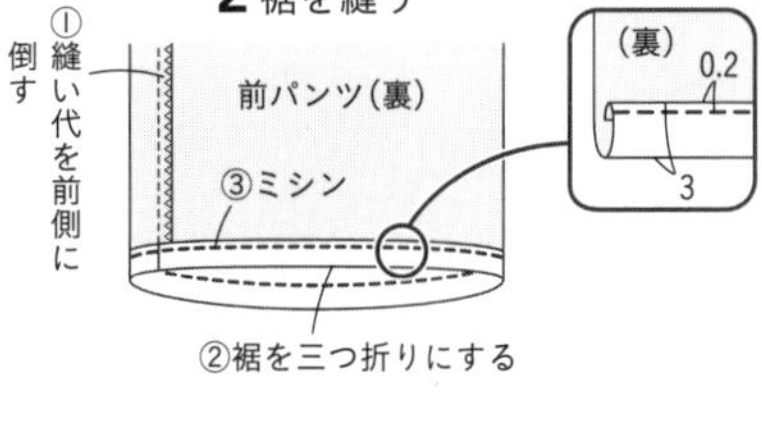

①縫い代を前側に倒す
前パンツ（裏）
③ミシン
②裾を三つ折りにする
（裏）
0.2
3

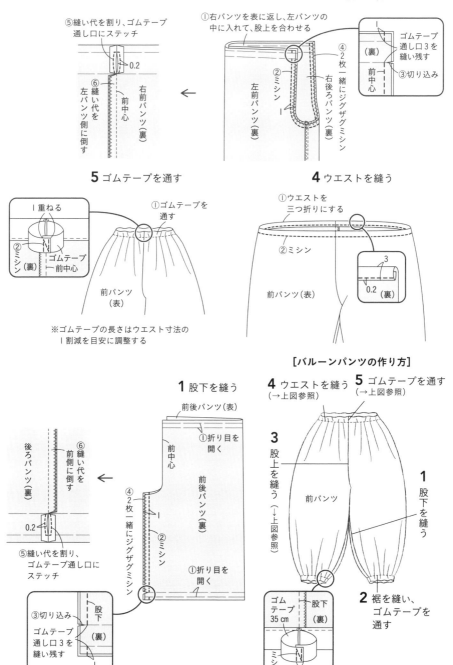

3 股上を縫う

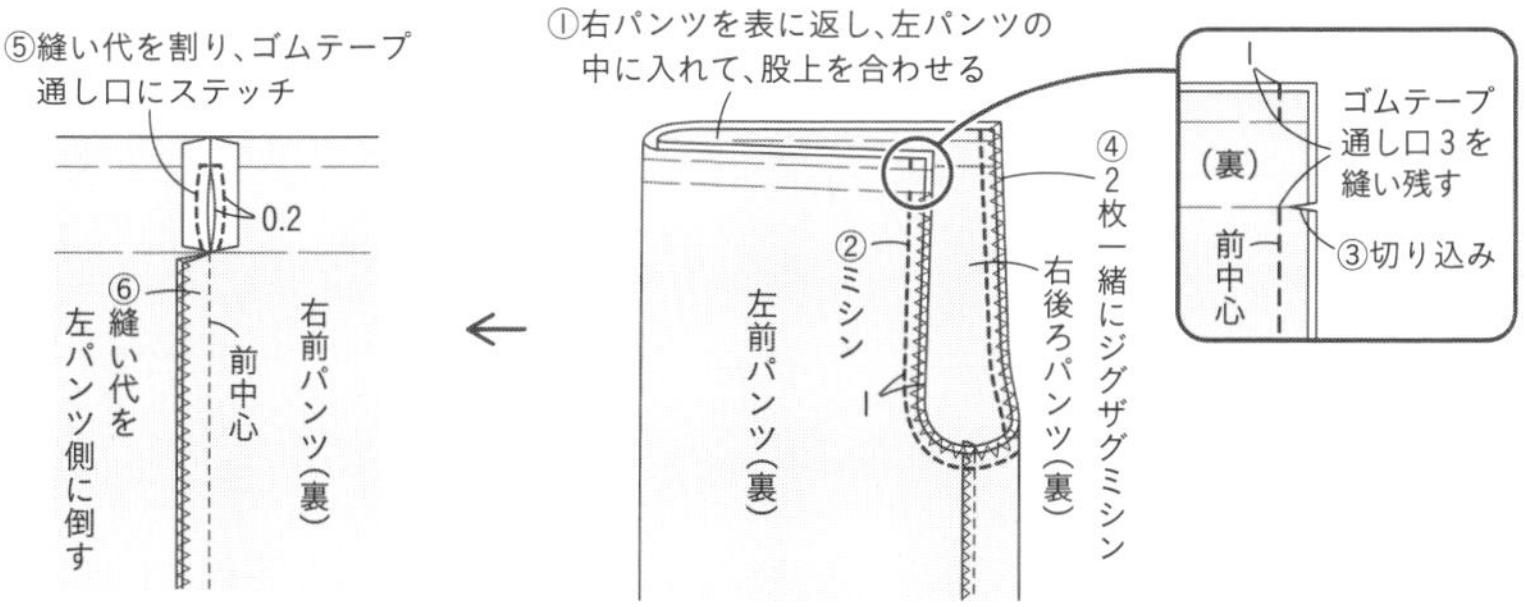
⑤縫い代を割り、ゴムテープ通し口にステッチ
0.2
⑥縫い代を左パンツ側に倒す
前中心
右前パンツ(裏)
①右パンツを表に返し、左パンツの中に入れて、股上を合わせる
④2枚一緒にジグザグミシン
②ミシン
1
左前パンツ(裏)
右後ろパンツ(裏)
ゴムテープ通し口3を縫い残す
(裏)
③切り込み
前中心
1

4 ウエストを縫う

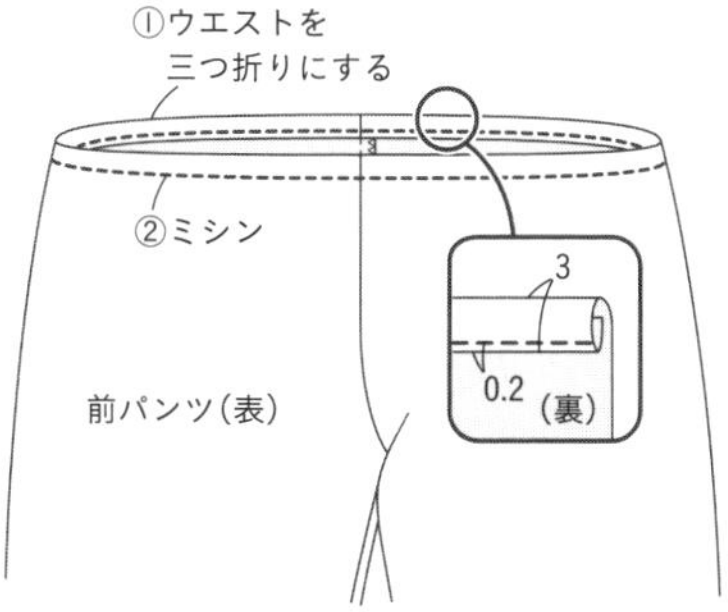
①ウエストを三つ折りにする
②ミシン
3
3
0.2
(裏)
前パンツ(表)

5 ゴムテープを通す

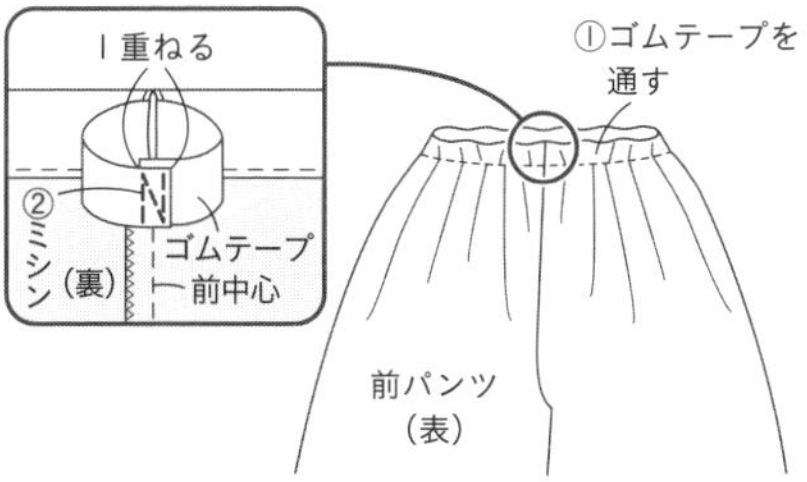
1重ねる
②ミシン
(裏)
ゴムテープ
前中心
①ゴムテープを通す
前パンツ(表)

※ゴムテープの長さはウエスト寸法の1割減を目安に調整する

[バルーンパンツの作り方]

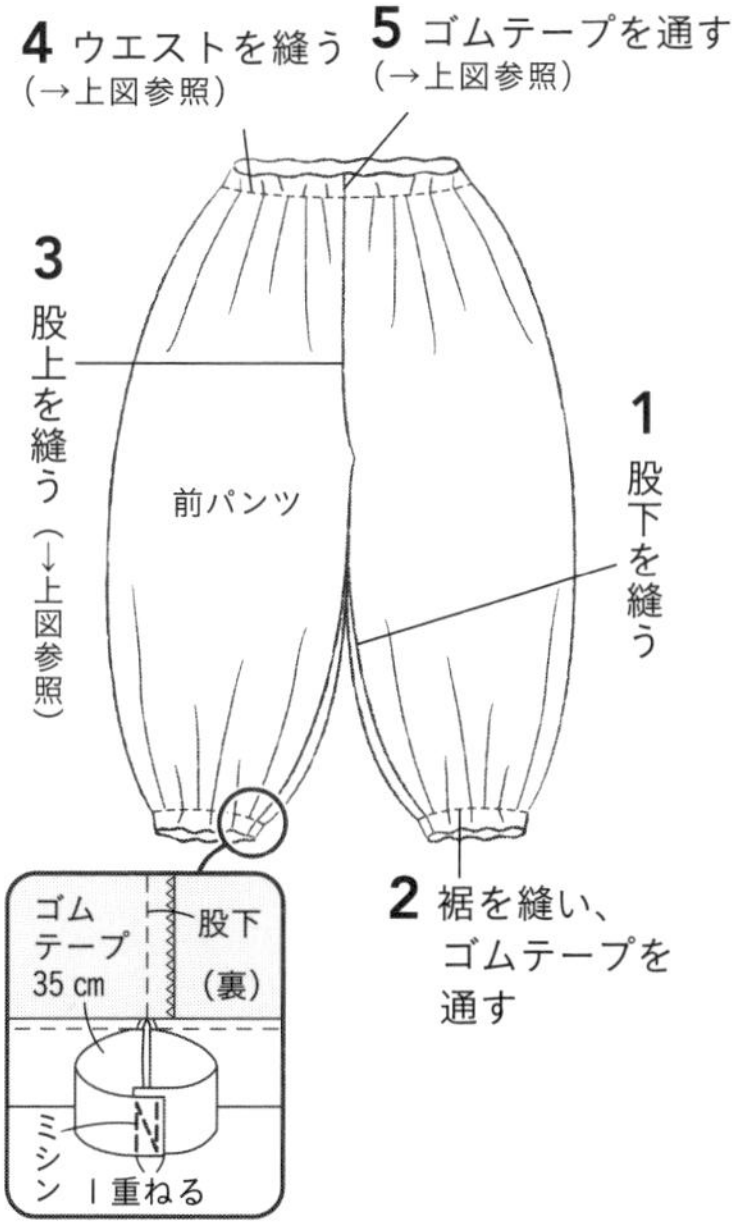
4 ウエストを縫う (→上図参照)
5 ゴムテープを通す (→上図参照)
3 股上を縫う (↑上図参照)
前パンツ
1 股下を縫う
ゴムテープ35cm
股下
(裏)
ミシン
1重ねる
2 裾を縫い、ゴムテープを通す

1 股下を縫う

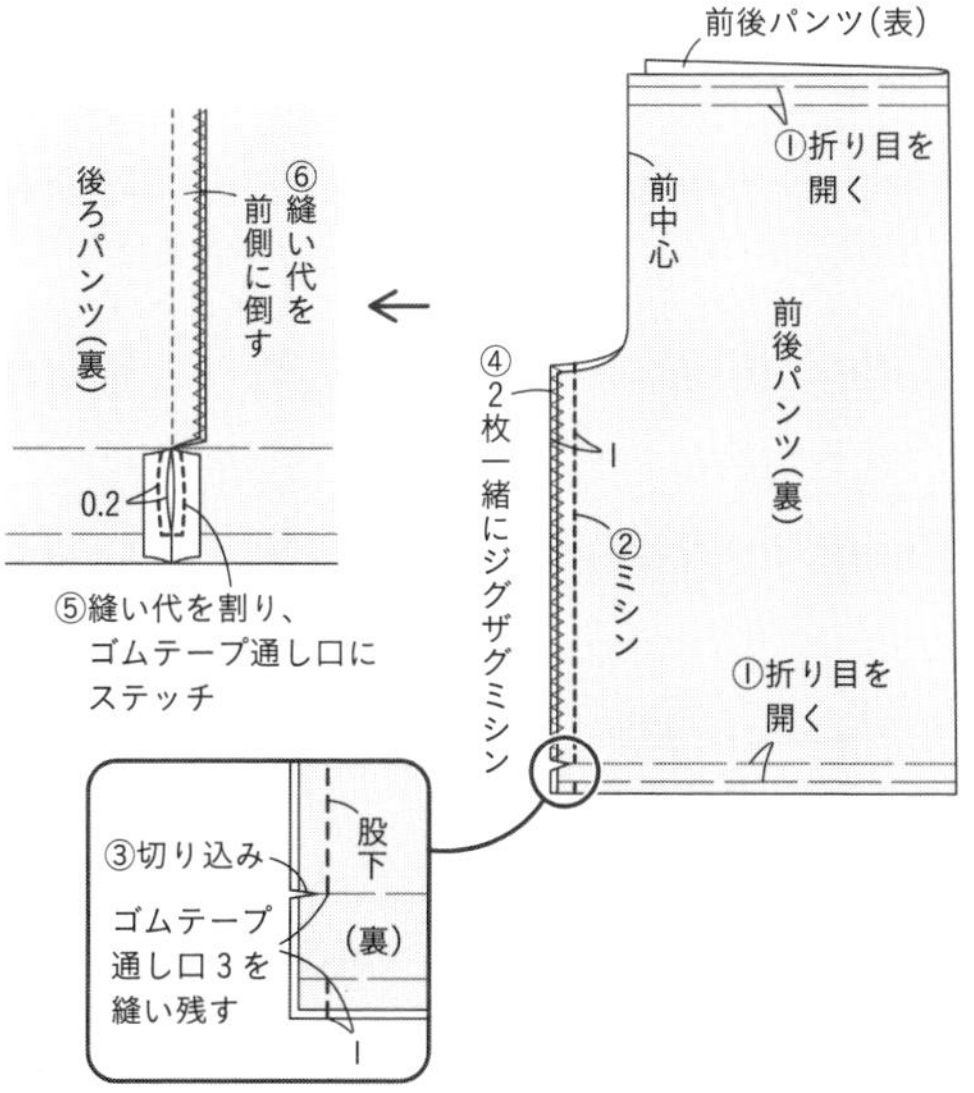
前後パンツ(表)
①折り目を開く
前中心
前後パンツ(裏)
④2枚一緒にジグザグミシン
1
②ミシン
①折り目を開く
後ろパンツ(裏)
⑥縫い代を前側に倒す
0.2
⑤縫い代を割り、ゴムテープ通し口にステッチ
③切り込み
ゴムテープ通し口3を縫い残す
股下
(裏)
1

4　カシュクールワンピース（長袖）

Photo／p.**17**、**22**、**23**、**25**、**46**　製図／p.**92**

［材料（長袖）］
※左からS／M／Lサイズ
表布（タケミクロス　高密度リネンワイド幅60番手　ダークグレー）
…144㎝幅3m／3m10㎝／3m20㎝
伸び止めテープ…0.9㎝幅35㎝

［でき上がり寸法］
※左からS／M／Lサイズ
バスト…88／92／96㎝
着丈…109／112／115㎝
袖丈…34.5／35／35.5㎝

［作り方］

1 肩を縫う（→p.109）
2 衿ぐりにバイアス布をつける
3 袖をつける（→p.109）
4 ひもを作る
5 ひもをはさみ袖下、脇を縫う
6 袖口を縫う（→p.109）
7 ポケットを作る（→p.115、116）
8 スカートの脇を縫う
9 前端の裾を縫う
10 ポケット口の両端を縫う（→p.116）
11 スカートにギャザーを寄せる
12 身頃にスカートをつける
13 ひもをはさみ前端、裾を縫う
前

裁ち合わせ図

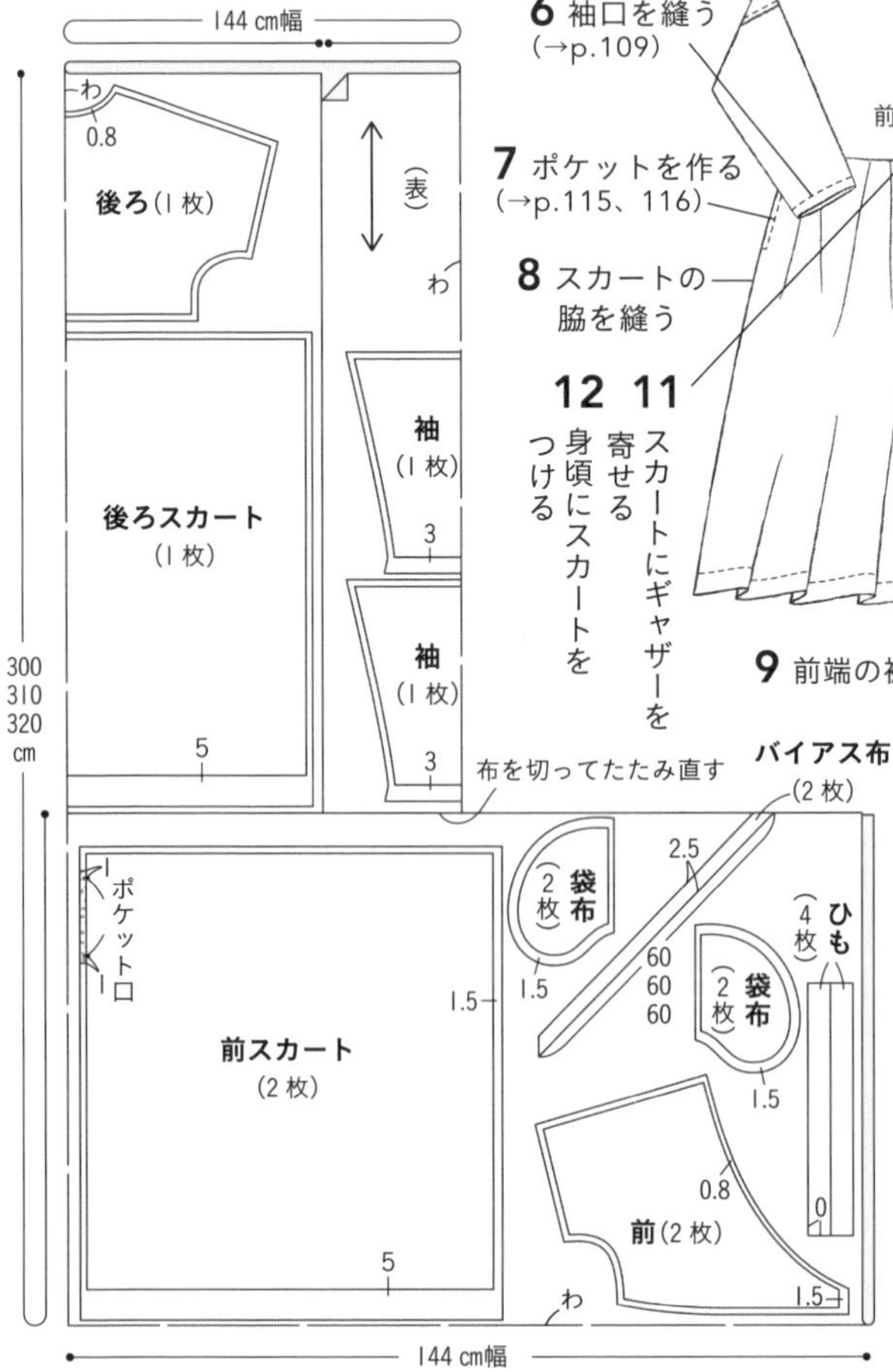

144㎝幅
わ
0.8
後ろ（1枚）
（表）
わ
後ろスカート（1枚）
袖（1枚）
3
袖（1枚）
3
5
300
310
320
㎝
布を切ってたたみ直す
バイアス布（2枚）
2.5
60
60
60
1
ポケット口
1
袋布（2枚）
1.5
袋布（2枚）
1.5
ひも（4枚）
1.5
前スカート（2枚）
5
0.8
前（2枚）
0
1.5
わ
144㎝幅

※ 指定以外の縫い代は1㎝
※ ▒▒は裏に伸び止めテープを貼る
※ 数字は上からS／M／Lサイズ

下準備

❶ 前スカートのポケット口に伸び止めテープを貼る。
❷ 前端、裾、袖口をアイロンで三つ折りにする。
バイアス布とひもを図の様にアイロンで折る。
❸ 前身頃と前スカートのウエストを3等分、後ろ身頃と後ろスカートのウエストを4等分にして、合印をつける。

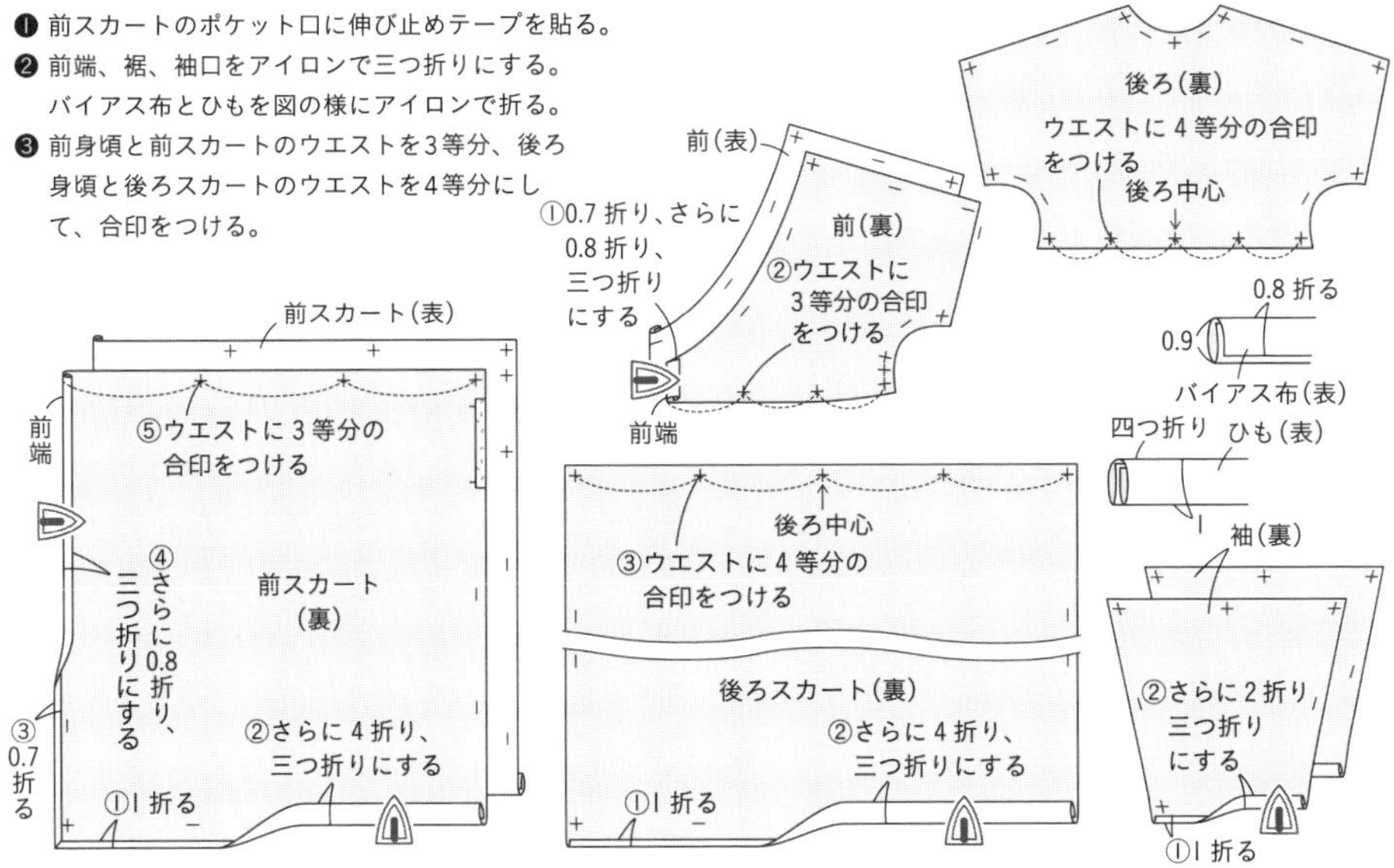

2 衿ぐりにバイアス布をつける

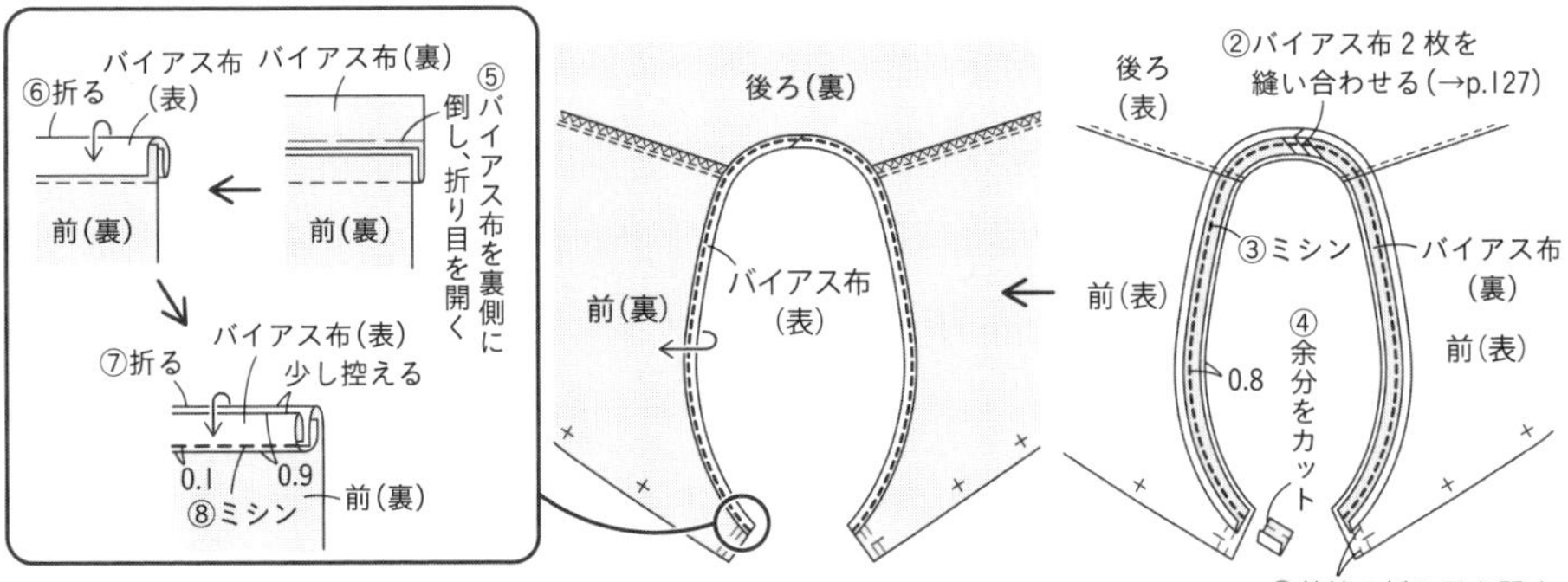

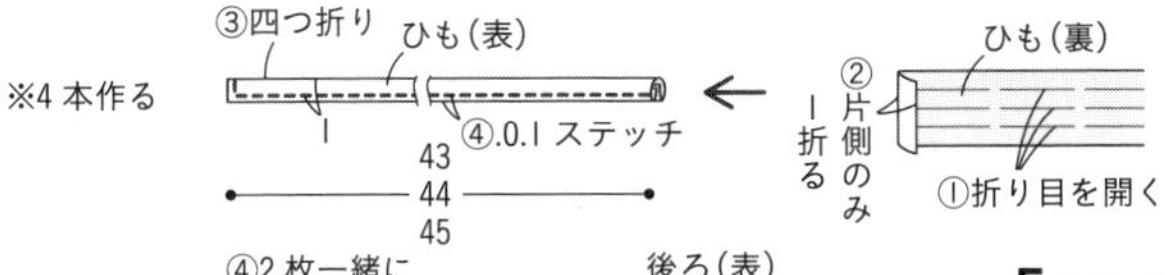

4 ひもを作る

5 ひもをはさみ、袖下、脇を縫う

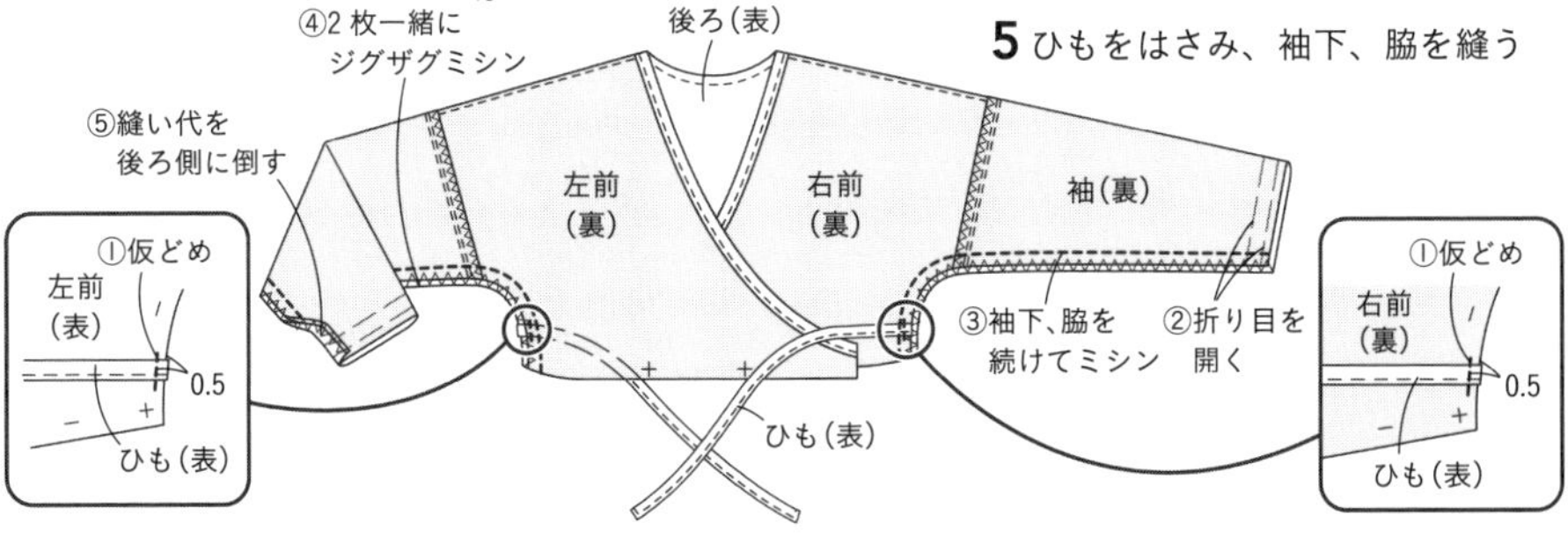

8 スカートの脇を縫う

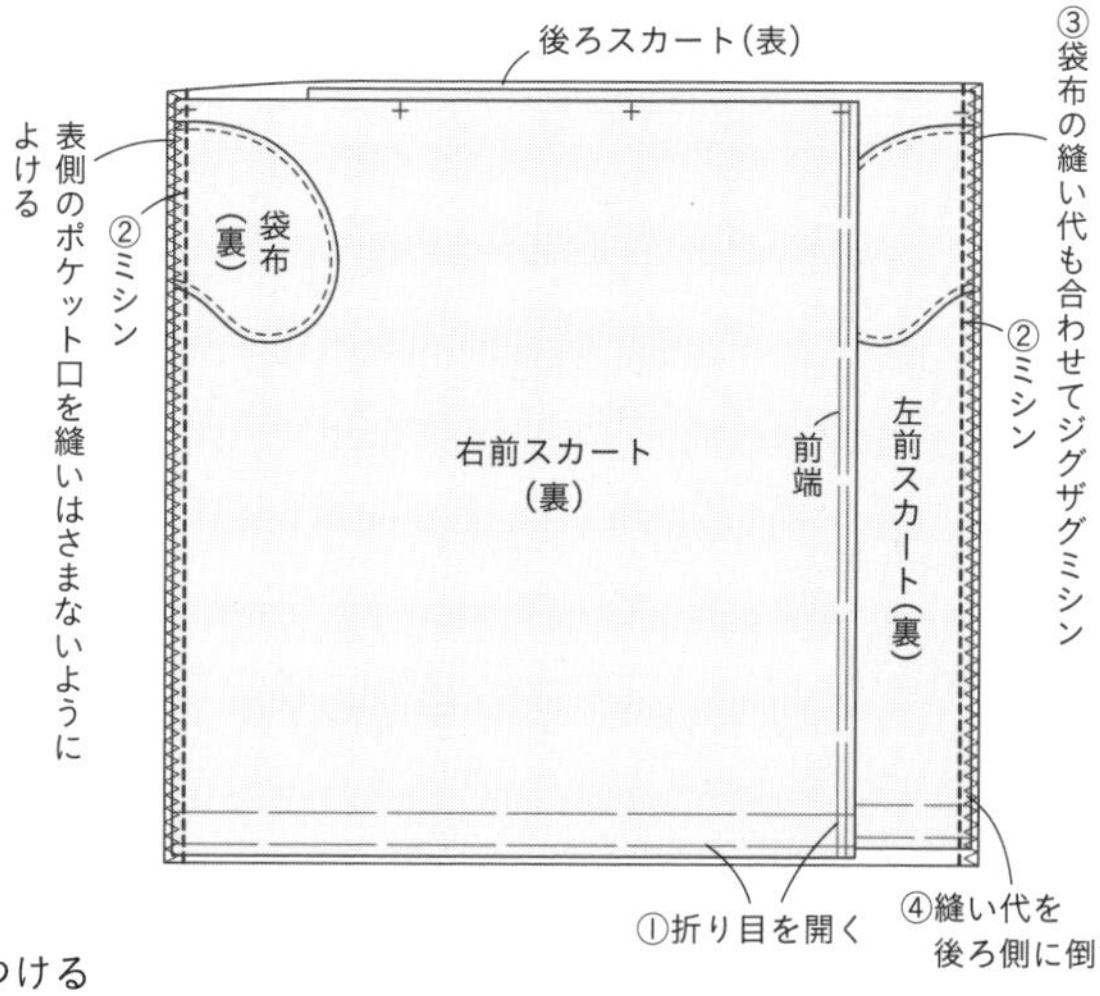
後ろスカート(表)
③袋布の縫い代も合わせてジグザグミシン
表側のポケット口を縫いはさまないようによける
②ミシン
袋布(裏)
右前スカート(裏)
前端
左前スカート(裏)
②ミシン
①折り目を開く
④縫い代を後ろ側に倒す

9 前端の裾を縫う

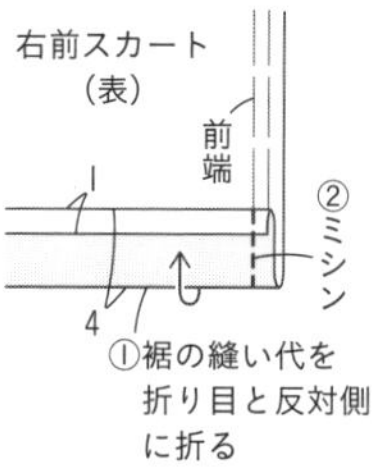
右前スカート(表)
前端
1
4
②ミシン
①裾の縫い代を折り目と反対側に折る

11 スカートにギャザーを寄せる

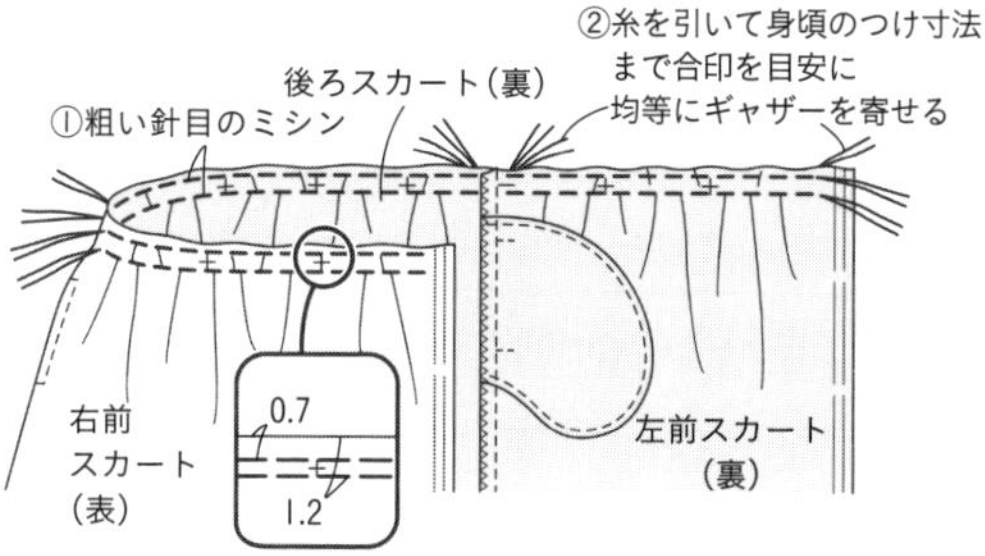
②糸を引いて身頃のつけ寸法まで合印を目安に均等にギャザーを寄せる
後ろスカート(裏)
①粗い針目のミシン
右前スカート(表)
0.7
1.2
左前スカート(裏)

12 身頃にスカートをつける

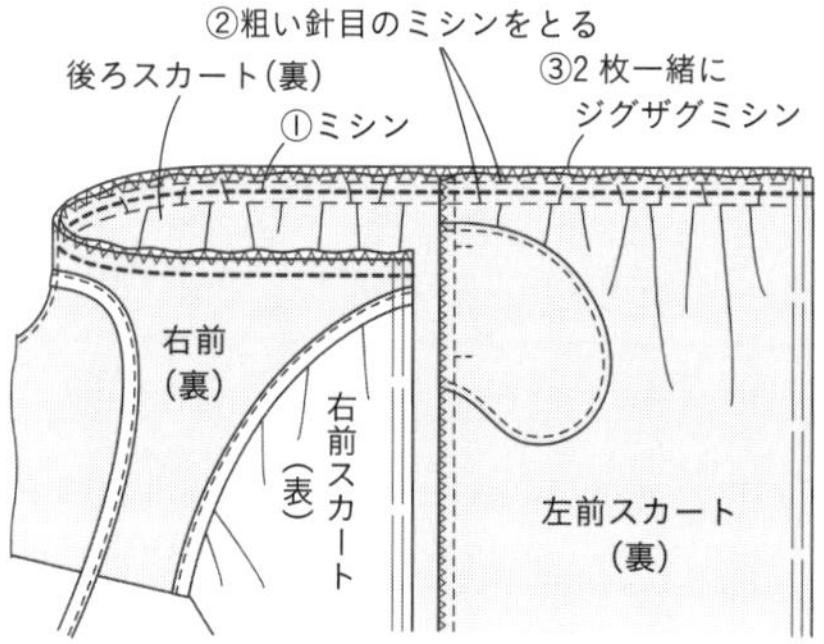
②粗い針目のミシンをとる
後ろスカート(裏)
③2 枚一緒にジグザグミシン
①ミシン
右前(裏)
右前スカート(表)
左前スカート(裏)

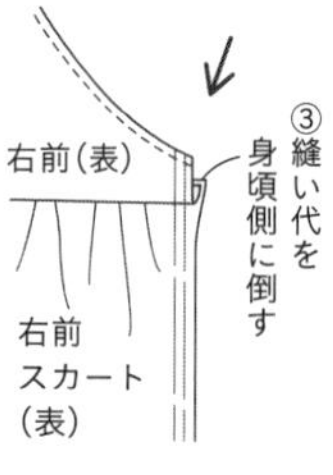
右前(表)
③縫い代を身頃側に倒す
右前スカート(表)

13 ひもをはさみ、前端、裾を縫う

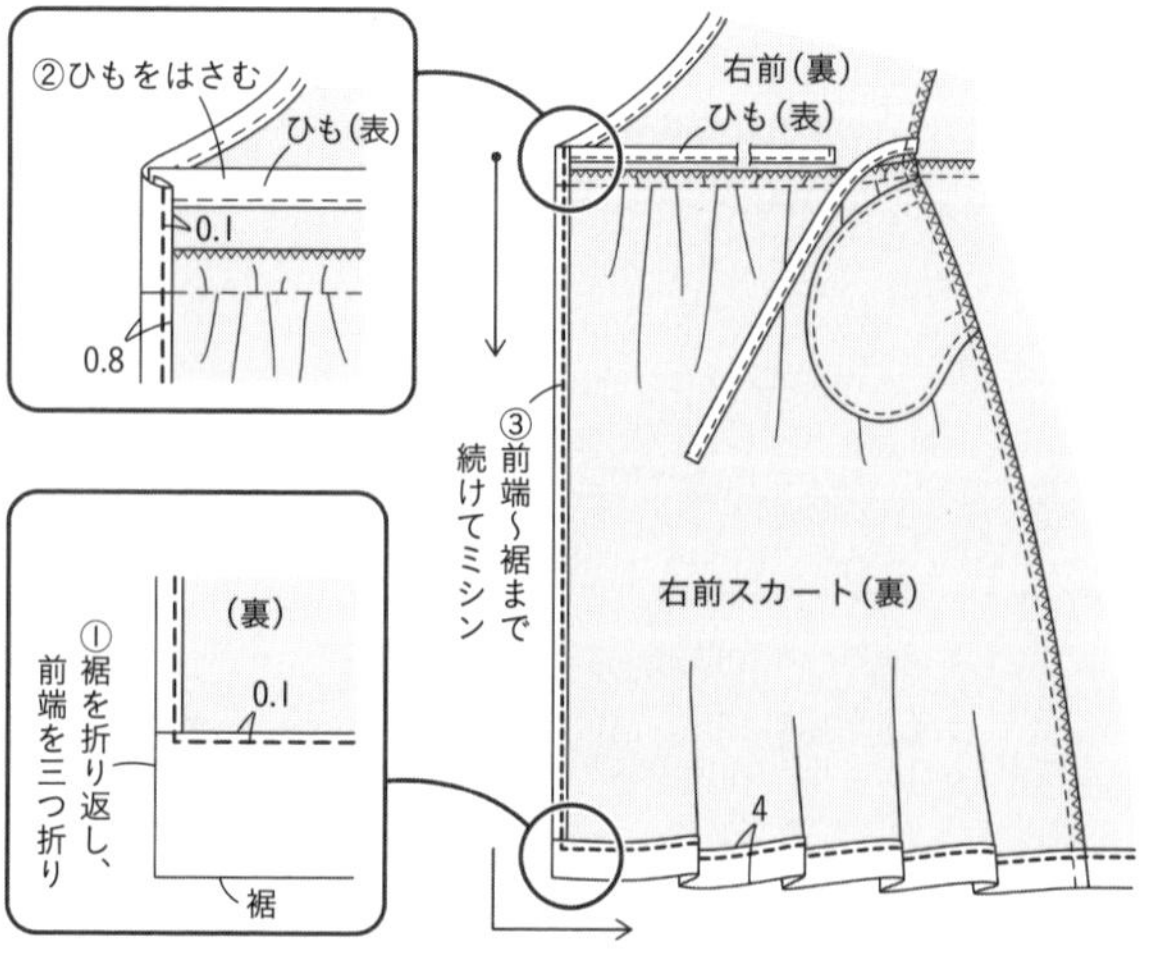
②ひもをはさむ
ひも(表)
0.1
0.8
右前(裏)
ひも(表)
③前端~裾まで続けてミシン
右前スカート(裏)
①裾を折り返し、前端を三つ折り
(裏)
0.1
裾
4

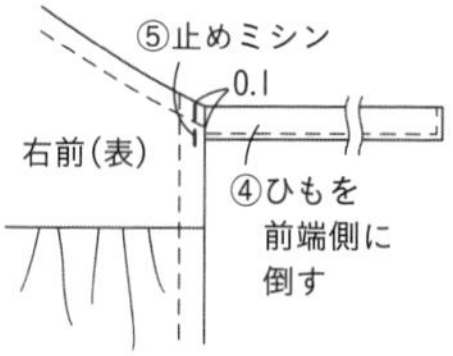
⑤止めミシン
0.1
右前(表)
④ひもを前端側に倒す

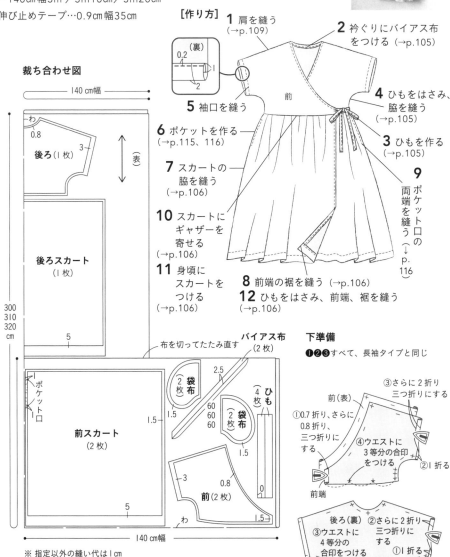

4　カシュクールワンピース（半袖）

Photo／p.17、20　製図／p.92

［材料（半袖）］

※左からS／M／Lサイズ

表布（生地の森　先き染めリネンピンストライプ　オフホワイト）…140cm幅3m／3m10cm／3m20cm

伸び止めテープ…0.9cm幅35cm

［でき上がり寸法］

※左からS／M／Lサイズ

バスト…88／92／96cm

着丈…109／112／115cm

［作り方］

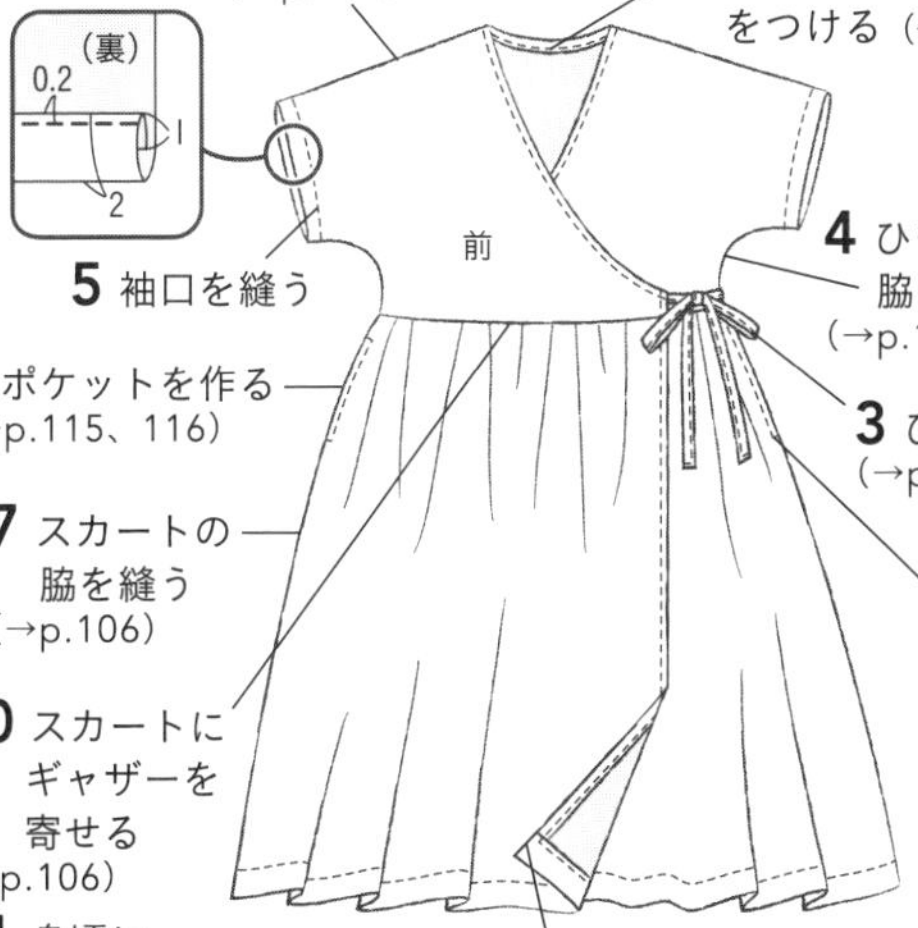
（裏）
0.2
1
2
前

1 肩を縫う（→p.109）
2 衿ぐりにバイアス布をつける（→p.105）
3 ひもを作る（→p.105）
4 ひもをはさみ、脇を縫う（→p.105）
5 袖口を縫う
6 ポケットを作る（→p.115、116）
7 スカートの脇を縫う（→p.106）
8 前端の裾を縫う（→p.106）
9 ポケット口の両端を縫う（→p.116）
10 スカートにギャザーを寄せる（→p.106）
11 身頃にスカートをつける（→p.106）
12 ひもをはさみ、前端、裾を縫う（→p.106）

裁ち合わせ図

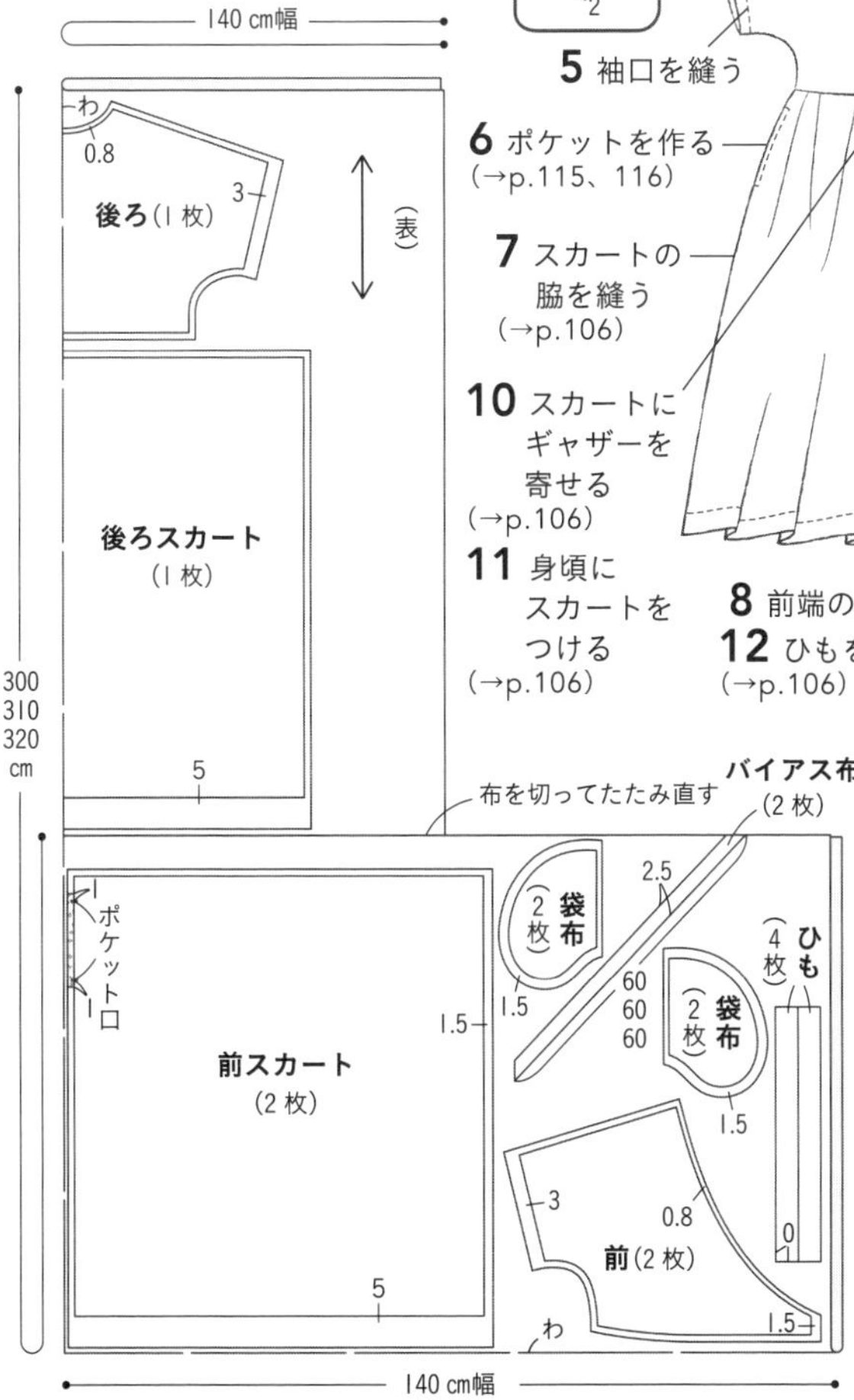
140cm幅
わ
0.8
3
後ろ（1枚）
（表）
後ろスカート
（1枚）
300
310
320
cm
5
布を切ってたたみ直す
バイアス布
（2枚）
2.5
1
ポケット口
1
前スカート
（2枚）
1.5
袋布
（2枚）
1.5
60
60
60
袋布
（2枚）
1.5
ひも
（4枚）
0
3
0.8
前（2枚）
5
わ
1.5
140cm幅

※ 指定以外の縫い代は1cm
※ ［　］は裏に伸び止めテープを貼る
※ 数字は上からS／M／Lサイズ

下準備

❶❷❸すべて、長袖タイプと同じ

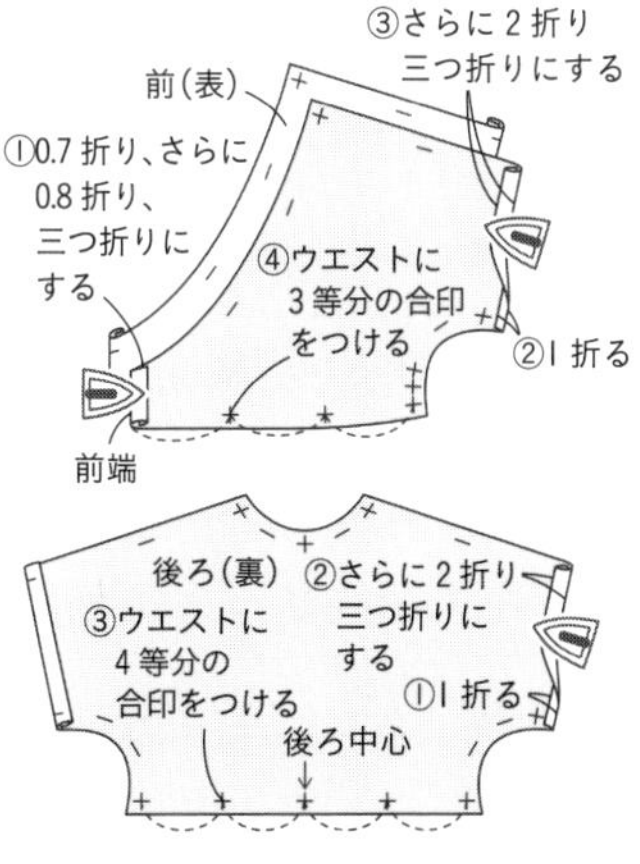
③さらに2折り三つ折りにする
前（表）
①0.7折り、さらに0.8折り、三つ折りにする
④ウエストに3等分の合印をつける
②1折る
前端
後ろ（裏）
②さらに2折り三つ折りにする
③ウエストに4等分の合印をつける
①1折る
後ろ中心

5　Aラインワンピース（長袖）

Photo／p.17、18　製図／p.93

［材料（長袖）］※左からS／M／Lサイズ

表布（リネン　ネイビー）…110cm幅2m80cm／2m80cm／3m

伸び止めテープ…0.9cm幅35cm

裁ち合わせ図

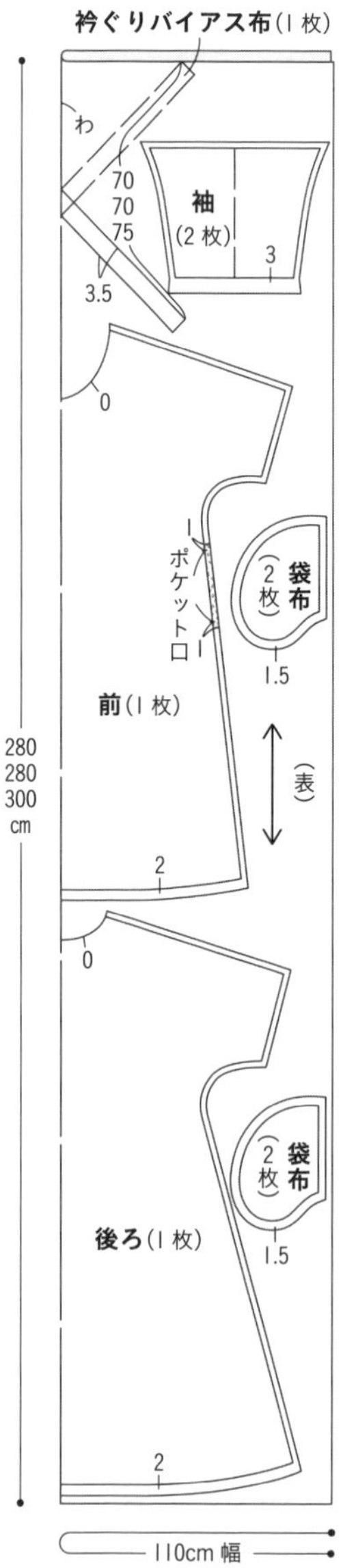

衿ぐりバイアス布（1枚）
わ
70
70
75
3.5
袖
（2枚）
3
0
ポケット口
袋布
（2枚）
1.5
前（1枚）
（表）
280
280
300
cm
2
0
袋布
（2枚）
1.5
後ろ（1枚）
2
110cm幅

［でき上がり寸法］
※左からS／M／Lサイズ

バスト…108／112／116cm

着丈…102.5／105.5／108.5cm

袖丈…24.5／25／25.5cm

［作り方］

3 衿ぐりに縁取りをする
(→p.115)
2 肩を縫う
4 袖をつける
7 袖口を縫う
5 袖下、脇を縫う
6 ポケット口の両端を縫う
(→p.116)
1 ポケットを作る
(→p.115、116)
前
8 裾を縫う

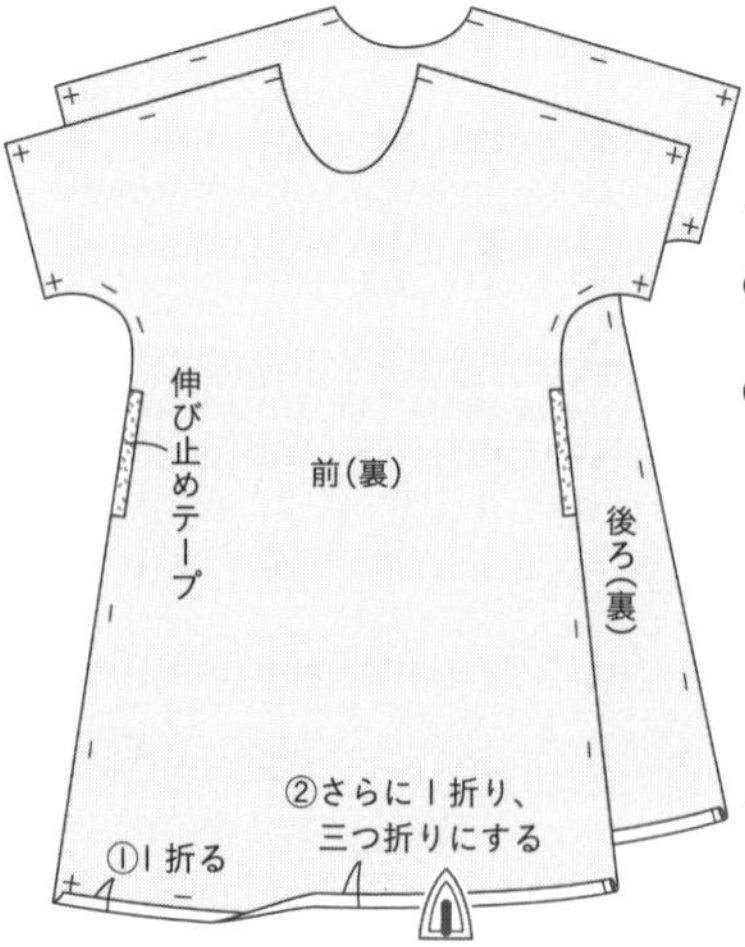

伸び止めテープ
前（裏）
後ろ（裏）
②さらに1折り、三つ折りにする
①1折る

下準備

❶ 前身頃のポケット口に伸び止めテープを貼る。

❷ 裾、袖口をアイロンで三つ折りにする。バイアス布を図の様にアイロンで折る。

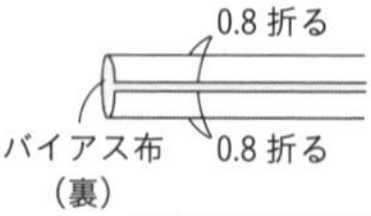

0.8折る
バイアス布（裏）
0.8折る

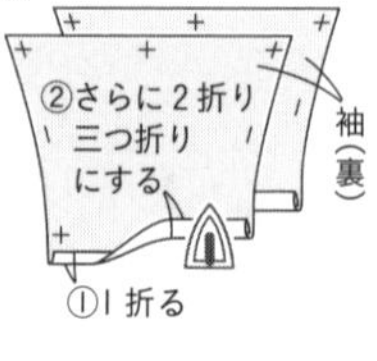

②さらに2折り三つ折りにする
袖（裏）
①1折る

※ 指定以外の縫い代は1cm

※ ［ドット］は裏に伸び止めテープを貼る

※ 数字は上からS／M／Lサイズ

2 肩を縫う

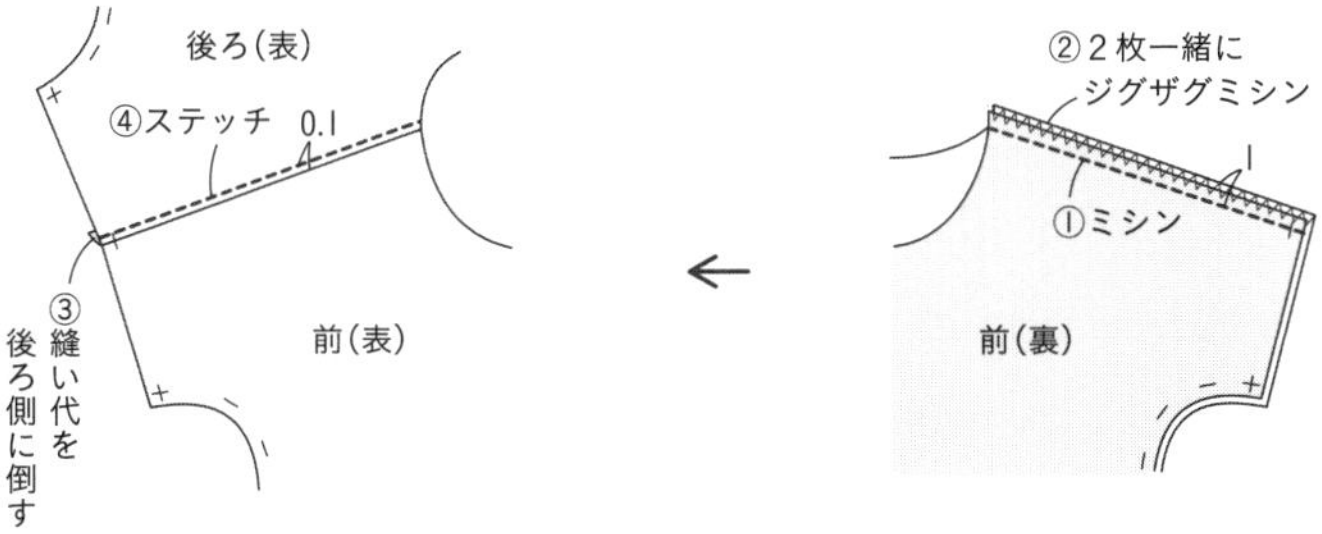

4 袖をつける

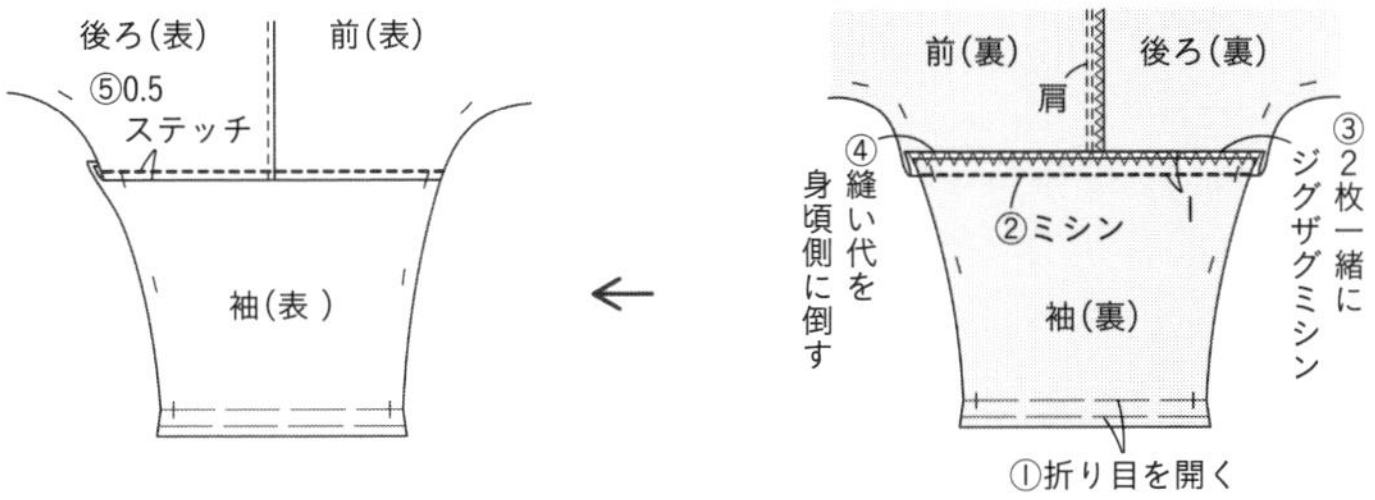

5 袖下、脇を縫う

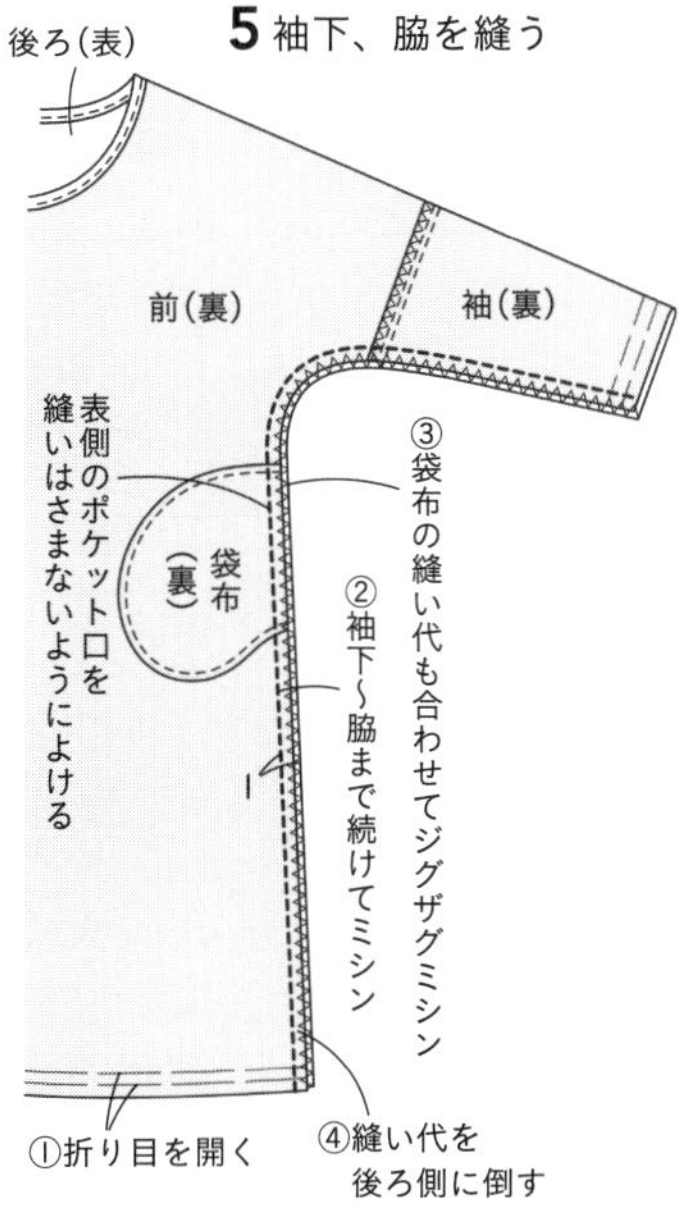

7 袖口を縫う

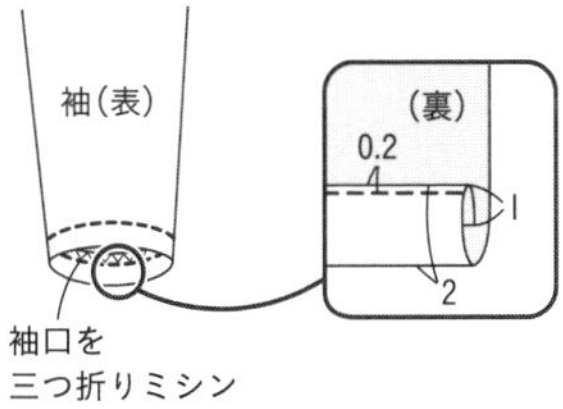

8 裾を縫う

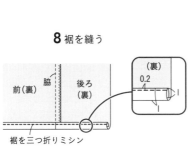

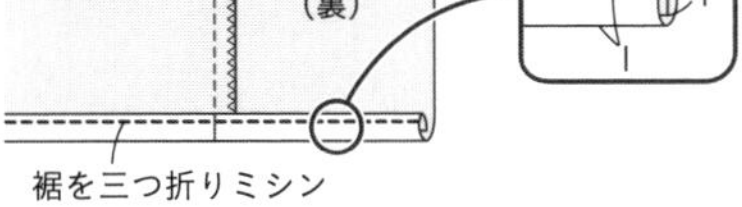

5　Aラインワンピース（半袖）

Photo／p.17、21、22　製図／p.93

［材料（半袖）］
※左からS／M／Lサイズ
表布（リネン　ベージュ）
…110cm幅2m80cm／2m80cm／3m
伸び止めテープ…0.9cm幅35cm

［でき上がり寸法］
※左からS／M／Lサイズ
バスト…108／112／116cm
着丈…102.5／105.5／108.5cm

裁ち合わせ図

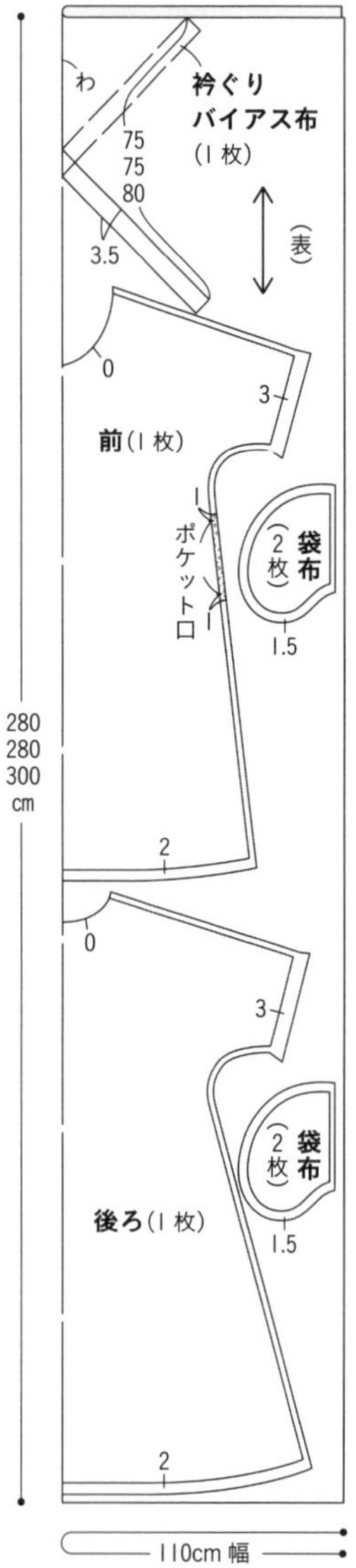

わ
衿ぐりバイアス布
（1枚）
75
75
80
3.5
（表）
0
3
前（1枚）
1
ポケット口
1
袋布（2枚）
1.5
280
280
300
cm
2
0
3
袋布（2枚）
後ろ（1枚）
1.5
2
110cm幅

※ 指定以外の縫い代は1cm
※ ▒▒は裏に伸び止めテープを貼る
※ 数字は上からS／M／Lサイズ

［作り方］

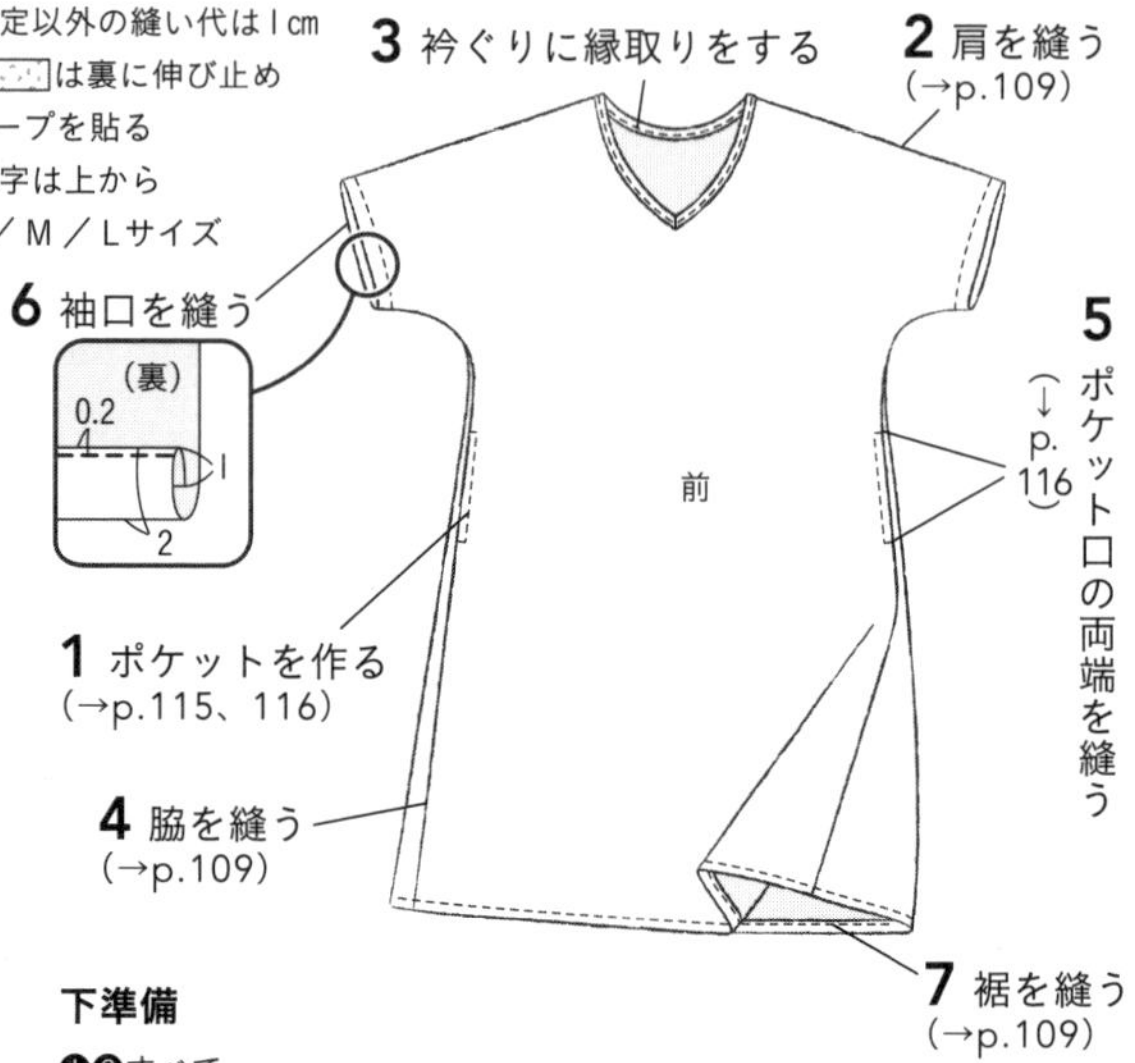

3 衿ぐりに縁取りをする
2 肩を縫う（→p.109）
6 袖口を縫う
（裏）
0.2
1
2
前
5 ポケット口の両端を縫う（↓p.116）
1 ポケットを作る（→p.115、116）
4 脇を縫う（→p.109）
7 裾を縫う（→p.109）

下準備

❶❷すべて、長袖タイプと同じ

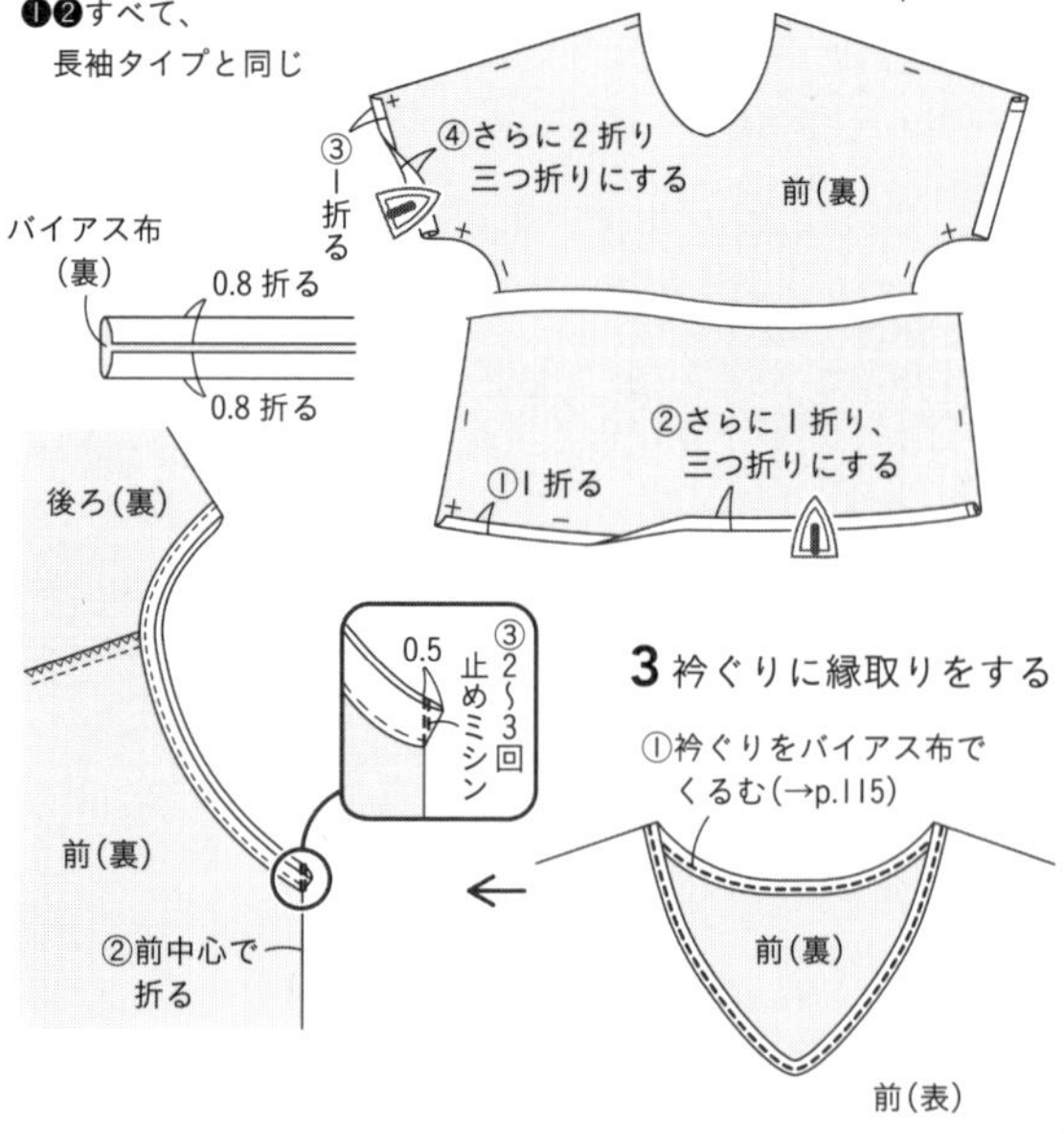

③1折る
④さらに2折り三つ折りにする
前（裏）
バイアス布（裏）
0.8折る
0.8折る
①1折る
②さらに1折り、三つ折りにする
後ろ（裏）
前（裏）
②前中心で折る
0.5
③2〜3回止めミシン
3 衿ぐりに縁取りをする
①衿ぐりをバイアス布でくるむ（→p.115）
前（裏）
前（表）

6 ローブコート（ウールリネン）

Photo／p.**17**、**24**、**25**　製図／p.**94**

［材料］※左からS／M／Lサイズ

表布（タケミクロス　シェットランドウールリネンヘリンボーン　ブラック）
…110cm幅2m70cm／2m80cm／2m90cm

別布（リネン　ベージュ）…110cm幅1m20cm／1m20cm／1m20cm

接着芯…90cm幅1m20cm／1m20cm／1m20cm

伸び止めテープ…0.9cm幅35cm

ボタン…直径2.5cm、直径1cmを各2個

［でき上がり寸法］
※左からS／M／Lサイズ

バスト…116／120／124cm

着丈…102／105／108cm

袖丈…35.2／36／36.8cm

裁ち合わせ図

（表布）

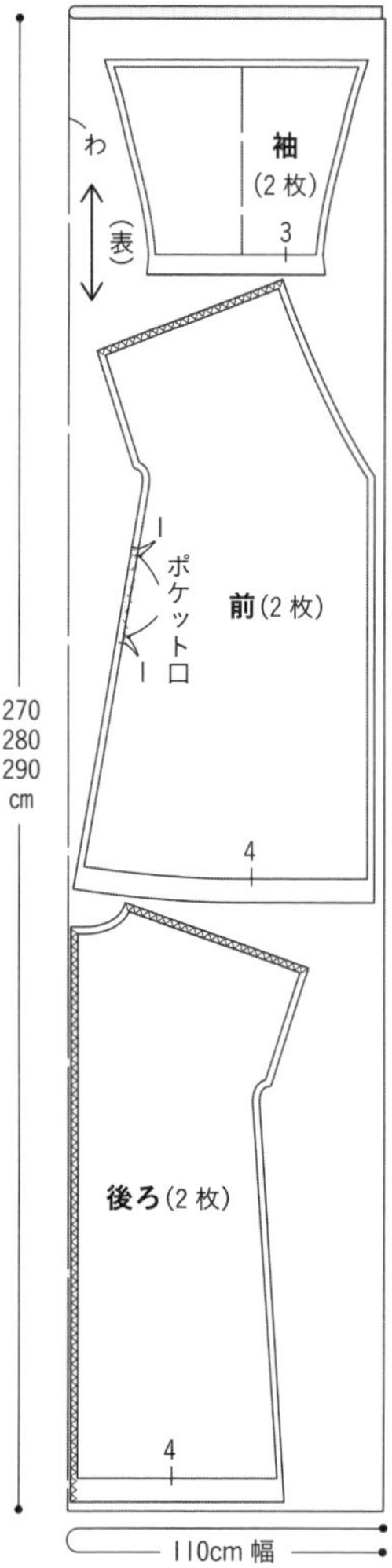

わ
（表）
袖
（2枚）
3
ポケット口
前（2枚）
4
後ろ（2枚）
4
270
280
290
cm
110cm幅

［作り方］

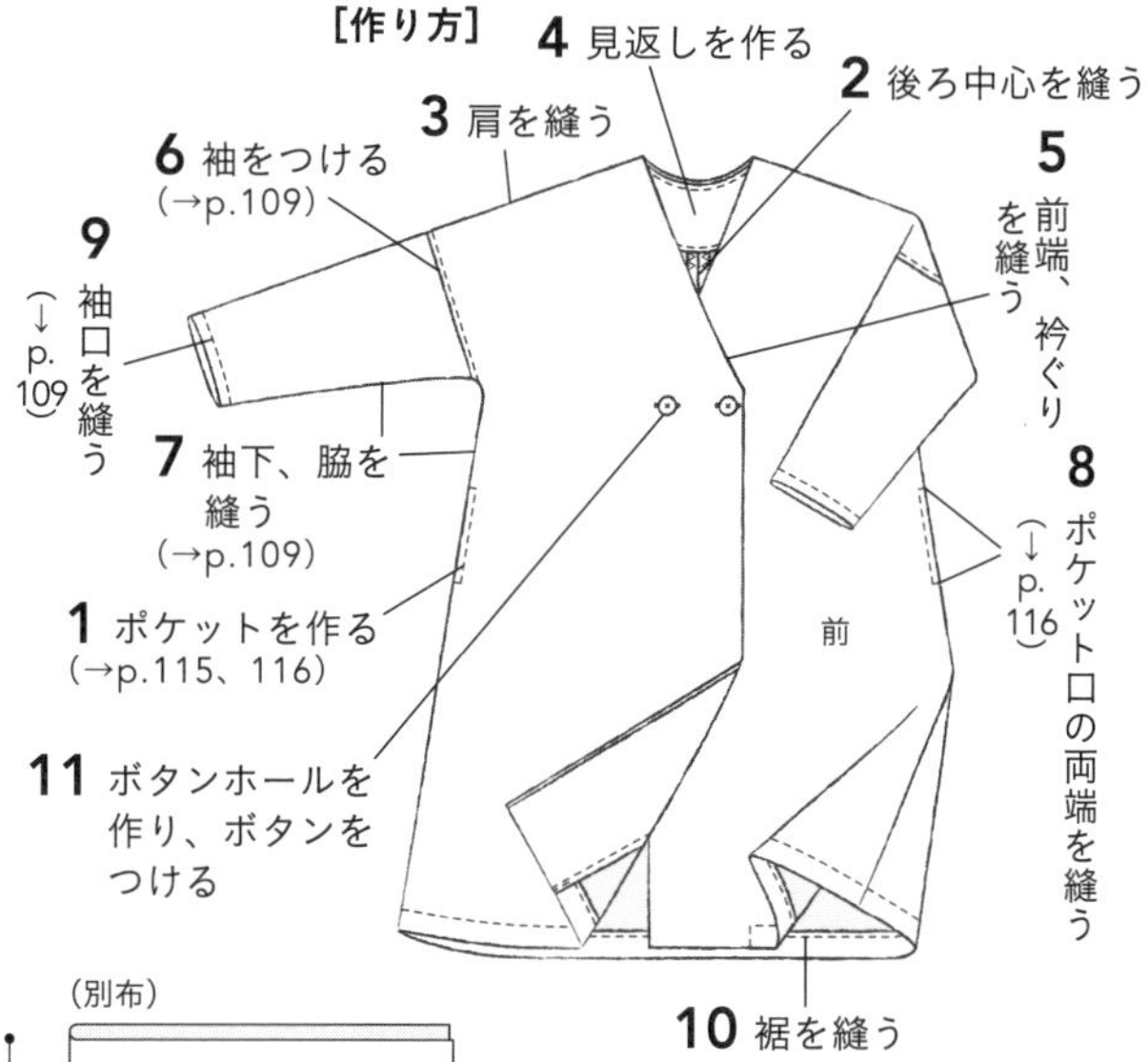

4 見返しを作る
2 後ろ中心を縫う
3 肩を縫う
6 袖をつける（→p.109）
5 前端、衿ぐりを縫う
9 袖口を縫う（→p.109）
7 袖下、脇を縫う（→p.109）
8 ポケット口の両端を縫う（→p.116）
1 ポケットを作る（→p.115、116）
前
11 ボタンホールを作り、ボタンをつける
10 裾を縫う

（別布）

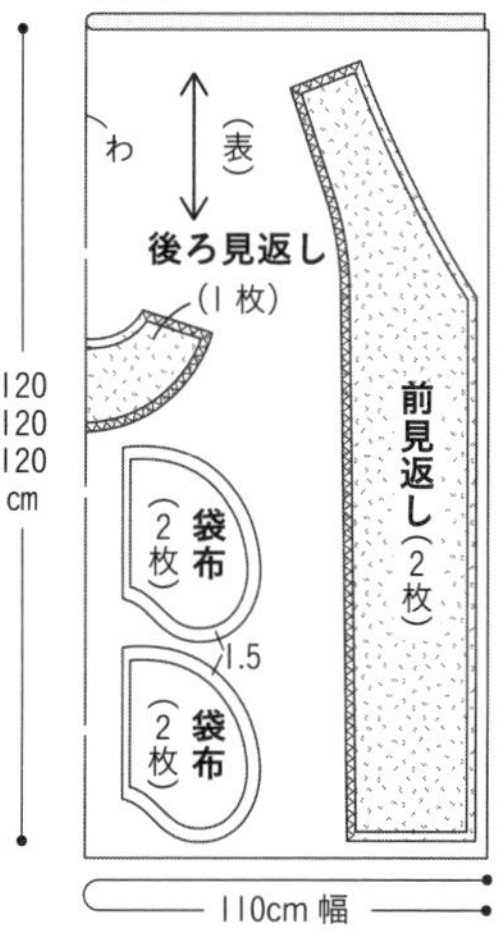

わ
（表）
後ろ見返し
（1枚）
袋布
（2枚）
1.5
袋布
（2枚）
前見返し（2枚）
120
120
120
cm
110cm幅

下準備

❶ 前身頃のポケット口に伸び止めテープ、前見返し、後ろ見返しに接着芯を貼る。

❷ 肩、後ろ中心、見返し端の縫い代にジグザグミシンをかける。

❸ 裾、袖口をアイロンで三つ折りにする（→p.113）。

※ 指定以外の縫い代は1cm

※ ［　］は裏に伸び止めテープ、接着芯を貼る

※ ╲╱╲╱ は縫い代にジグザグミシンをかける

※ 数字は上からS／M／Lサイズ

2 後ろ中心を縫う

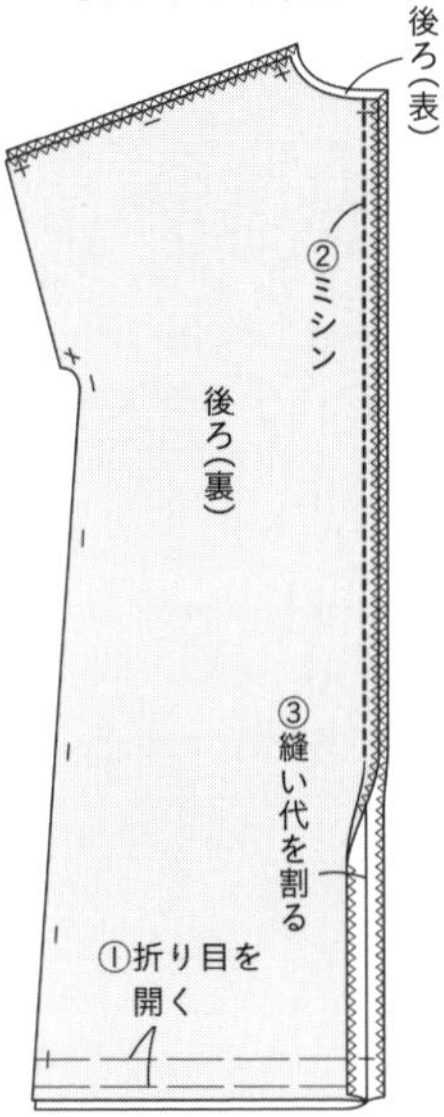
後ろ(表)
②ミシン
後ろ(裏)
③縫い代を割る
①折り目を開く

3 肩を縫う

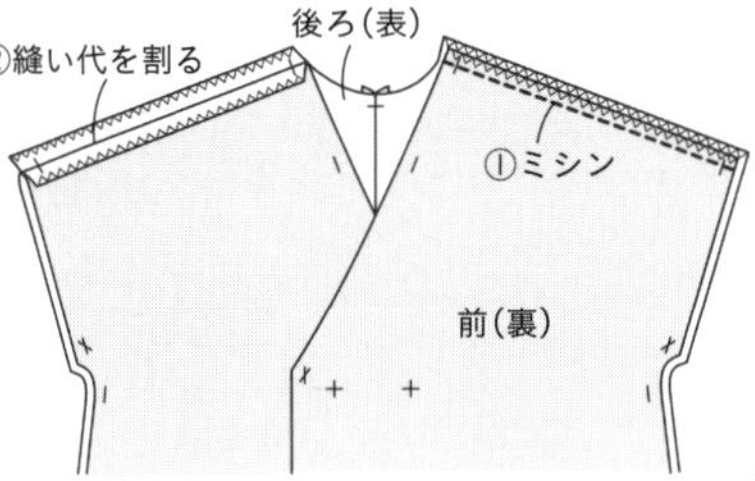
②縫い代を割る
後ろ(表)
①ミシン
前(裏)

4 見返しを作る

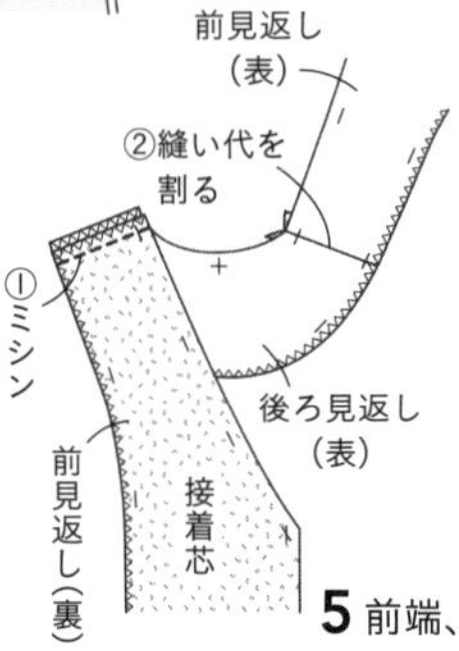
前見返し(表)
②縫い代を割る
①ミシン
後ろ見返し(表)
前見返し(裏)
接着芯

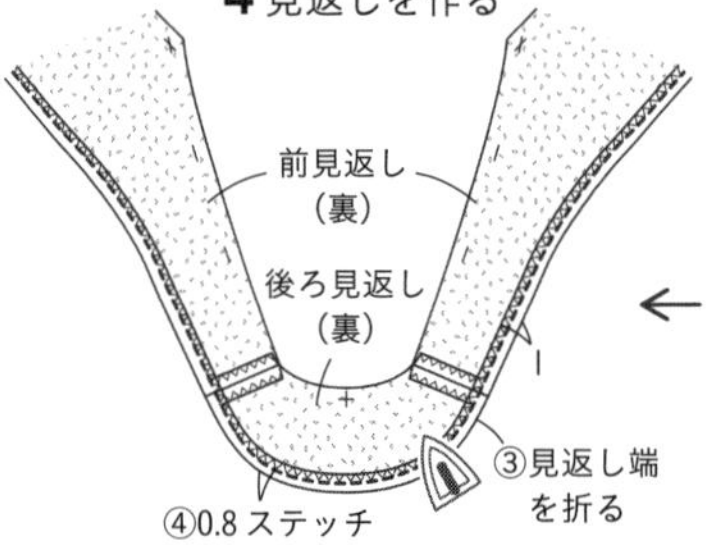
前見返し(裏)
後ろ見返し(裏)
③見返し端を折る
④0.8 ステッチ

5 前端、衿ぐりを縫う

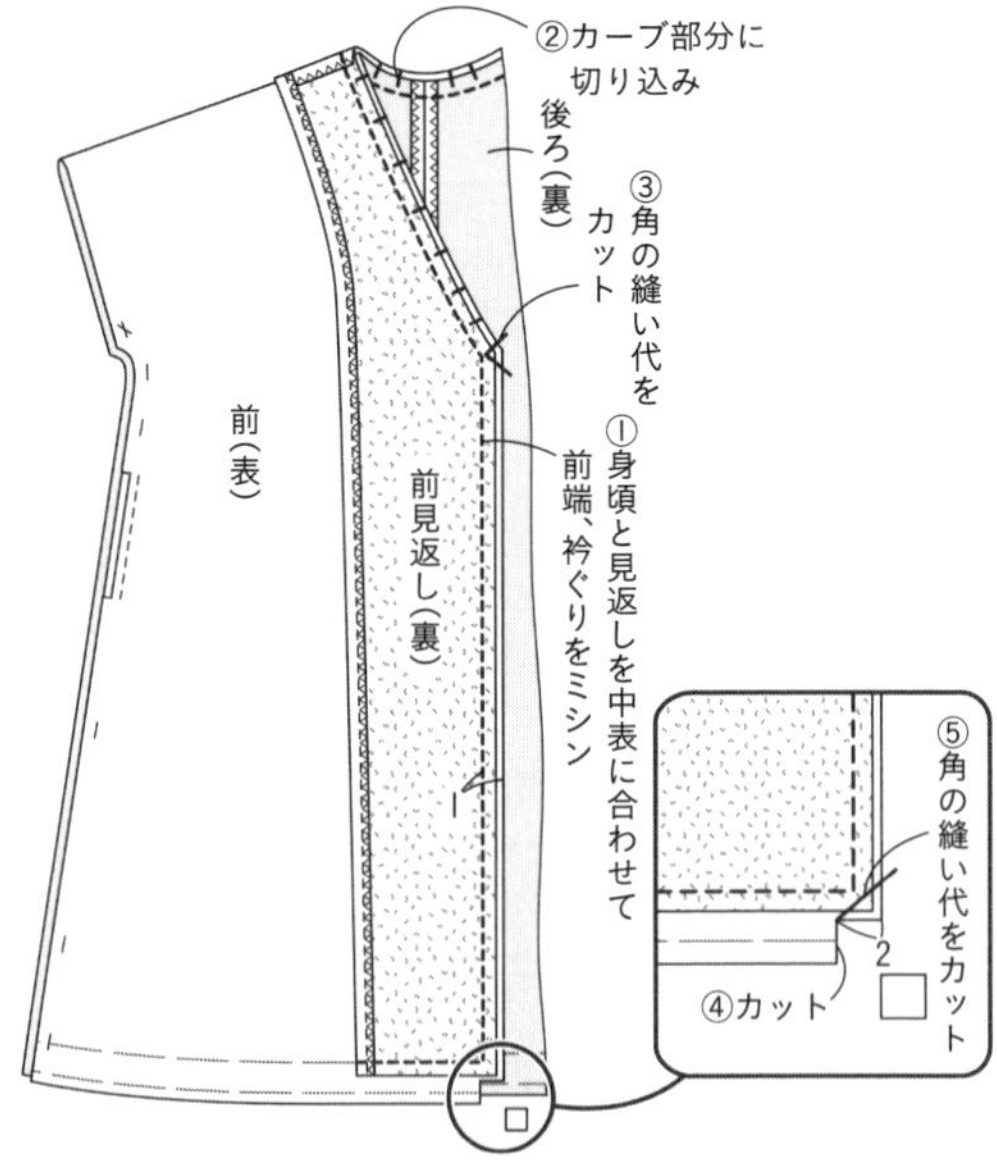
②カーブ部分に切り込み
後ろ(裏)
③角の縫い代をカット
①身頃と見返しを中表に合わせて前端、衿ぐりをミシン
前(表)
前見返し(裏)
⑤角の縫い代をカット
④カット
2

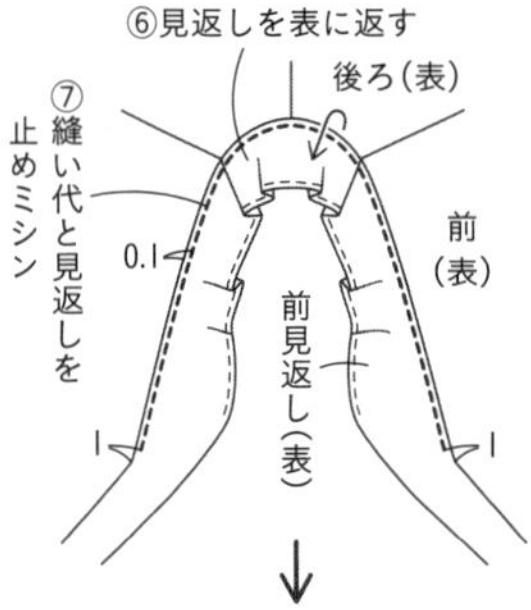
⑥見返しを表に返す
後ろ(表)
⑦縫い代と見返しを止めミシン
0.1
前(表)
前見返し(表)

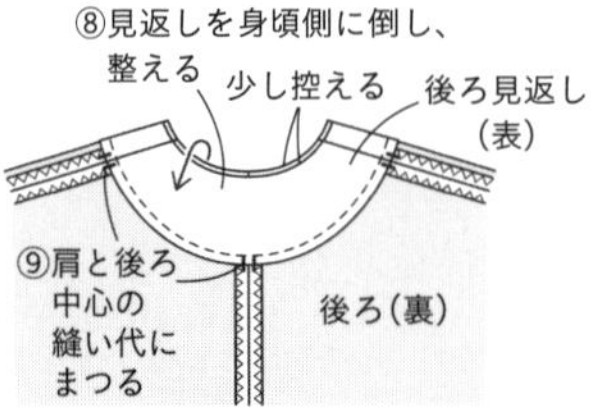
⑧見返しを身頃側に倒し、整える
少し控える
後ろ見返し(表)
⑨肩と後ろ中心の縫い代にまつる
後ろ(裏)

10 裾を縫う

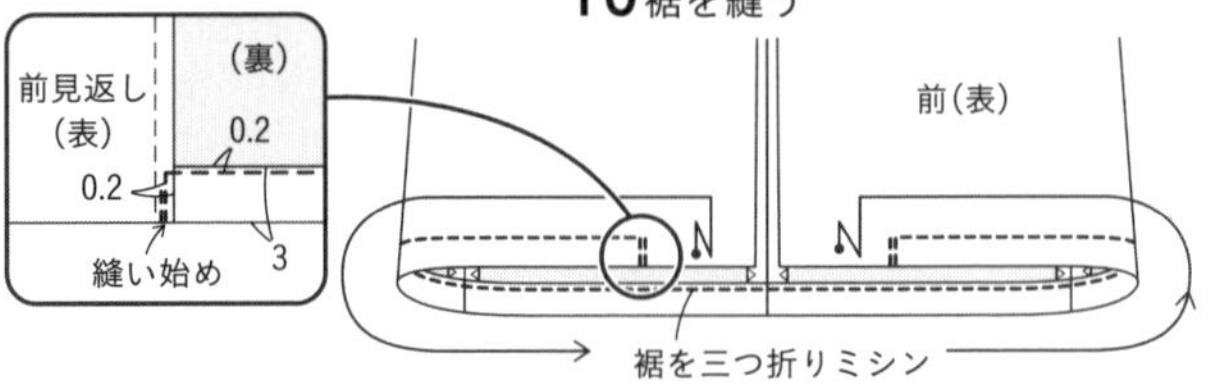
前見返し(表)
(裏)
0.2
0.2
縫い始め
3
前(表)
裾を三つ折りミシン

11 ボタンホールを作り、ボタンをつける (→p .127)

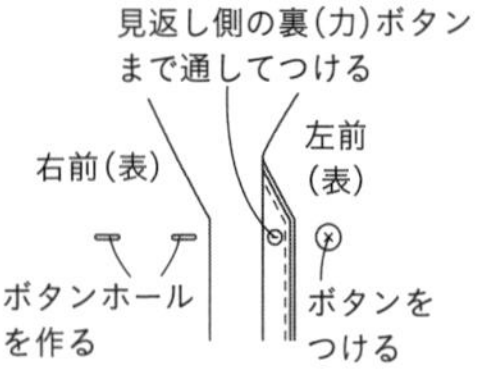
見返し側の裏(力)ボタンまで通してつける
右前(表)
左前(表)
ボタンホールを作る
ボタンをつける

6 ローブコート (リネン)

Photo／p.**17**、**23**、**78**、**79**　製図／p.**94**

[材料] ※左からS／M／Lサイズ

表布（生地の森　ラミーリネントップグレー　ホワイトグレー）

…112cm幅3m40cm／3m50cm／3m60cm

接着芯…90cm幅1m20cm／1m20cm／1m20cm

伸び止めテープ…0.9cm幅35cm

[でき上がり寸法]

※左からS／M／Lサイズ

バスト…116／120／124cm

着丈…102／105／108cm

袖丈…35.2／36／36.8cm

裁ち合わせ図

後ろ見返し（1枚）
わ
1.5
袋布（2枚）
前見返し（2枚）
袖（1枚）
3
袖（1枚）
3
前（2枚）
ポケット口
4
340
350
360
cm
後ろ（2枚）
袋布（2枚）
1.5
（表）
4
112cm幅

[作り方]

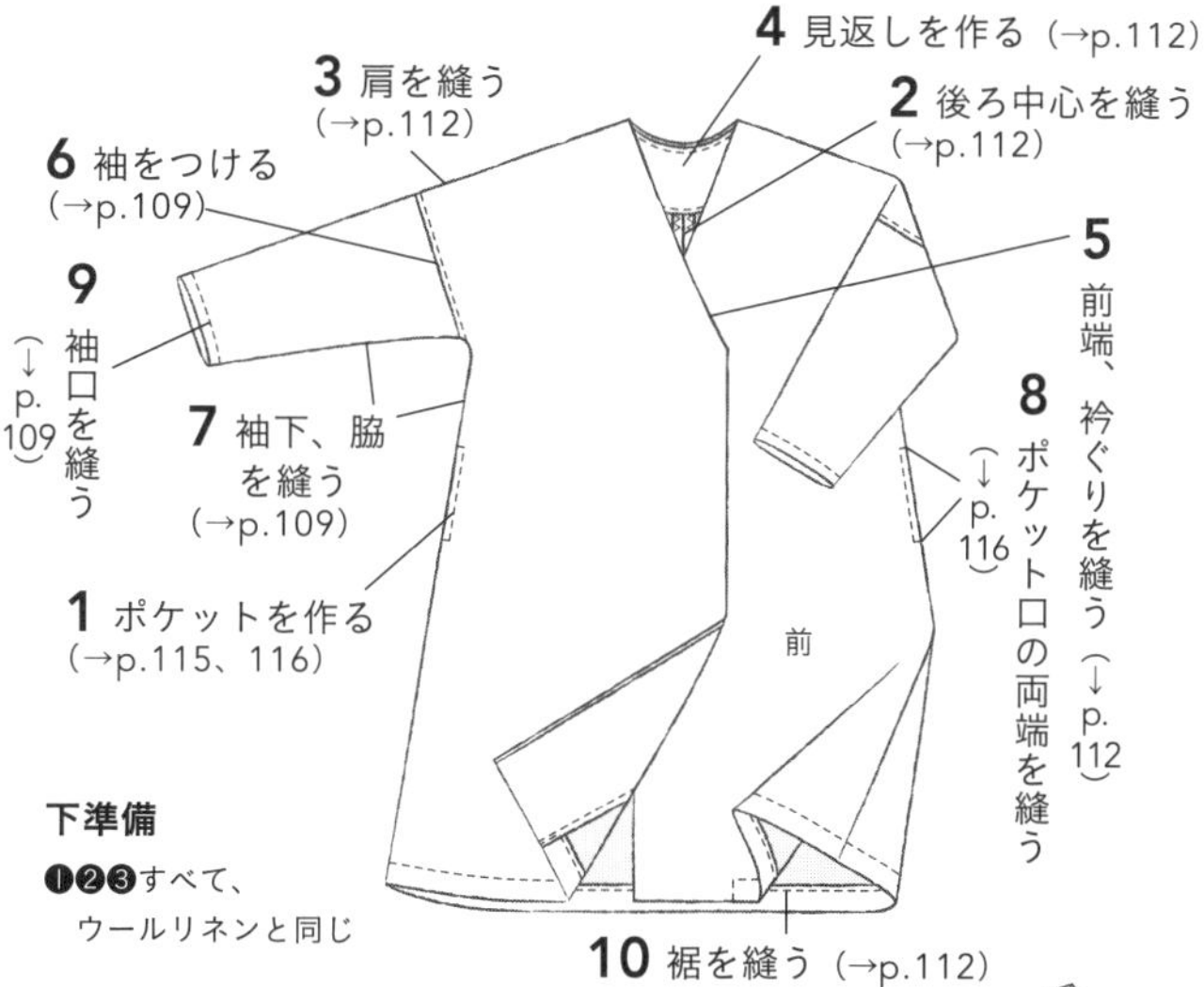

4 見返しを作る（→p.112）
3 肩を縫う（→p.112）
2 後ろ中心を縫う（→p.112）
6 袖をつける（→p.109）
5 前端、衿ぐりを縫う（→p.112）
9 袖口を縫う（→p.109）
7 袖下、脇を縫う（→p.109）
8 ポケット口の両端を縫う（→p.116）
1 ポケットを作る（→p.115、116）
前
10 裾を縫う（→p.112）

下準備

❶❷❸すべて、ウールリネンと同じ

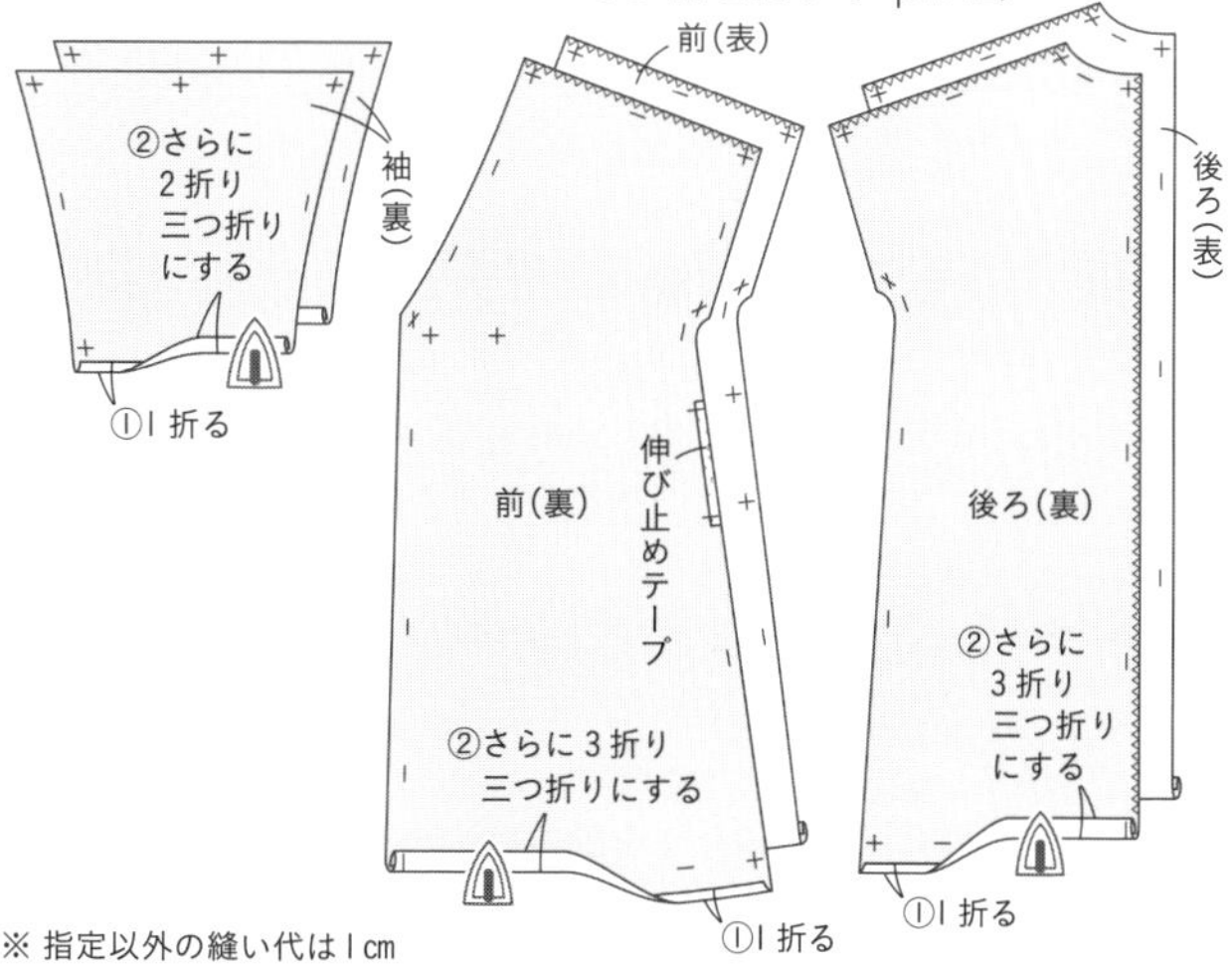

②さらに2折り三つ折りにする
袖（裏）
①1折る
前（表）
前（裏）
伸び止めテープ
②さらに3折り三つ折りにする
①1折る
後ろ（表）
後ろ（裏）
②さらに3折り三つ折りにする
①1折る

※ 指定以外の縫い代は1cm

※ ▭は裏に伸び止めテープ、接着芯を貼る

※ ⋁⋁⋁は縫い代にジグザグミシンをかける

※ 数字は上からS／M／Lサイズ

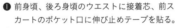

7 フラップワンピース

Photo ／p.**11**、**17**、**19**　製図／p.**95**

［材料（長袖）］
※左からS／M／Lサイズ
表布（リネンストライプ）
…110cm幅2m90cm／2m90cm／3m
接着芯…70cm幅20cm
伸び止めテープ…0.9cm幅35cm

［でき上がり寸法］
※左からS／M／Lサイズ
バスト…108／112／116cm
着丈…109.5／112.5／115.5cm

裁ち合わせ図

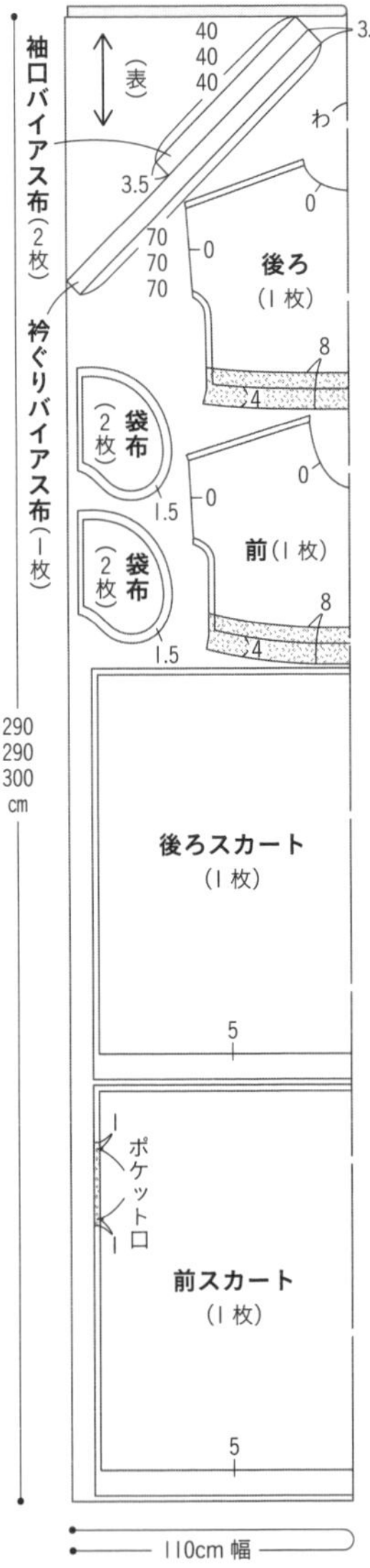

袖口バイアス布（2枚）
衿ぐりバイアス布（1枚）
（表）
40
40
40
3.5
3.5
わ
70
70
70
0
後ろ
（1枚）
8
4
袋布
（2枚）
1.5
前（1枚）
後ろスカート
（1枚）
5
ポケット口
前スカート
（1枚）
290
290
300
cm
110cm幅

［作り方］

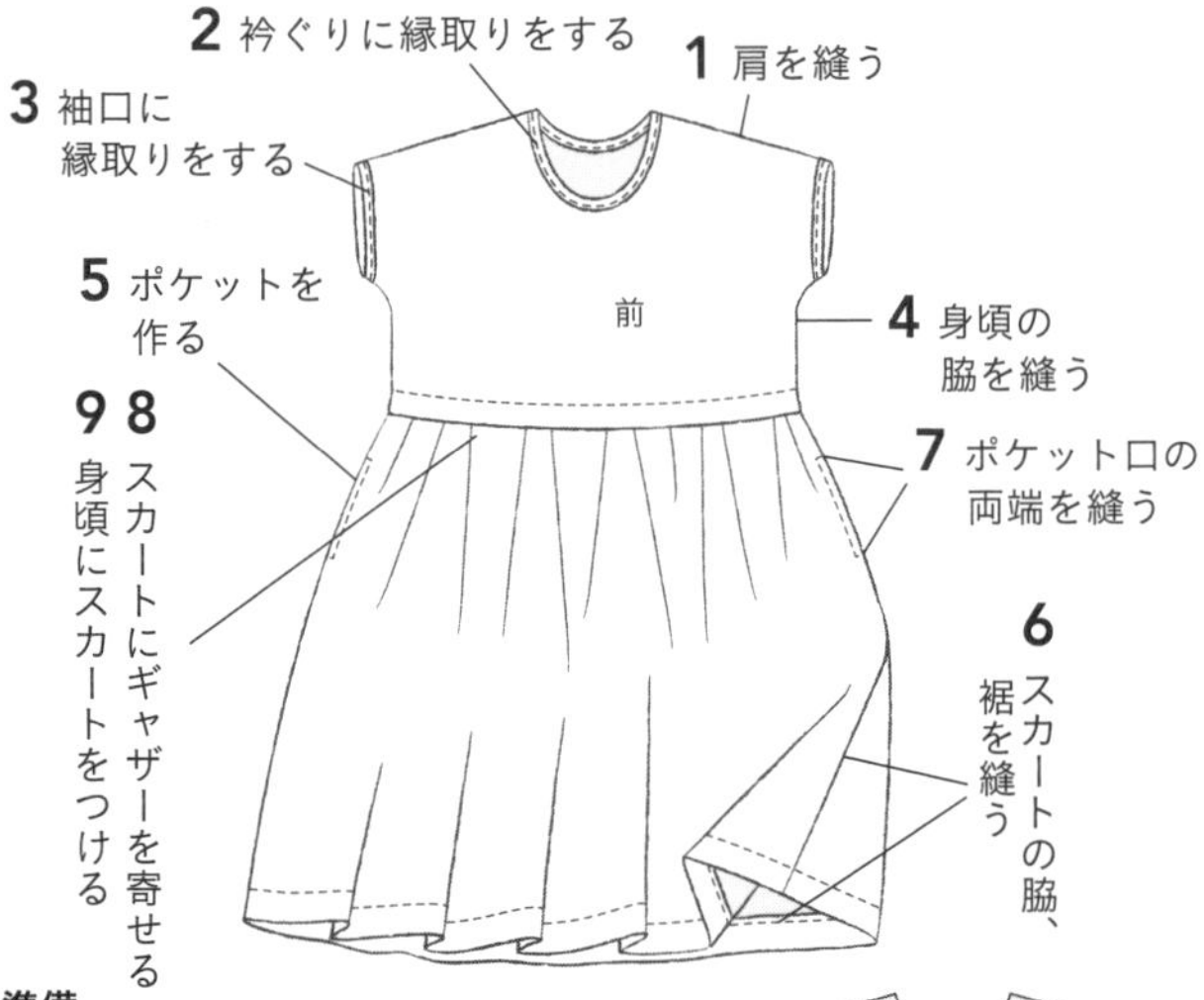

2 衿ぐりに縁取りをする
1 肩を縫う
3 袖口に縁取りをする
5 ポケットを作る
前
4 身頃の脇を縫う
9 身頃にスカートをつける
8 スカートにギャザーを寄せる
7 ポケット口の両端を縫う
6 スカートの脇、裾を縫う

下準備

❶ 前身頃、後ろ身頃のウエストに接着芯、前スカートのポケット口に伸び止めテープを貼る。
❷ 前身頃、後ろ身頃のウエストの縫い代をアイロンで折り、前スカート、後ろスカートの裾をアイロンで三つ折りにする。バイアス布を図のようにアイロンで折る。
❸ スカートと身頃のウエストを4等分にして、合印をつける。

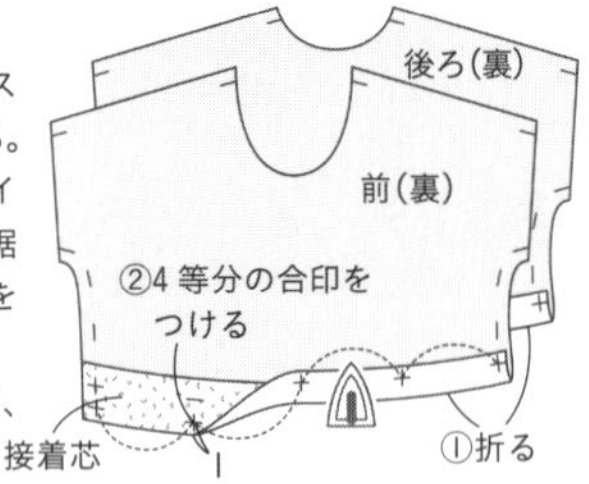

後ろ（裏）
前（裏）
②4等分の合印をつける
接着芯
①折る

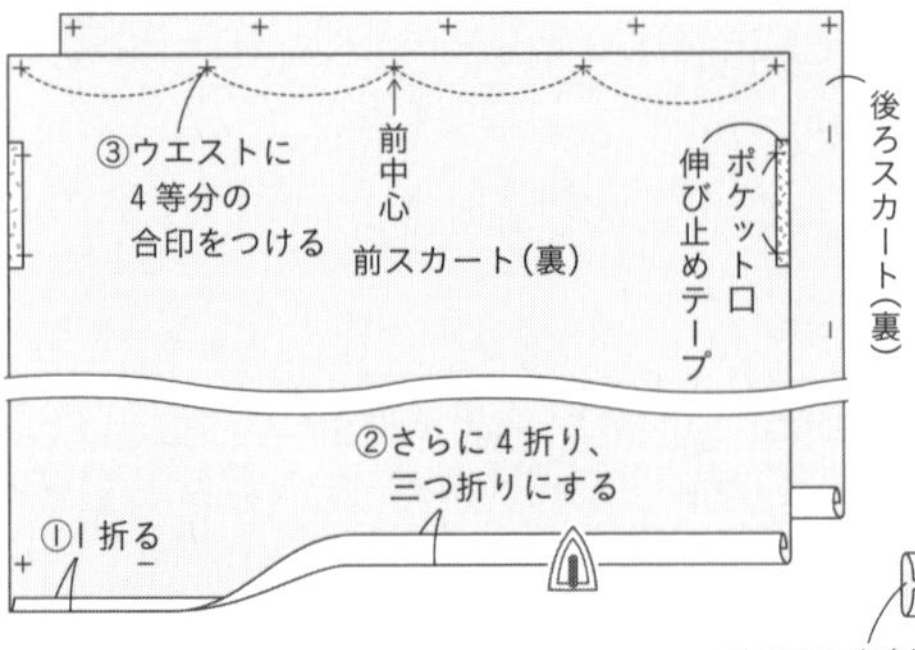

③ウエストに4等分の合印をつける
前中心
前スカート（裏）
ポケット口
伸び止めテープ
後ろスカート（裏）
②さらに4折り、三つ折りにする
①1折る

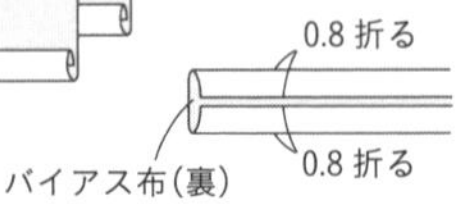

0.8折る
0.8折る
バイアス布（裏）

※ 指定以外の縫い代は1cm
※ ［網掛け］は裏に伸び止めテープ、接着芯を貼る
※ 数字は上からS／M／Lサイズ

1 肩を縫う

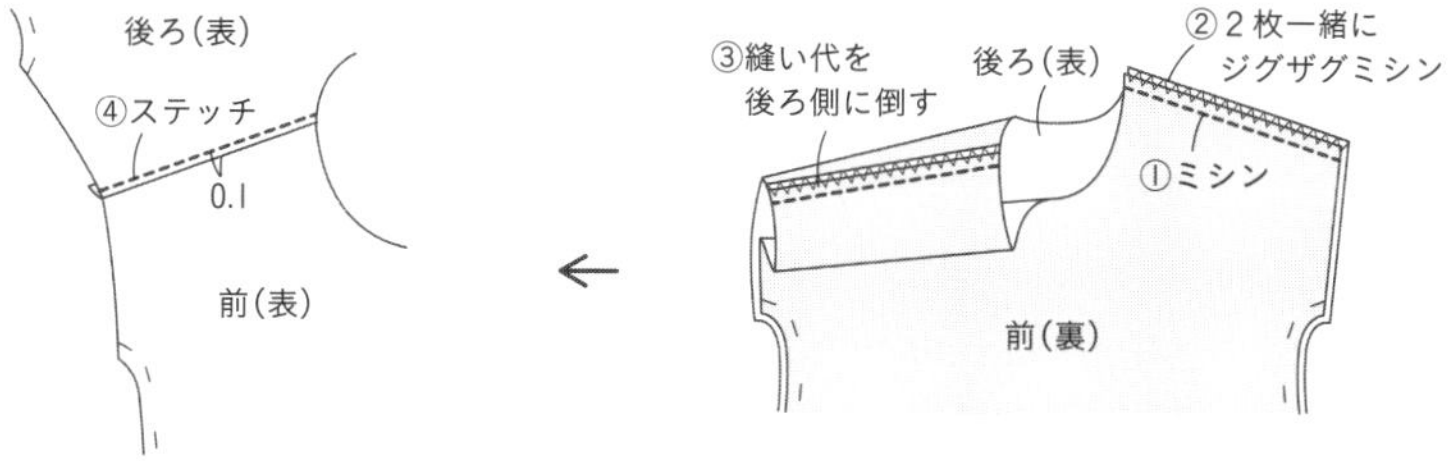

③縫い代を
後ろ側に倒す
後ろ(表)
②2枚一緒に
ジグザグミシン
①ミシン
前(裏)
後ろ(表)
④ステッチ
0.1
前(表)

2 衿ぐりに縁取りをする

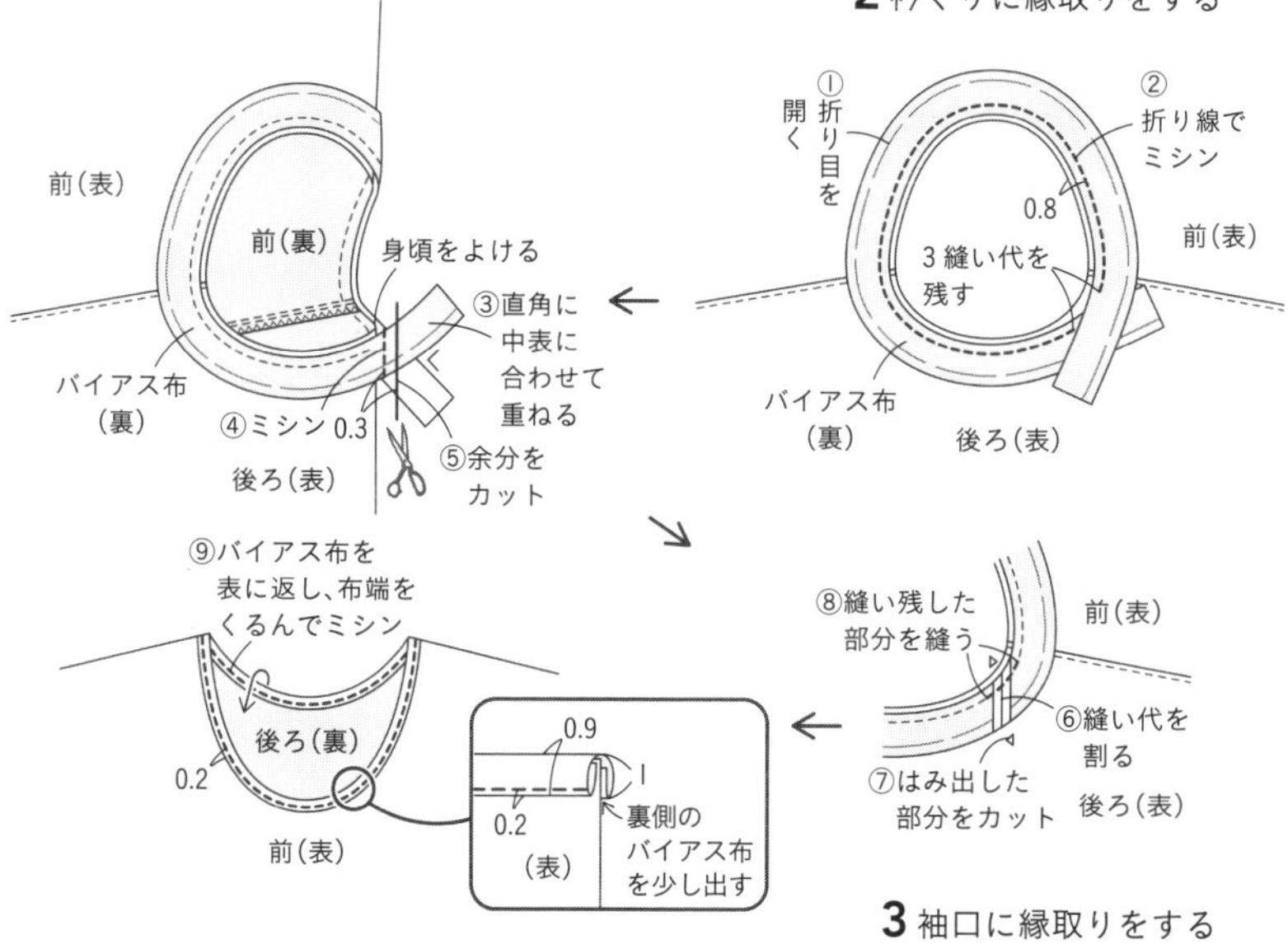

①折り目を開く
②折り線でミシン
0.8
3縫い代を残す
前(表)
バイアス布(裏)
後ろ(表)
前(表)
前(裏)
身頃をよける
③直角に中表に合わせて重ねる
バイアス布(裏)
④ミシン 0.3
⑤余分をカット
後ろ(表)
⑧縫い残した部分を縫う
前(表)
⑥縫い代を割る
⑦はみ出した部分をカット
後ろ(表)
⑨バイアス布を表に返し、布端をくるんでミシン
後ろ(裏)
0.2
前(表)
0.9
1
0.2
(表)
裏側のバイアス布を少し出す

3 袖口に縁取りをする

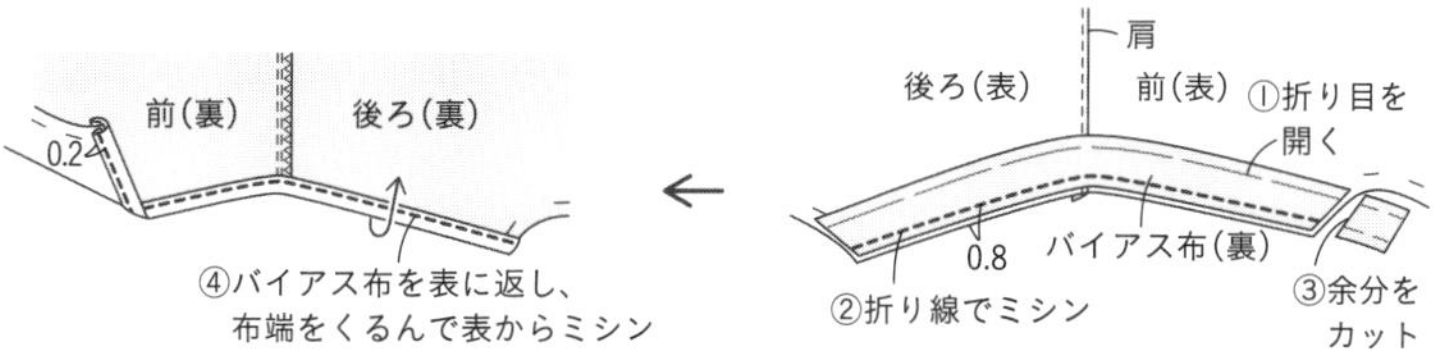

肩
後ろ(表)
前(表)
①折り目を開く
0.8
バイアス布(裏)
②折り線でミシン
③余分をカット
前(裏)
後ろ(裏)
0.2
④バイアス布を表に返し、布端をくるんで表からミシン

5 ポケットを作る

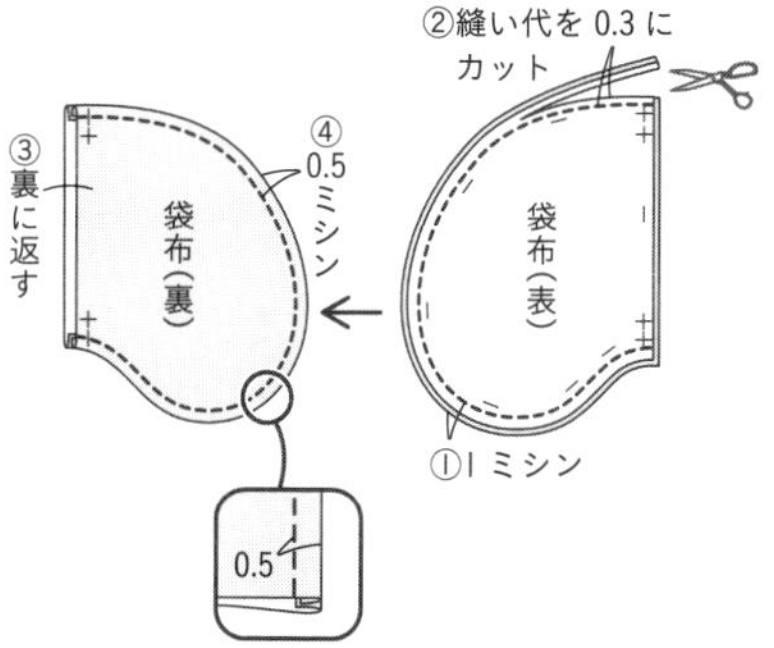

②縫い代を0.3にカット
袋布(表)
①1ミシン
③裏に返す
④0.5ミシン
袋布(裏)
0.5

4 身頃の脇を縫う

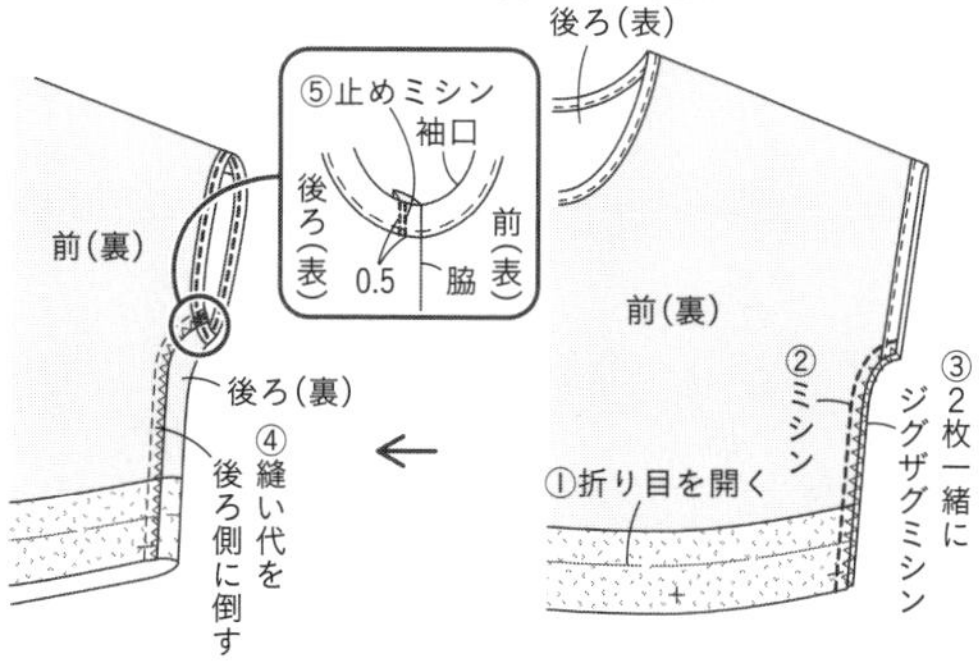

後ろ(表)
前(裏)
②ミシン
③2枚一緒にジグザグミシン
①折り目を開く
⑤止めミシン
袖口
後ろ(表)
前(表)
0.5
脇
前(裏)
後ろ(裏)
④縫い代を後ろ側に倒す

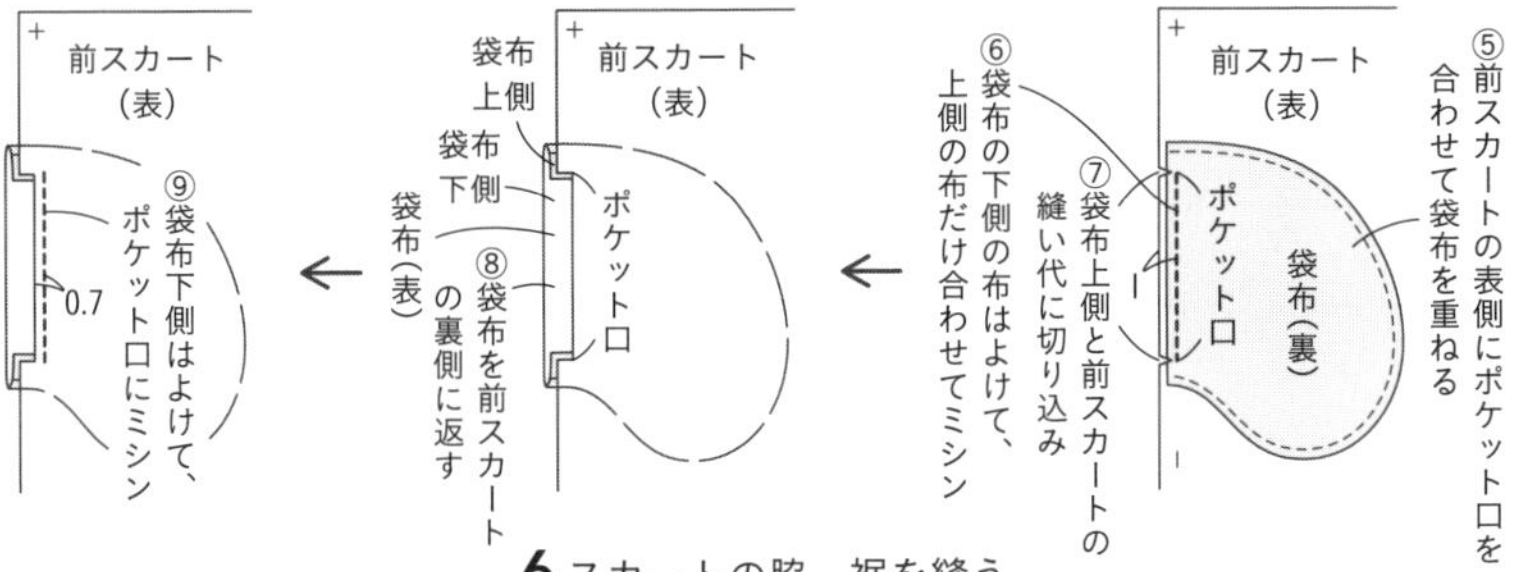
⑤前スカートの表側にポケット口を合わせて袋布を重ねる
前スカート(表)
袋布(裏)
ポケット口
⑥袋布の下側の布はよけて、上側の布だけ合わせてミシン
⑦袋布上側と前スカートの縫い代に切り込み
1
前スカート(表)
袋布上側
袋布下側
袋布(表)
ポケット口
⑧袋布を前スカートの裏側に返す
前スカート(表)
⑨袋布下側はよけて、ポケット口にミシン
0.7

6 スカートの脇、裾を縫う

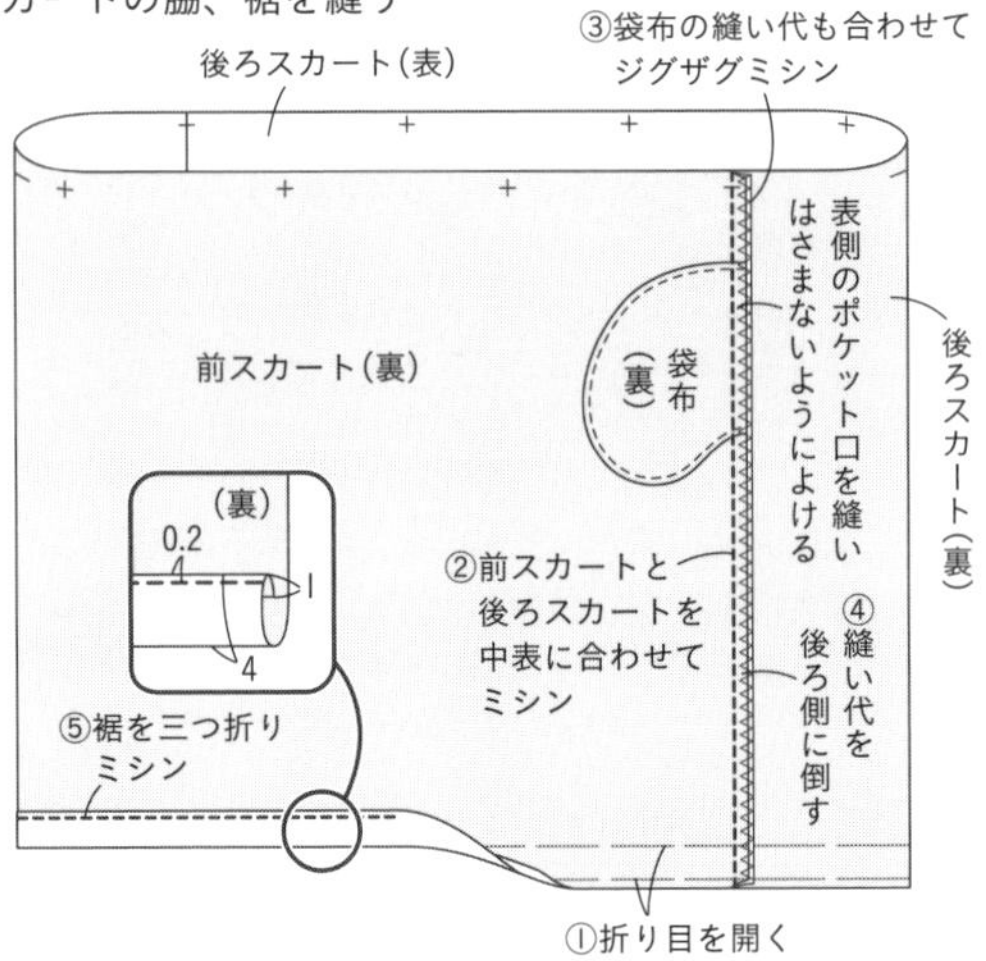
後ろスカート(表)
③袋布の縫い代も合わせてジグザグミシン
表側のポケット口を縫いはさまないようによける
後ろスカート(裏)
前スカート(裏)
袋布(裏)
(裏)
0.2
1
4
②前スカートと後ろスカートを中表に合わせてミシン
④縫い代を後ろ側に倒す
⑤裾を三つ折りミシン
①折り目を開く

7 ポケット口の両端を縫う

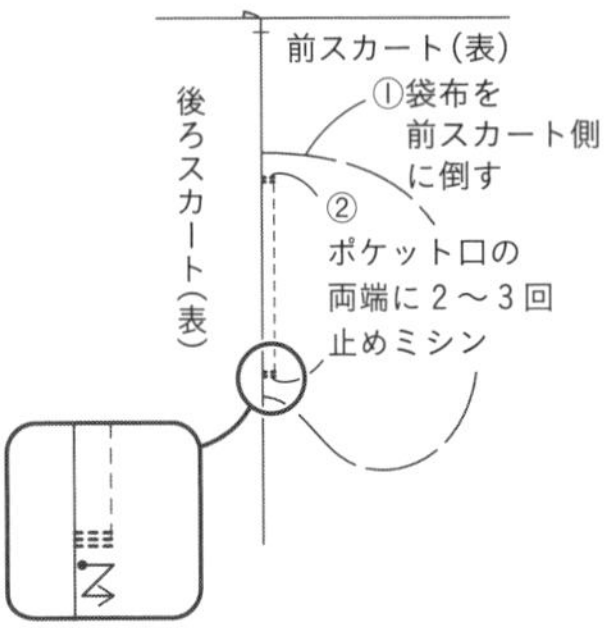
前スカート(表)
後ろスカート(表)
①袋布を前スカート側に倒す
②ポケット口の両端に2〜3回止めミシン

8 スカートにギャザーを寄せる

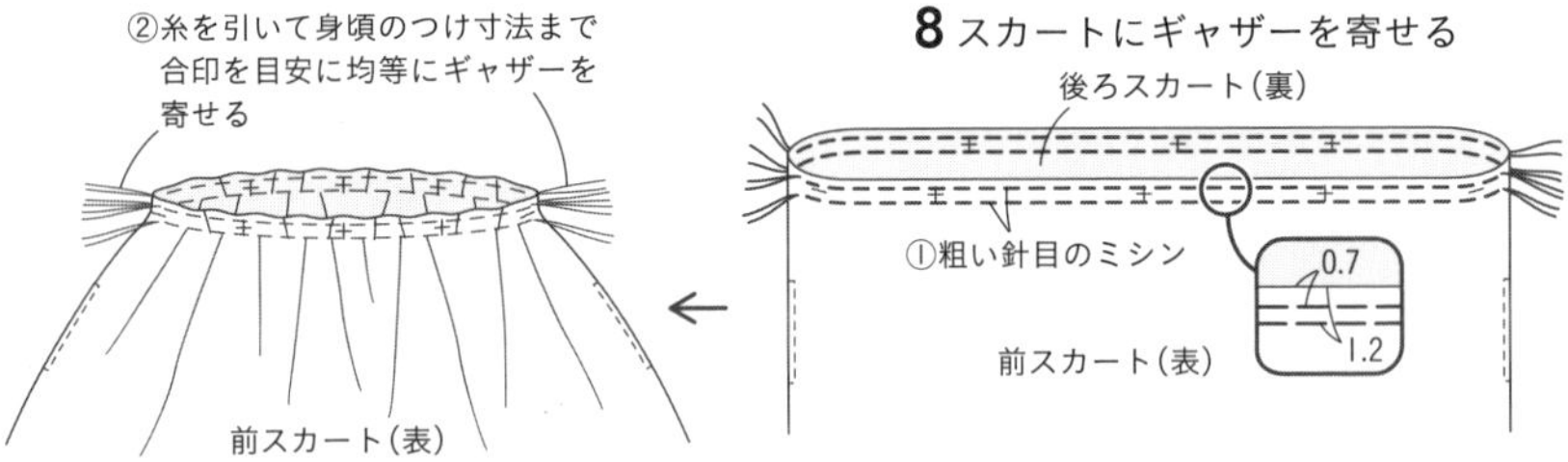
後ろスカート(裏)
①粗い針目のミシン
0.7
1.2
前スカート(表)
②糸を引いて身頃のつけ寸法まで合印を目安に均等にギャザーを寄せる
前スカート(表)

9 身頃にスカートをつける

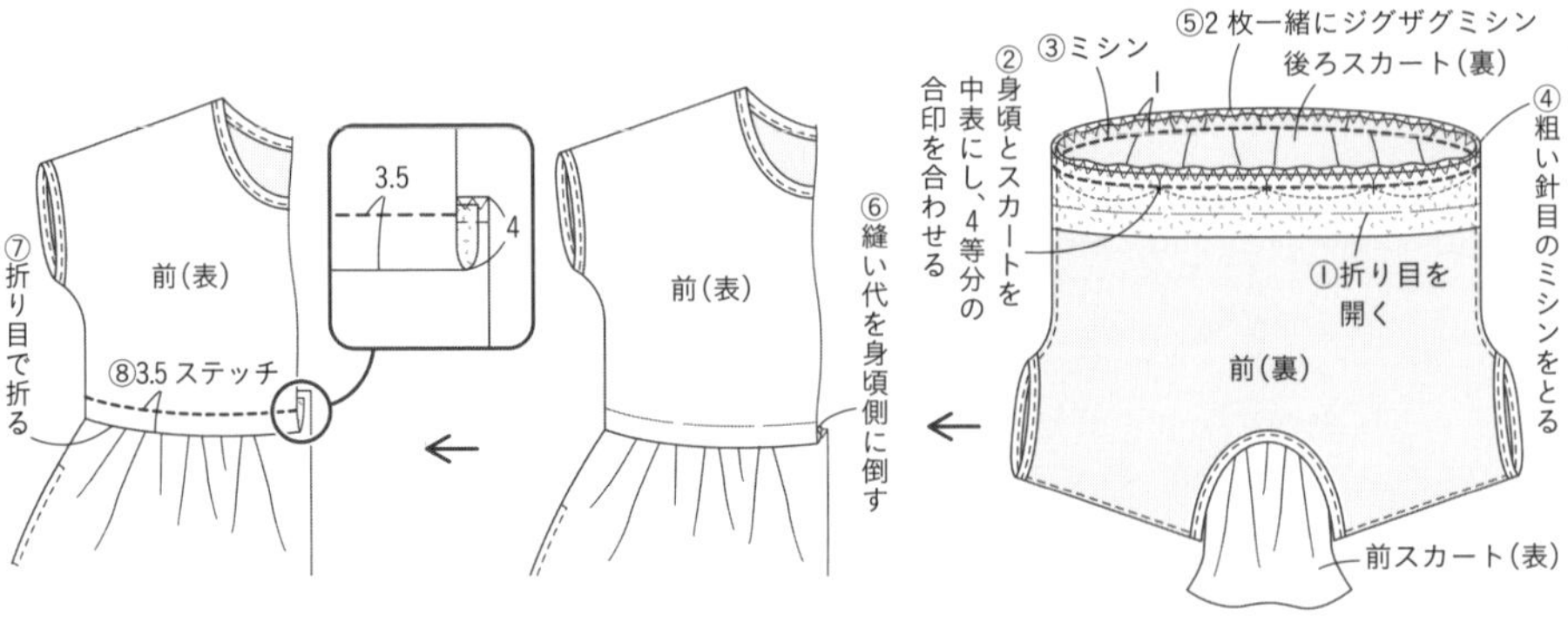
⑤2 枚一緒にジグザグミシン
③ミシン
1
後ろスカート(裏)
②身頃とスカートを中表にし、4 等分の合印を合わせる
④粗い針目のミシンをとる
①折り目を開く
前(裏)
前スカート(表)
⑥縫い代を身頃側に倒す
前(表)
3.5
4
前(表)
⑦折り目で折る
⑧3.5 ステッチ

ティッシュケース

Photo／p.**45**

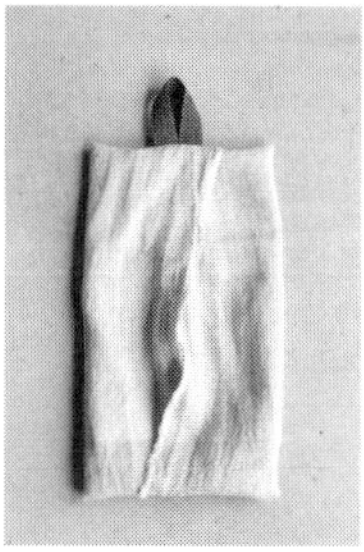

［材料］

表布（リネン　ベージュ）…20×65㎝

テープ…2㎝幅15㎝

［でき上がり寸法］

幅16㎝×高さ29㎝

※製図は縫い代込み

※（　）は縫い代寸法

製図

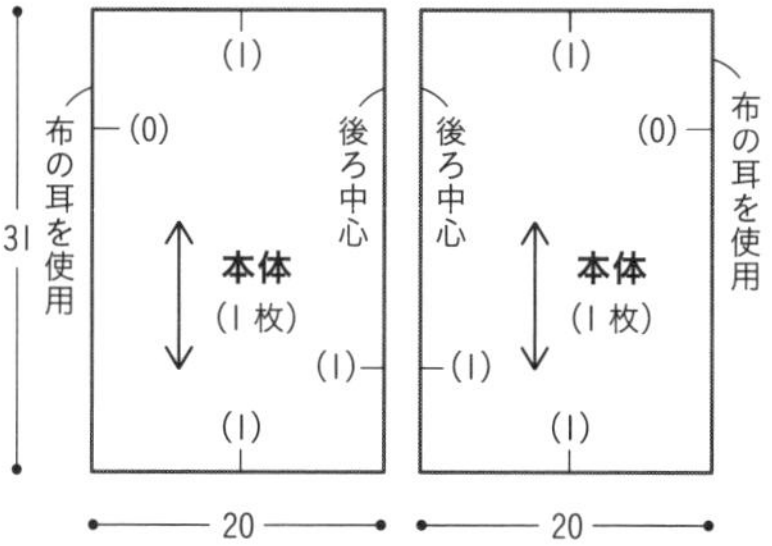

(1)
(0)
布の耳を使用
後ろ中心
本体
(1枚)
31
20

［作り方］

1 縫い代にジグザグミシンをかけて、後ろ中心を縫う

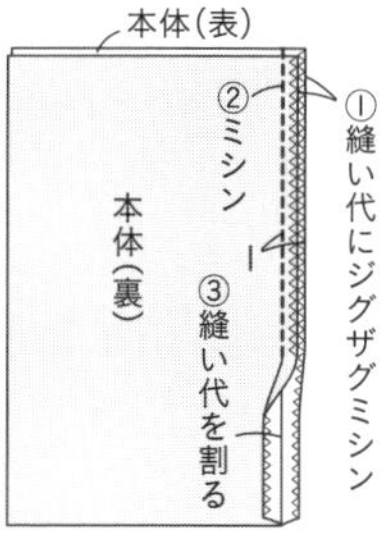

本体(表)
②ミシン
①縫い代にジグザグミシン
本体(裏)
③縫い代を割る

2 タブを仮どめする

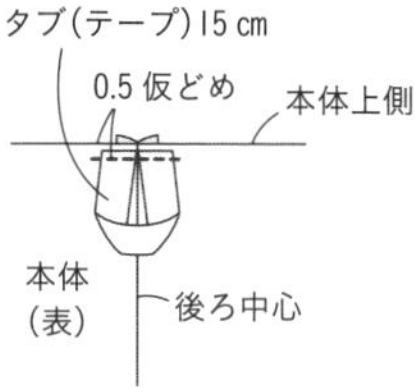

タブ(テープ)15㎝
0.5仮どめ
本体上側
本体(表)
後ろ中心

3 上下を縫う

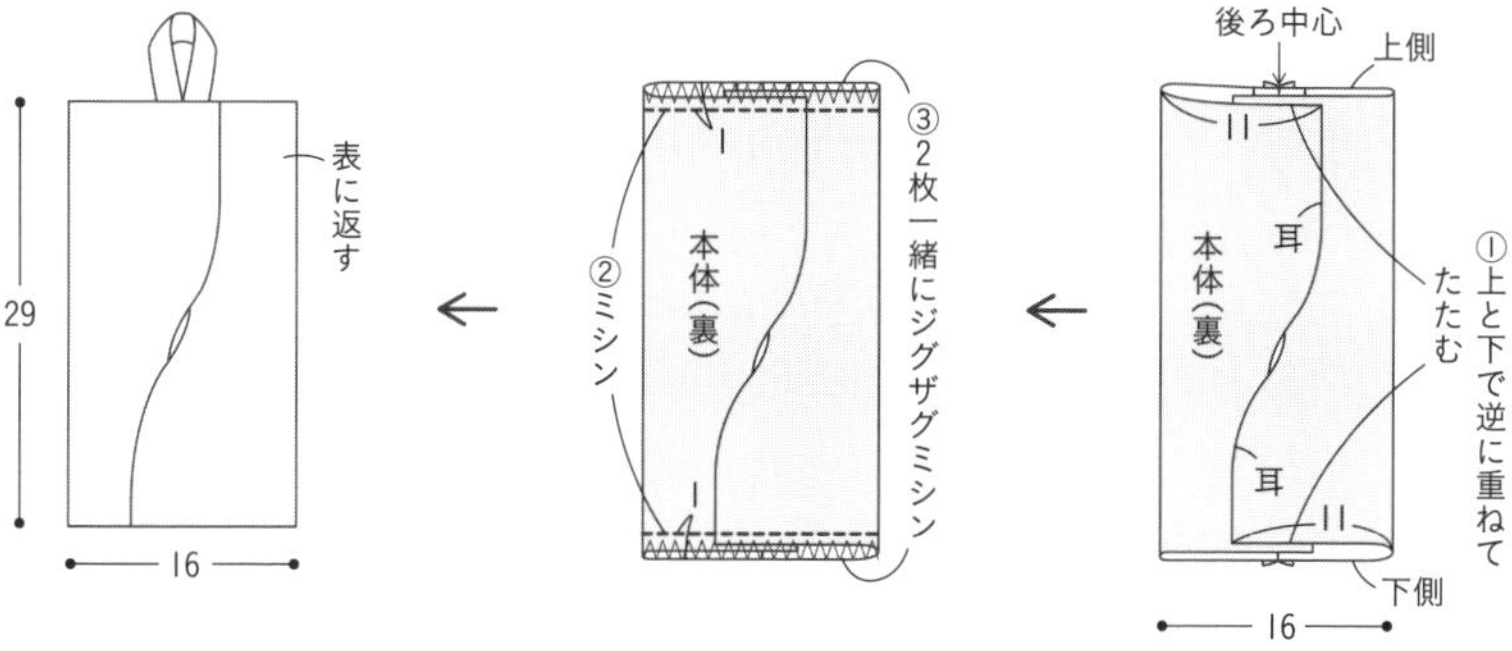

後ろ中心
上側
本体(裏)
耳
①上と下で逆に重ねてたたむ
下側
16
②ミシン
③2枚一緒にジグザグミシン
表に返す
29

エコバッグ（大・小）

Photo／p.**45、78**

［材料（小）］

表布（リネン　格子柄）

…40×76㎝

ゴムテープ…2.5㎝幅16㎝

［材料（大）］

表布（リネン　ベージュ）

…58×100㎝

ゴムテープ…2.5㎝幅22㎝

［でき上がり寸法］

※左から幅×高さ×まち

小／32×37×6㎝

大／42×49×14㎝

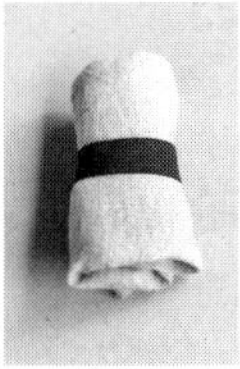
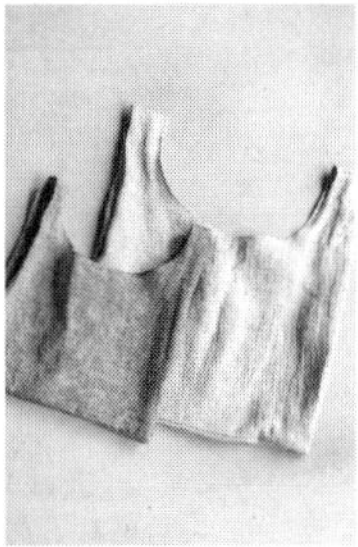

製図・裁ち合わせ図

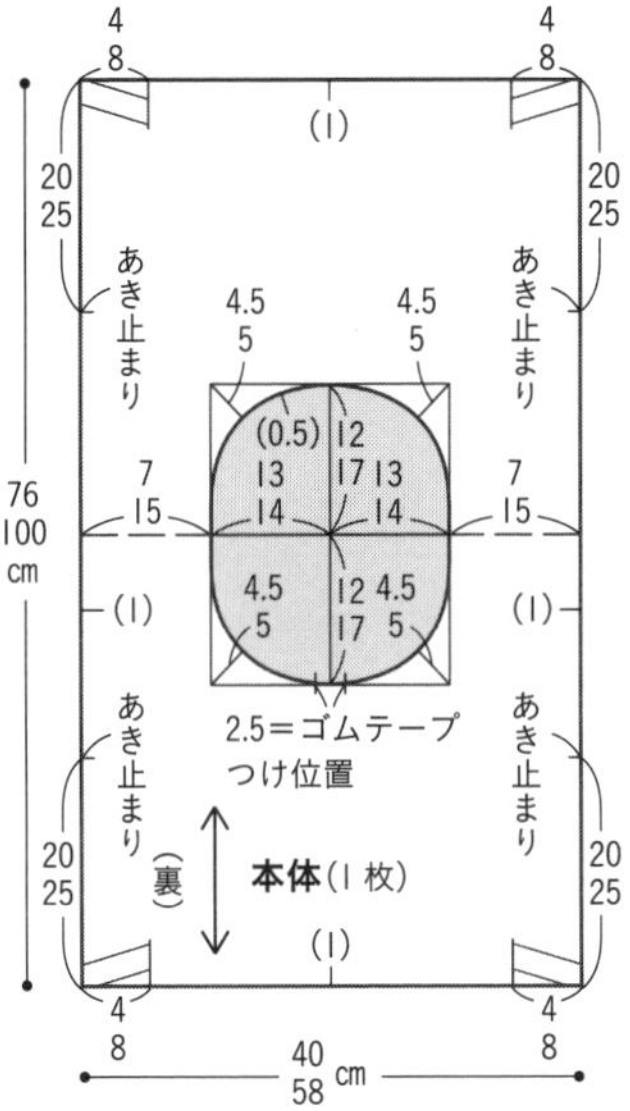

4
8
(1)
20
25
あき止まり
4.5
5
(0.5)
12
13
17
14
7
15
76
100
cm
2.5＝ゴムテープつけ位置
本体（1枚）
（裏）
40
58
cm

※ 布地に直接線を引いて製図を作成する

※ 製図は縫い代込み

※（　）は縫い代寸法

※ ▭ は布をカットする

※ 数字は上から小／大サイズ

［作り方］

1 縫い代にジグザグミシンをかけて、袋口を縫う

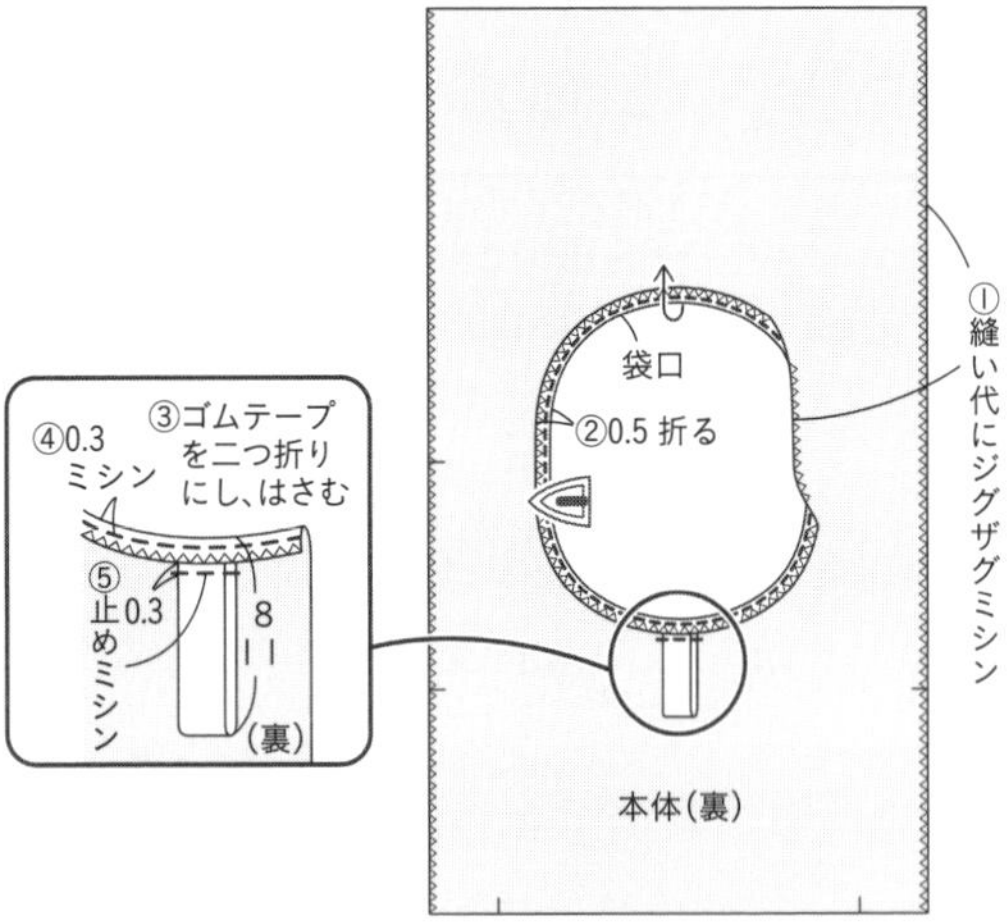

①縫い代にジグザグミシン
袋口
②0.5 折る
④0.3 ミシン
③ゴムテープを二つ折りにし、はさむ
⑤止め0.3ミシン
8
（裏）
本体（裏）

2 脇を縫う

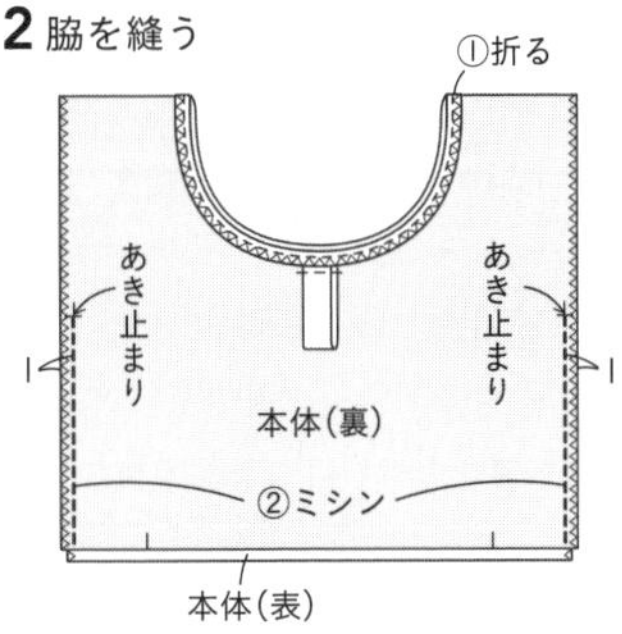

①折る
あき止まり
1
本体（裏）
②ミシン
本体（表）

5 持ち手の上部を縫う

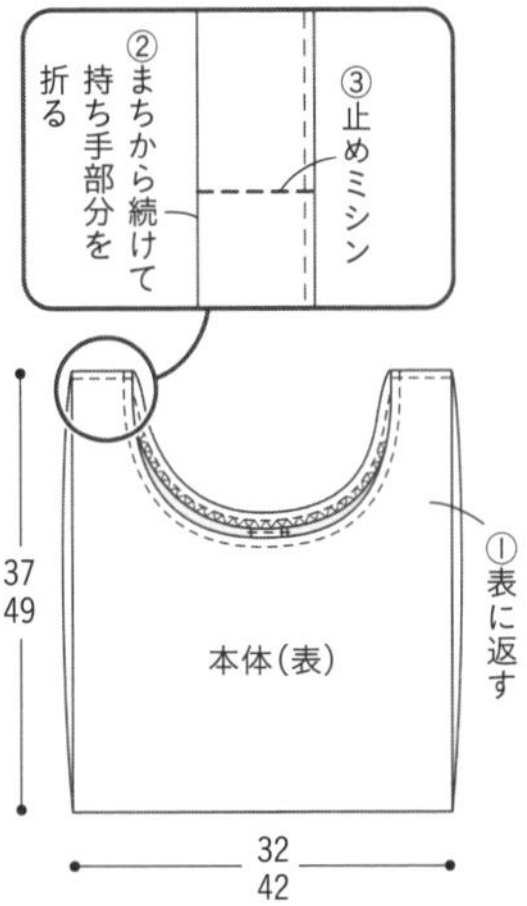

②まちから続けて持ち手部分を折る
③止めミシン
①表に返す
37
49
本体（表）
32
42

4 まちを折り、底を縫う

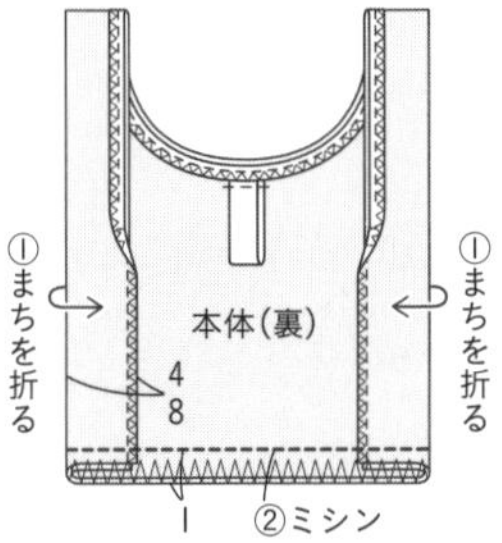

①まちを折る
本体（裏）
4
8
1
②ミシン

3 あきを縫う

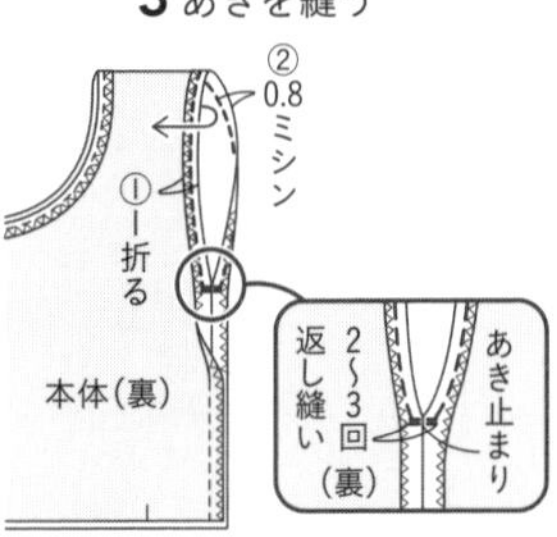

②0.8ミシン
①1折る
本体（裏）
返し縫い 2〜3回
あき止まり
（裏）

エプロン

Photo／p.63

［材料］

表布（リネン　ベージュ）

…110cm幅1ｍ

接着芯…25cm幅5cm

［でき上がり寸法］

着丈…94cm

製図・裁ち合わせ図

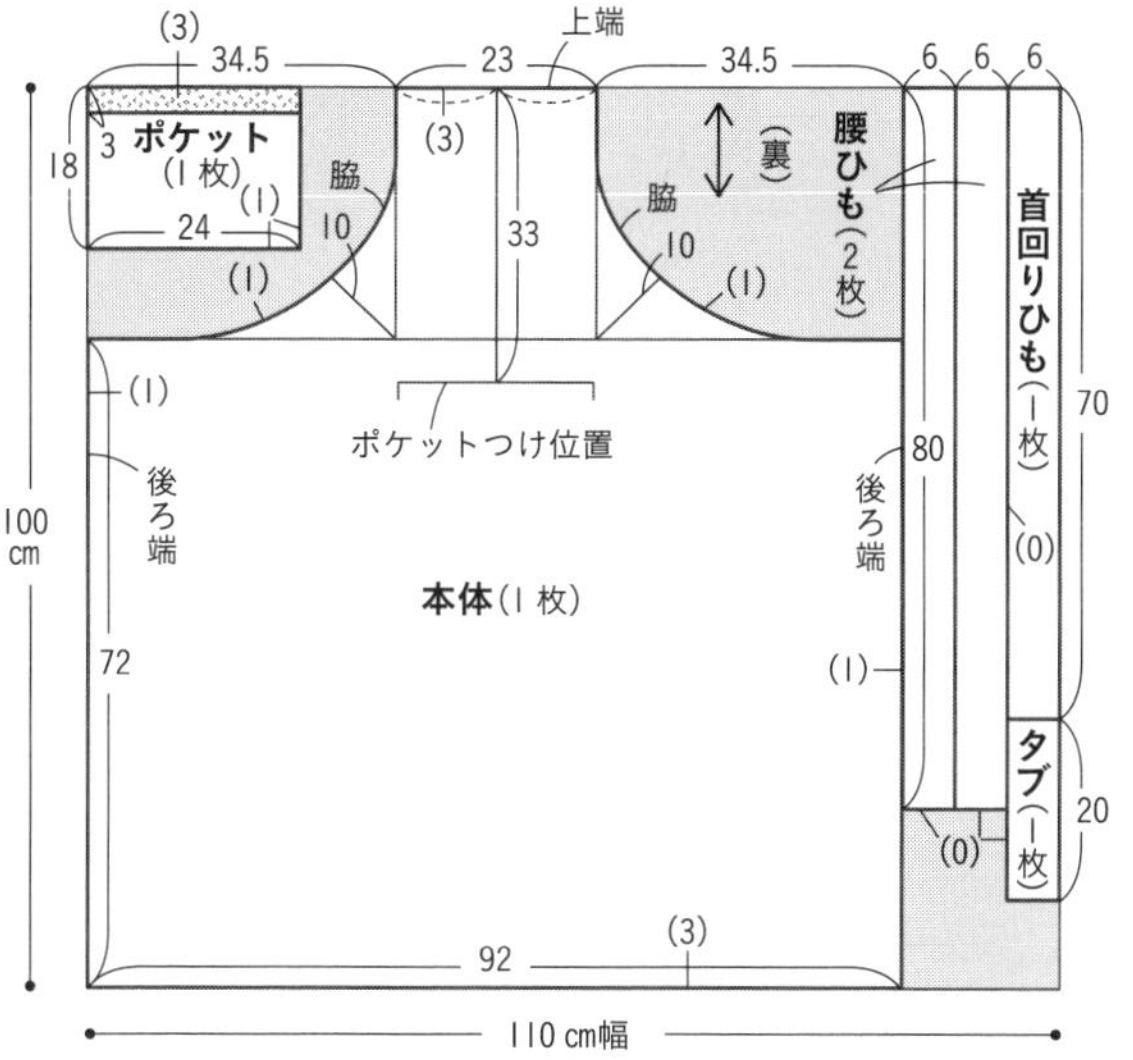

(3)
34.5
23
上端
34.5
6
6
6
ポケット
(1枚)
3
18
(1)
24
脇
10
(1)
(3)
33
(裏)
腰ひも(2枚)
脇
10
(1)
首回りひも(一枚)
70
(1)
ポケットつけ位置
後ろ端
100cm
80
後ろ端
(0)
本体(1枚)
72
(1)
タブ(一枚)
20
(0)
92
(3)
110cm幅

※ 布地に直接線を引いて製図を作成する

※ 製図は縫い代込み

※（　）は縫い代寸法

※ ［　］は布をカットする

※ ［　］は裏に接着芯を貼る

下準備

本体の上端、脇、後ろ端、裾、ポケット口をアイロンで三つ折りにする。ポケットの周囲をアイロンで折る。ひもとタブを図のようにアイロンで折る。

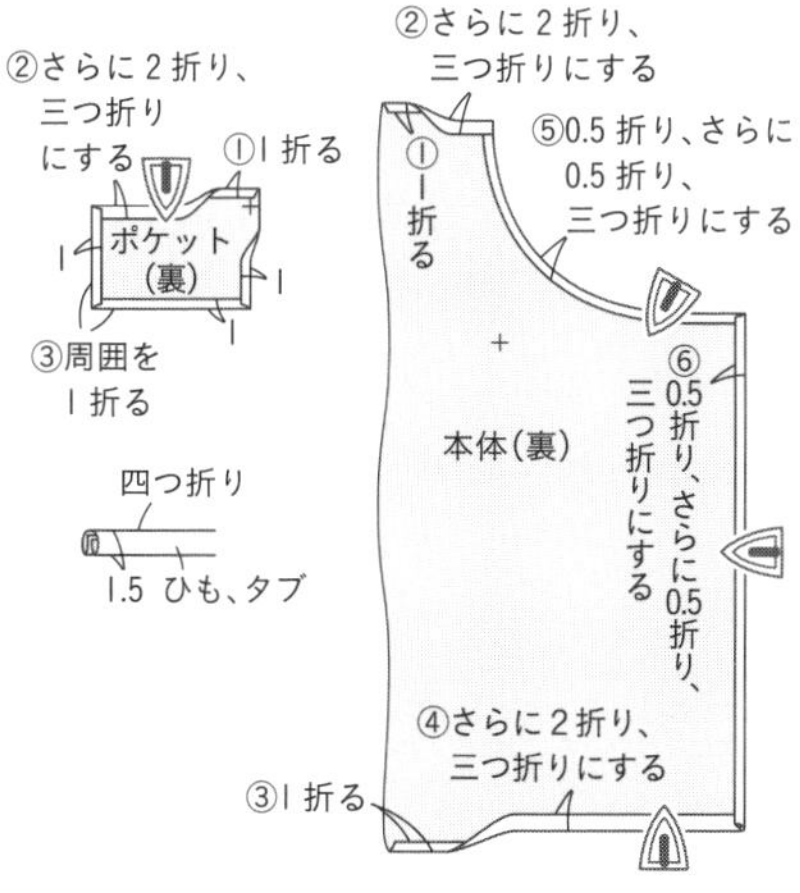

②さらに2折り、三つ折りにする
①1折る
ポケット(裏)
1
1
1
③周囲を1折る
四つ折り
1.5 ひも、タブ
②さらに2折り、三つ折りにする
①1折る
⑤0.5折り、さらに0.5折り、三つ折りにする
本体(裏)
⑥0.5折り、さらに0.5折り、三つ折りにする
④さらに2折り、三つ折りにする
③1折る

［作り方］

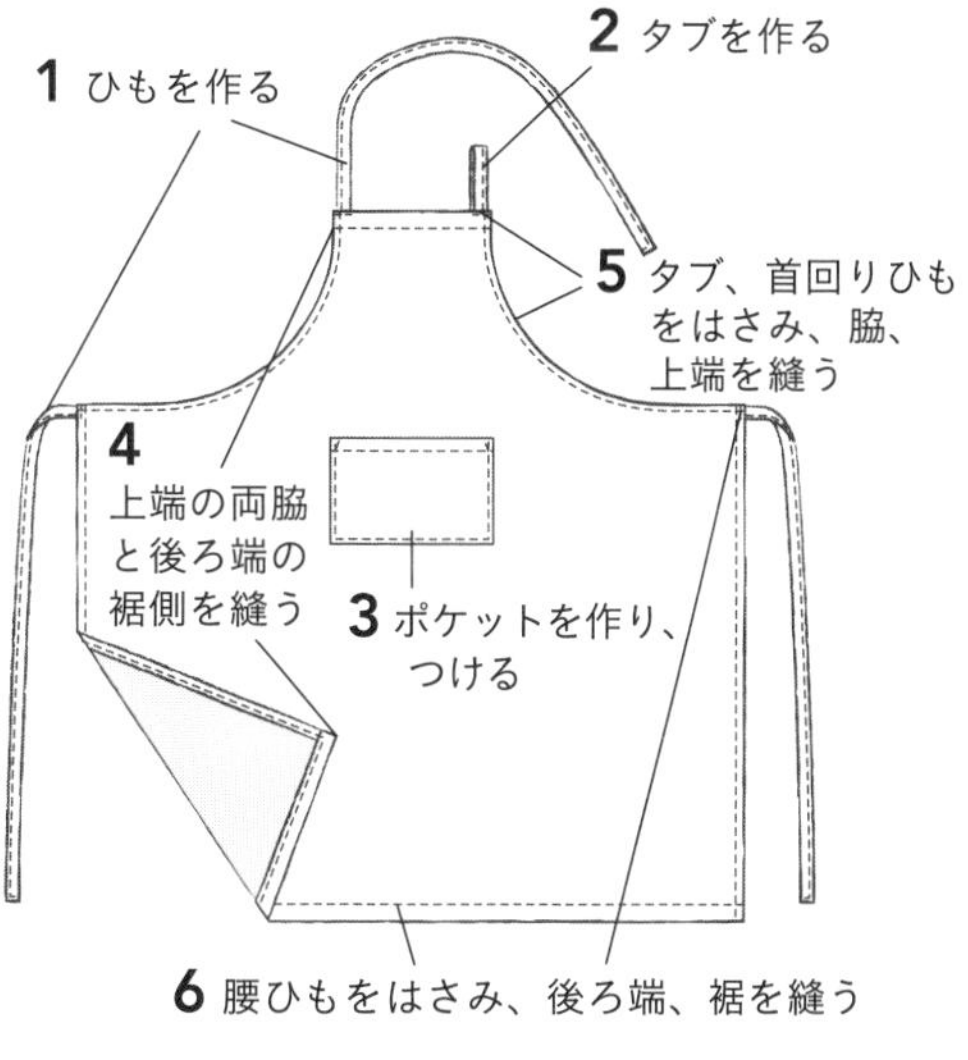

1 ひもを作る
2 タブを作る
5 タブ、首回りひもをはさみ、脇、上端を縫う
4 上端の両脇と後ろ端の裾側を縫う
3 ポケットを作り、つける
6 腰ひもをはさみ、後ろ端、裾を縫う

1 ひもを作る

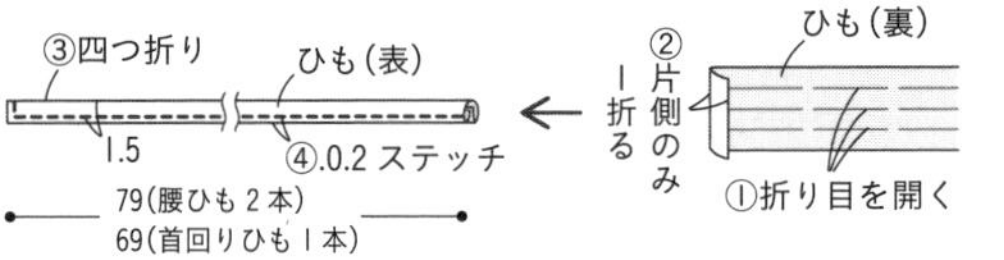

ひも(裏)
②片側のみ1折る
①折り目を開く
③四つ折り
ひも(表)
1.5
④0.2 ステッチ
79(腰ひも 2 本)
69(首回りひも 1 本)

2 タブを作る

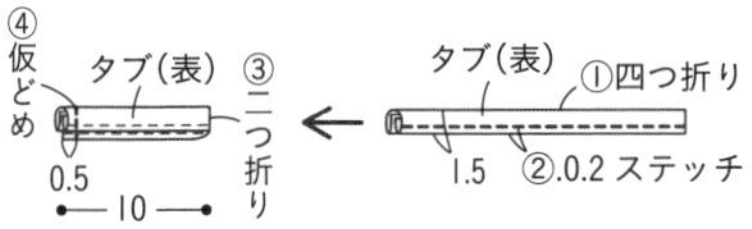

タブ(表)
①四つ折り
1.5
②0.2 ステッチ
④仮どめ
タブ(表)
③二つ折り
0.5
10

3 ポケットを作り、つける

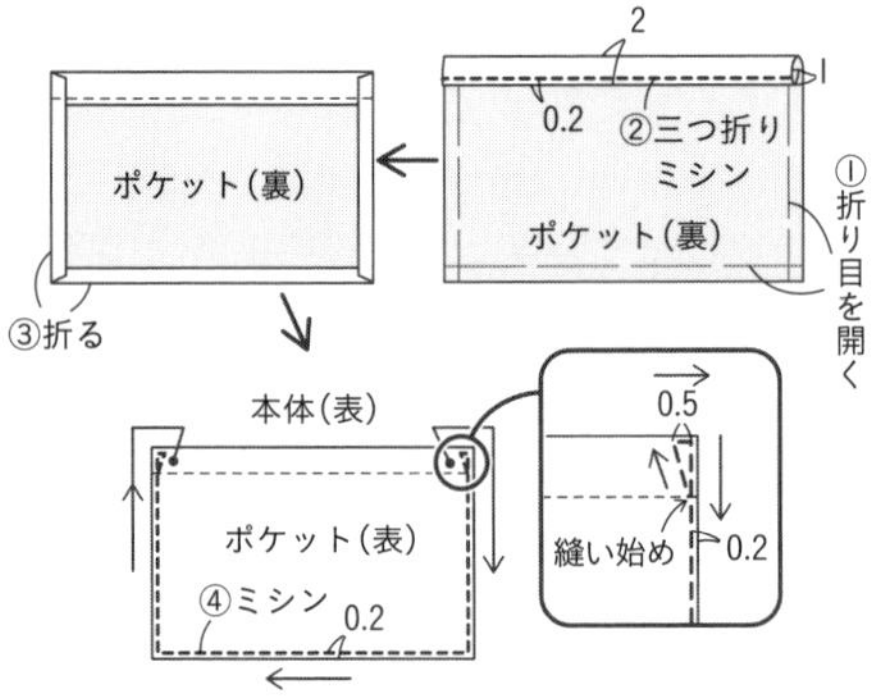

2
1
0.2
②三つ折りミシン
ポケット(裏)
①折り目を開く
ポケット(裏)
③折る
本体(表)
ポケット(表)
④ミシン
0.2
0.5
縫い始め
0.2

4 上端の両脇と後ろ端の裾側を縫う

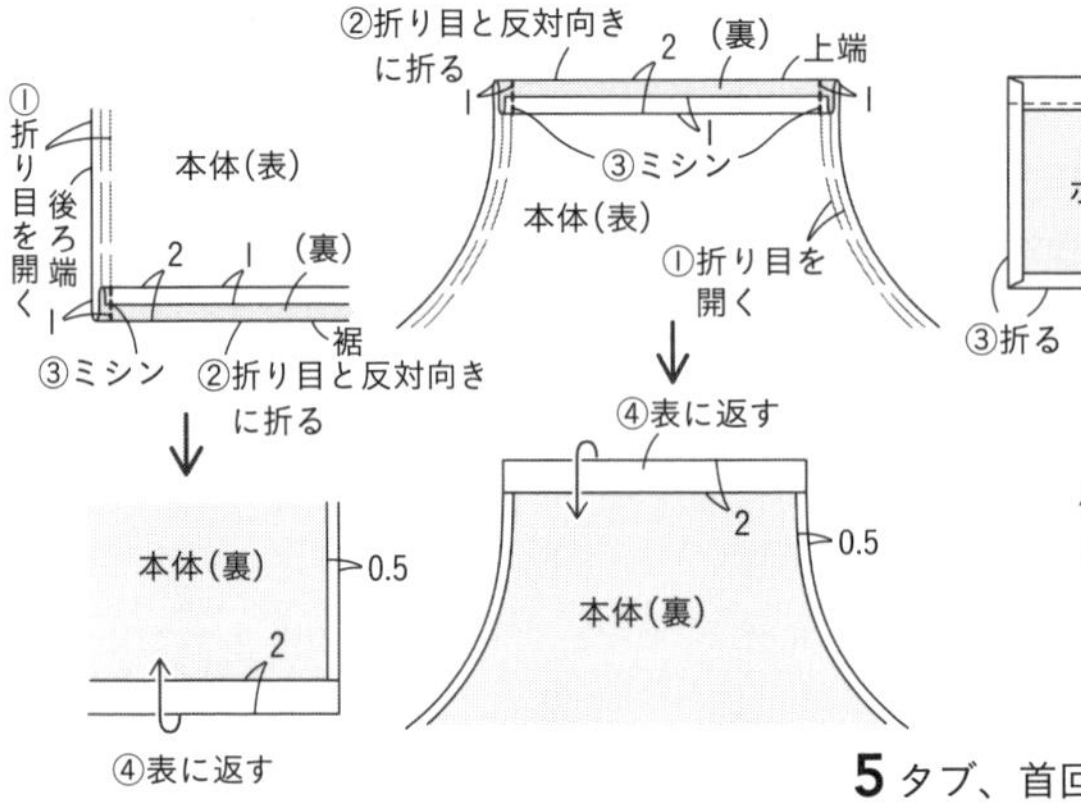

①折り目を開く
後ろ端
本体(表)
2
1
(裏)
1
裾
③ミシン
②折り目と反対向きに折る
本体(裏)
0.5
2
④表に返す
②折り目と反対向きに折る
2
(裏)
上端
1
1
1
③ミシン
本体(表)
①折り目を開く
④表に返す
2
0.5
本体(裏)

5 タブ、首回りひもをはさみ、脇、上端を縫う

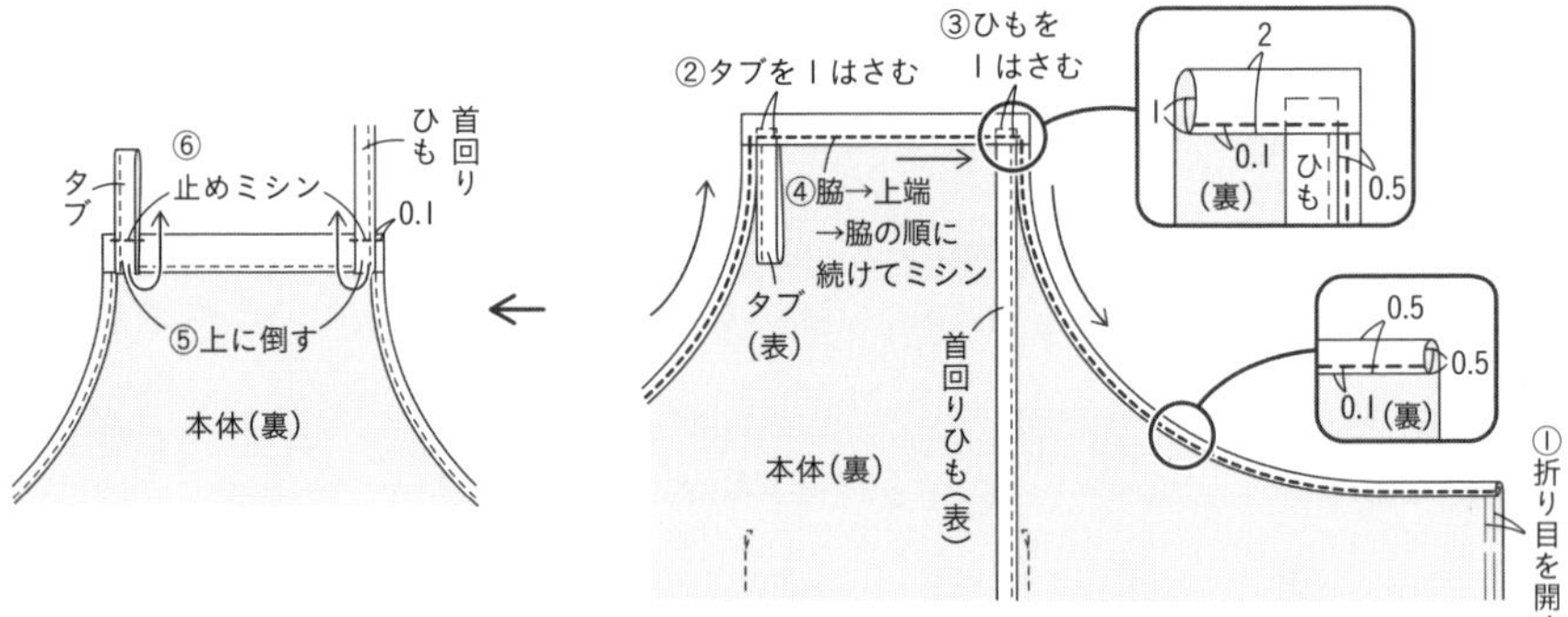

②タブを1はさむ
③ひもを1はさむ
④脇→上端→脇の順に続けてミシン
タブ(表)
首回りひも(表)
本体(裏)
2
1
0.1
(裏)
ひも
0.5
0.5
0.5
0.1
(裏)
①折り目を開く
タブ
⑥止めミシン
首回りひも
0.1
⑤上に倒す
本体(裏)

6 腰ひもをはさみ、後ろ端、裾を縫う

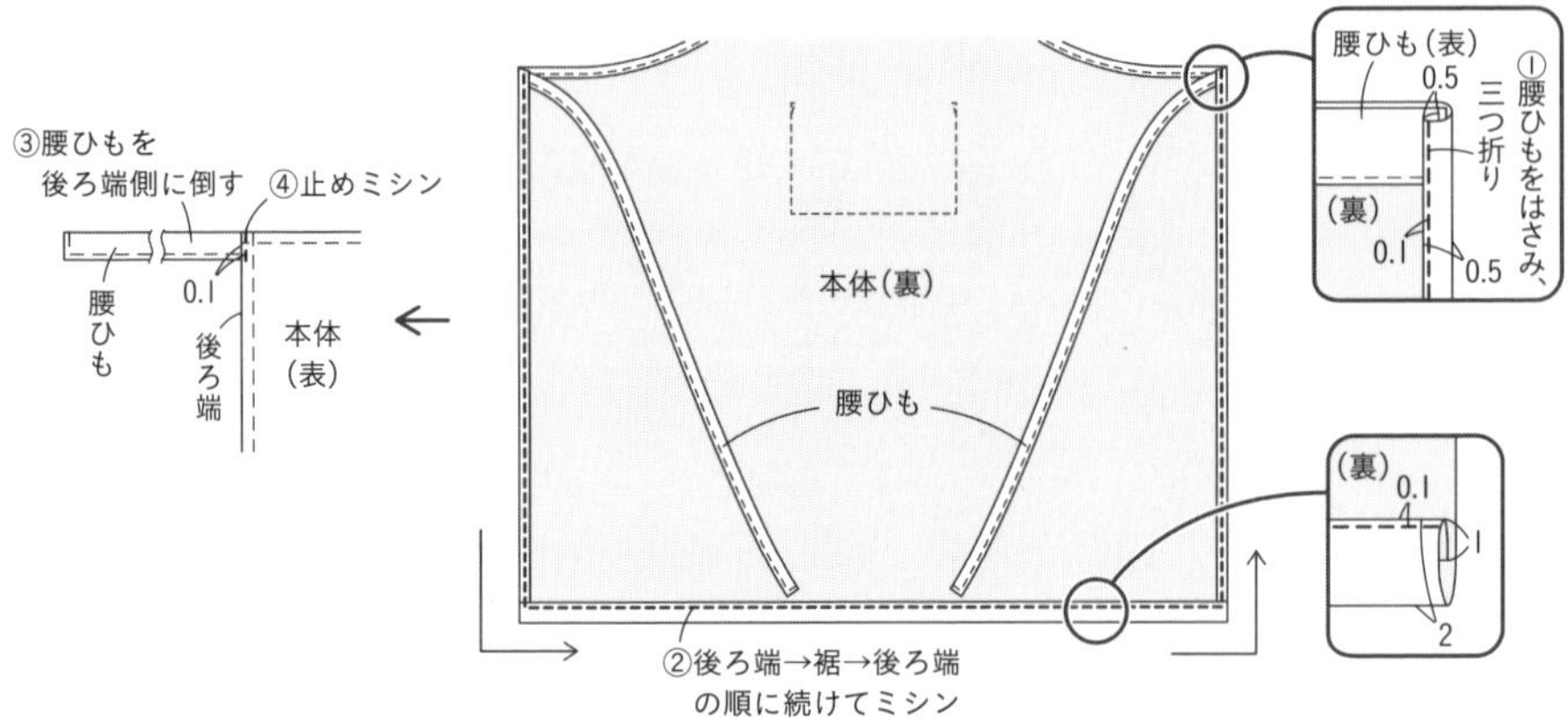

本体(裏)
腰ひも
②後ろ端→裾→後ろ端の順に続けてミシン
腰ひも(表)
0.5
①腰ひもをはさみ、三つ折り
(裏)
0.1
0.5
(裏)
0.1
1
2
③腰ひもを後ろ端側に倒す
④止めミシン
腰ひも
0.1
後ろ端
本体(表)

マスク（大・中・小）

Photo／p.**75**　型紙／**カバー裏面**

［材料］

※左からキッズ／大人小／大人大サイズ

表布（木綿、リネンなど）

…30×15／20／20㎝

裏布（ガーゼ、木綿、リネンなど）

…30×15／20／20㎝

テープ…0.8㎝幅30〜35㎝を2本

［でき上がり寸法］

※左からキッズ／大人小／大人大サイズ

幅16／20／22㎝

高さ9.5／12／14㎝

裁ち合わせ図

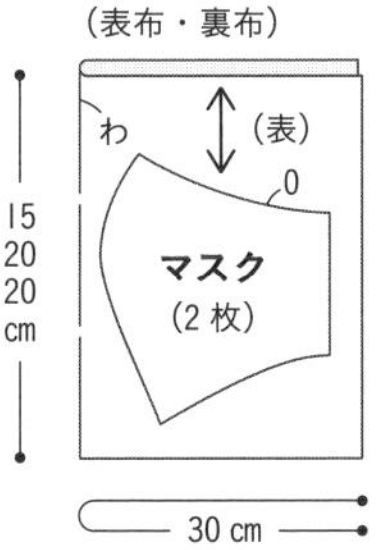

（表布・裏布）
わ
（表）
0
15
20
20
cm
マスク
（2枚）
30 cm

※ 数字は上から
キッズ／大人小／大人大サイズ

［作り方］

1 表マスクを作る

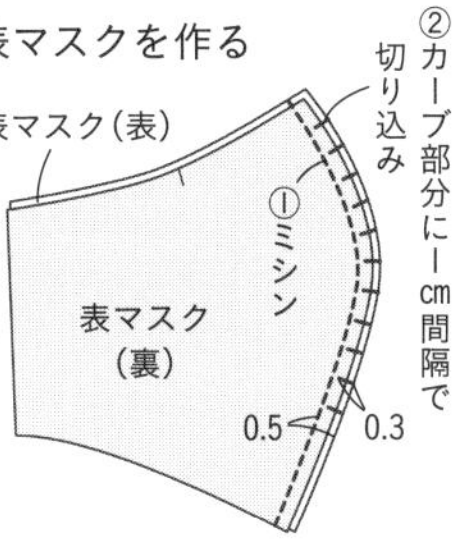

表マスク（表）
②カーブ部分に1cm間隔で切り込み
①ミシン
表マスク（裏）
0.5
0.3

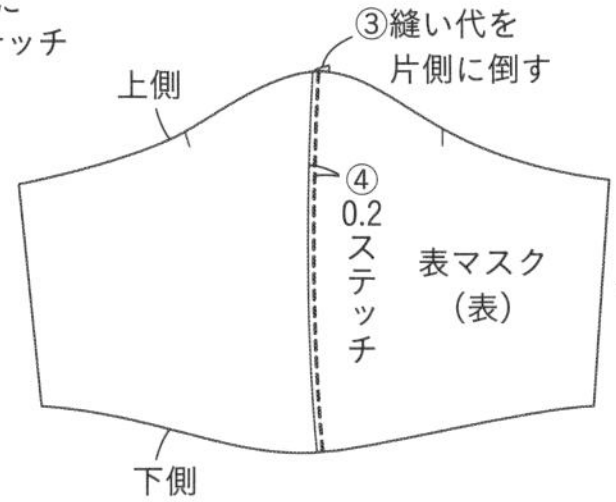

③縫い代を片側に倒す
上側
④0.2ステッチ
表マスク（表）
下側

2 裏マスクを作る

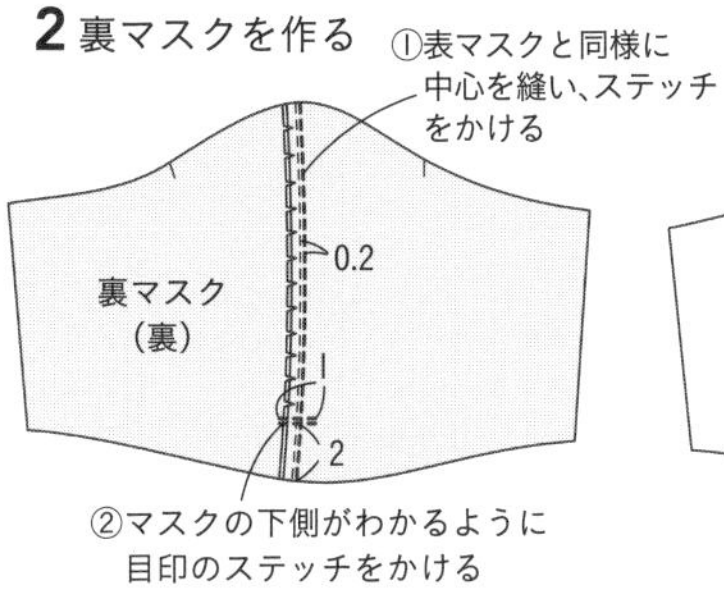

①表マスクと同様に中心を縫い、ステッチをかける
0.2
裏マスク（裏）
1
2
②マスクの下側がわかるように目印のステッチをかける

3 表マスクと裏マスクを縫う

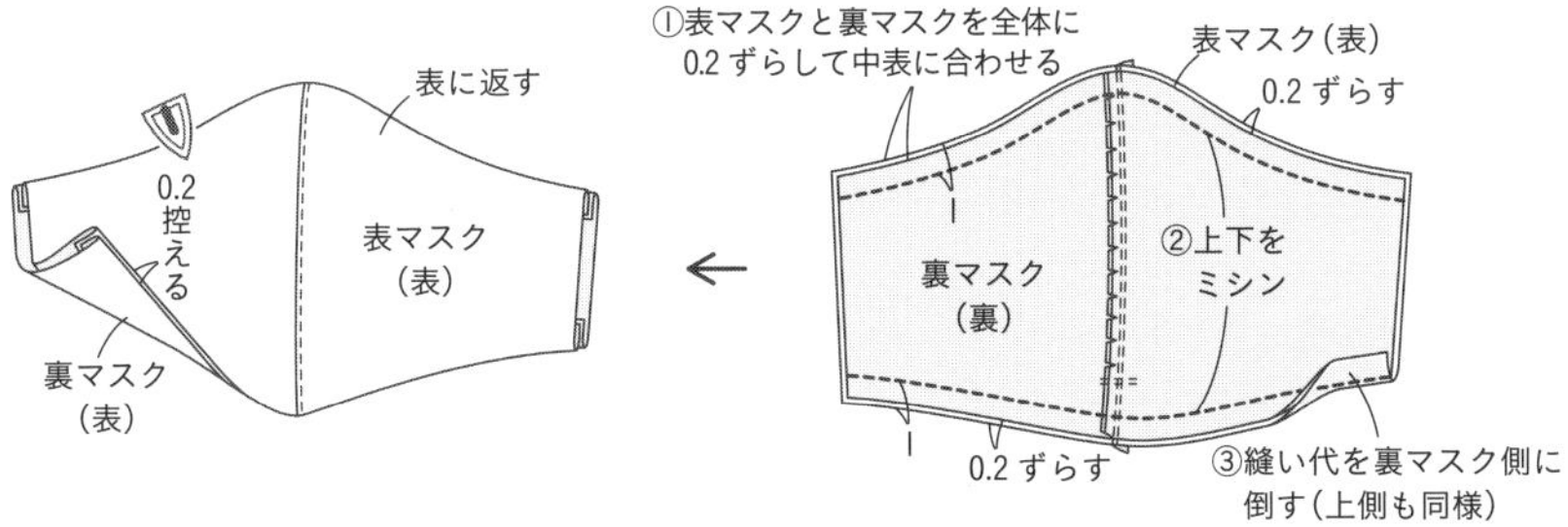

①表マスクと裏マスクを全体に0.2 ずらして中表に合わせる
表マスク（表）
0.2 ずらす
1
裏マスク（裏）
②上下をミシン
1
0.2 ずらす
③縫い代を裏マスク側に倒す（上側も同様）
表に返す
0.2控える
表マスク（表）
裏マスク（表）

4 両端を縫い、テープを通す

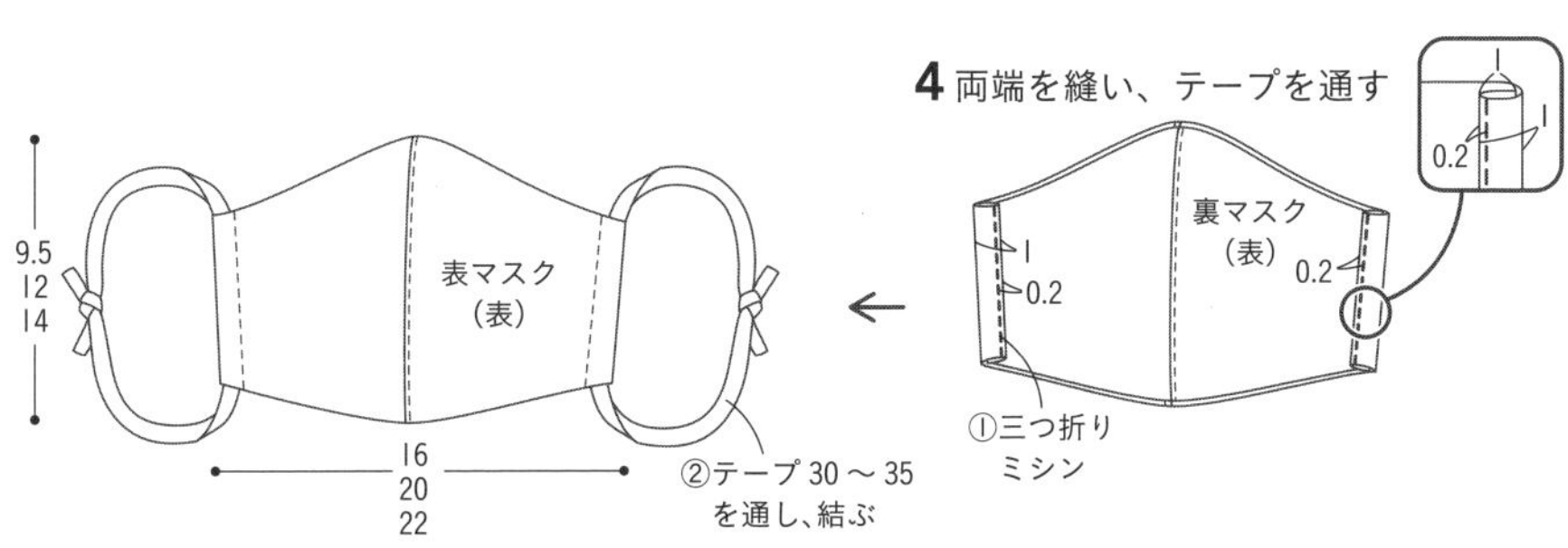

0.2
1
裏マスク（表）
1
0.2
0.2
①三つ折りミシン
9.5
12
14
表マスク（表）
16
20
22
②テープ 30 ～ 35 を通し、結ぶ

マスクケース

Photo ／p.**75**

[材料]

表布（リネン　からし色）…58×18㎝

裏布（リネン　グレー）…26×18㎝

[でき上がり寸法]

幅12㎝×高さ16㎝

製図

※ 製図は縫い代込み

※ 縫い代寸法は1㎝

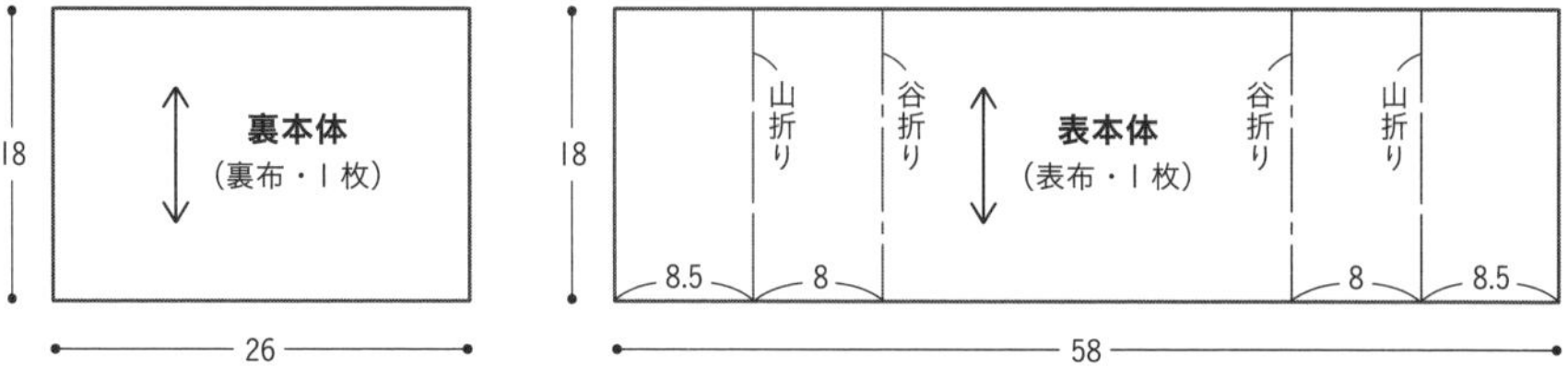

裏本体
（裏布・1枚）
18
26
表本体
（表布・1枚）
山折り
谷折り
谷折り
山折り
18
8.5
8
8
8.5
58

[作り方]

1 表本体を折る

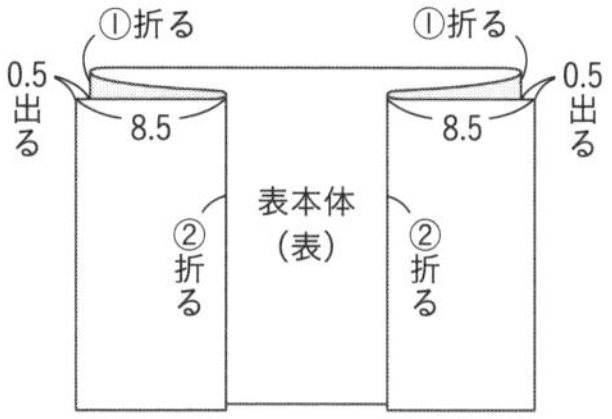

①折る
①折る
0.5出る
0.5出る
8.5
8.5
表本体（表）
②折る
②折る

2 表本体と裏本体を縫う

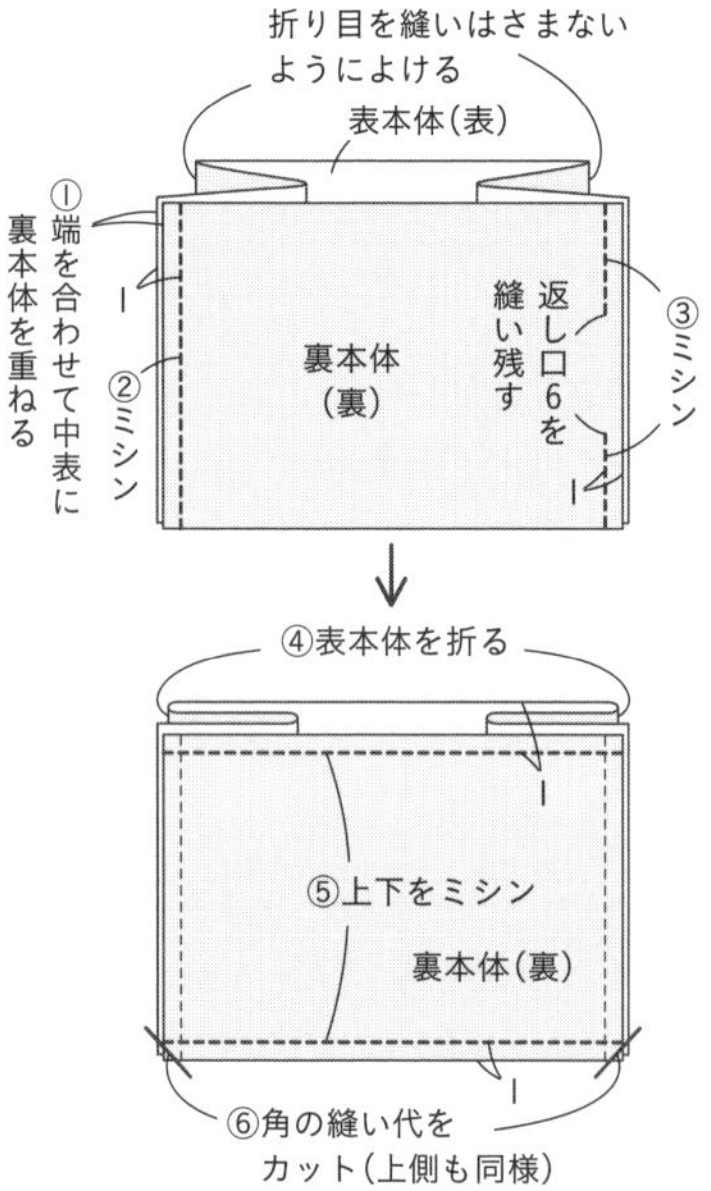

折り目を縫いはさまないようによける
表本体（表）
①端を合わせて中表に裏本体を重ねる
1
②ミシン
裏本体（裏）
返し口6を縫い残す
③ミシン
1
④表本体を折る
1
⑤上下をミシン
裏本体（裏）
1
⑥角の縫い代をカット（上側も同様）

3 表に返して形を整える

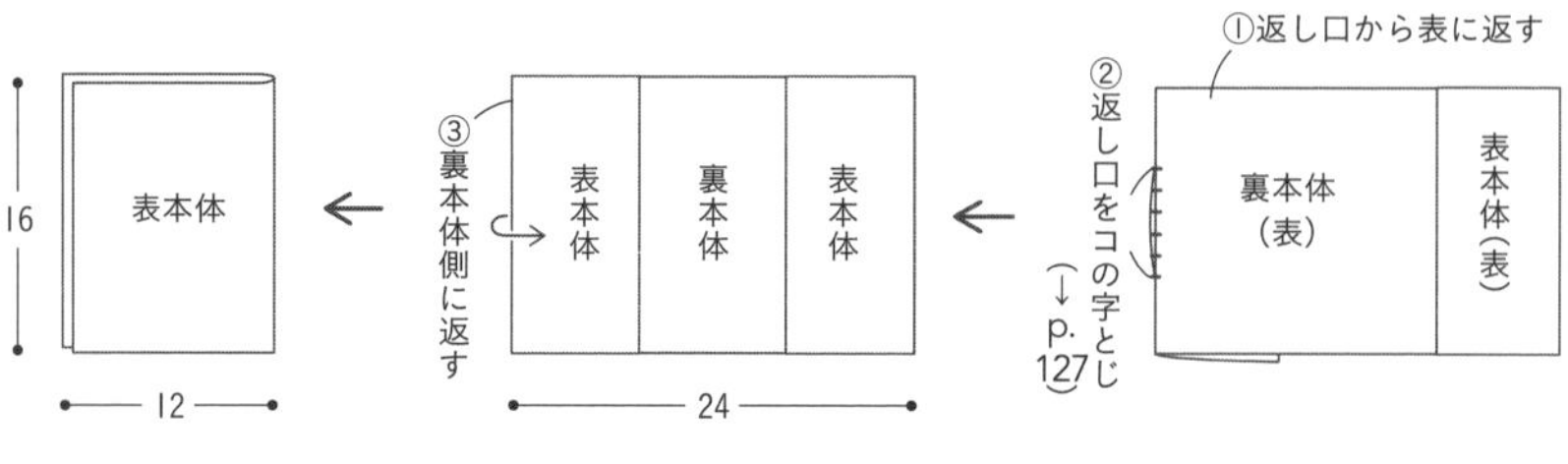

①返し口から表に返す
②返し口をコの字とじ（→p.127）
裏本体（表）
表本体（表）
③裏本体側に返す
表本体
裏本体
表本体
24
表本体
16
12

抜き型紙の使い方

＊抜き型紙を紙に写すか、コピーして使用してください。
＊抜き型紙はＭサイズです。ＳとＬの場合は少しずらして使用してください。
＊p.30～「製図のコツ」、「生地カットのコツ」を参照してください。（動画あり）
＊指定以外抜き型紙に縫い代は含まれていません。
＊袋布の型紙は、4～7の作品共通です。

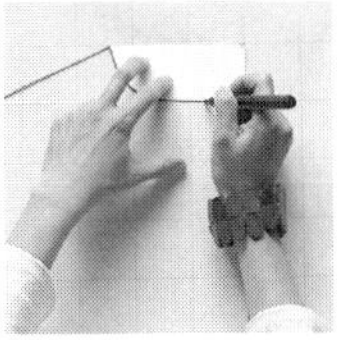

実物大の抜き型紙
※指定以外は縫い代なし

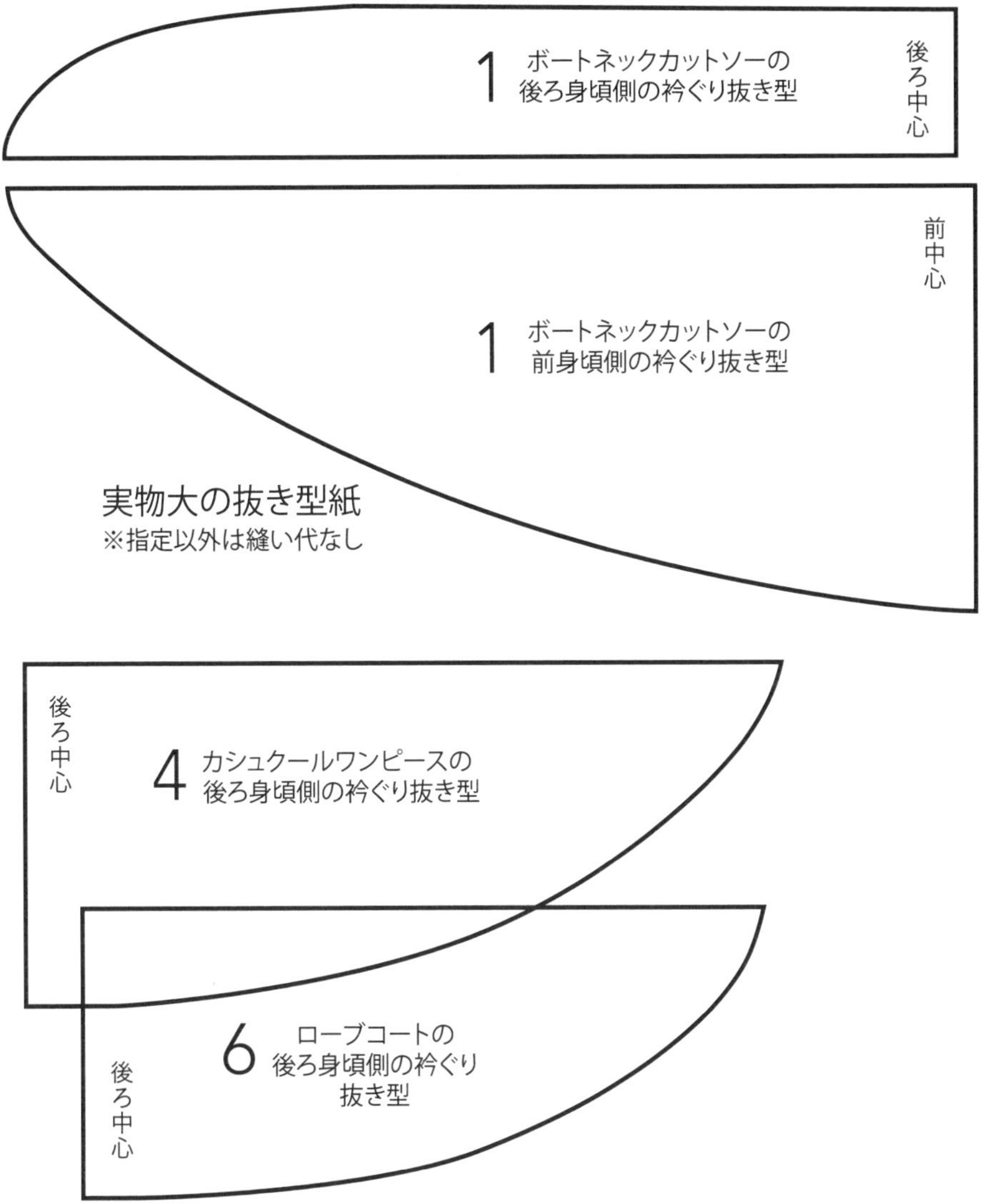
1 ボートネックカットソーの
後ろ身頃側の衿ぐり抜き型
後ろ中心
1 ボートネックカットソーの
前身頃側の衿ぐり抜き型
前中心
4 カシュクールワンピースの
後ろ身頃側の衿ぐり抜き型
後ろ中心
6 ローブコートの
後ろ身頃側の衿ぐり
抜き型
後ろ中心

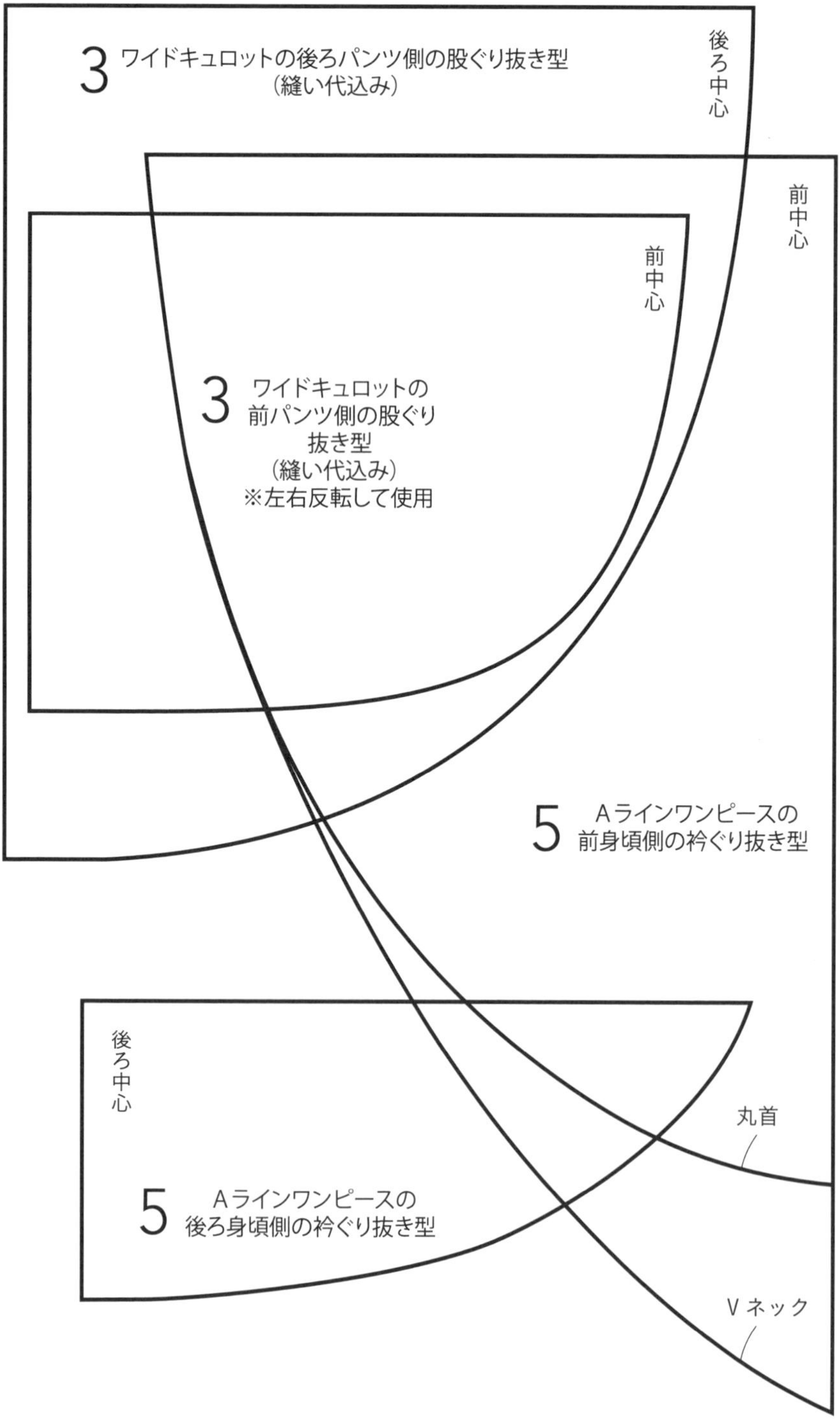
3 ワイドキュロットの後ろパンツ側の股ぐり抜き型
（縫い代込み）
後ろ中心
前中心
前中心
3 ワイドキュロットの
前パンツ側の股ぐり
抜き型
（縫い代込み）
※左右反転して使用
5 Aラインワンピースの
前身頃側の衿ぐり抜き型
後ろ中心
5 Aラインワンピースの
後ろ身頃側の衿ぐり抜き型
丸首
V ネック

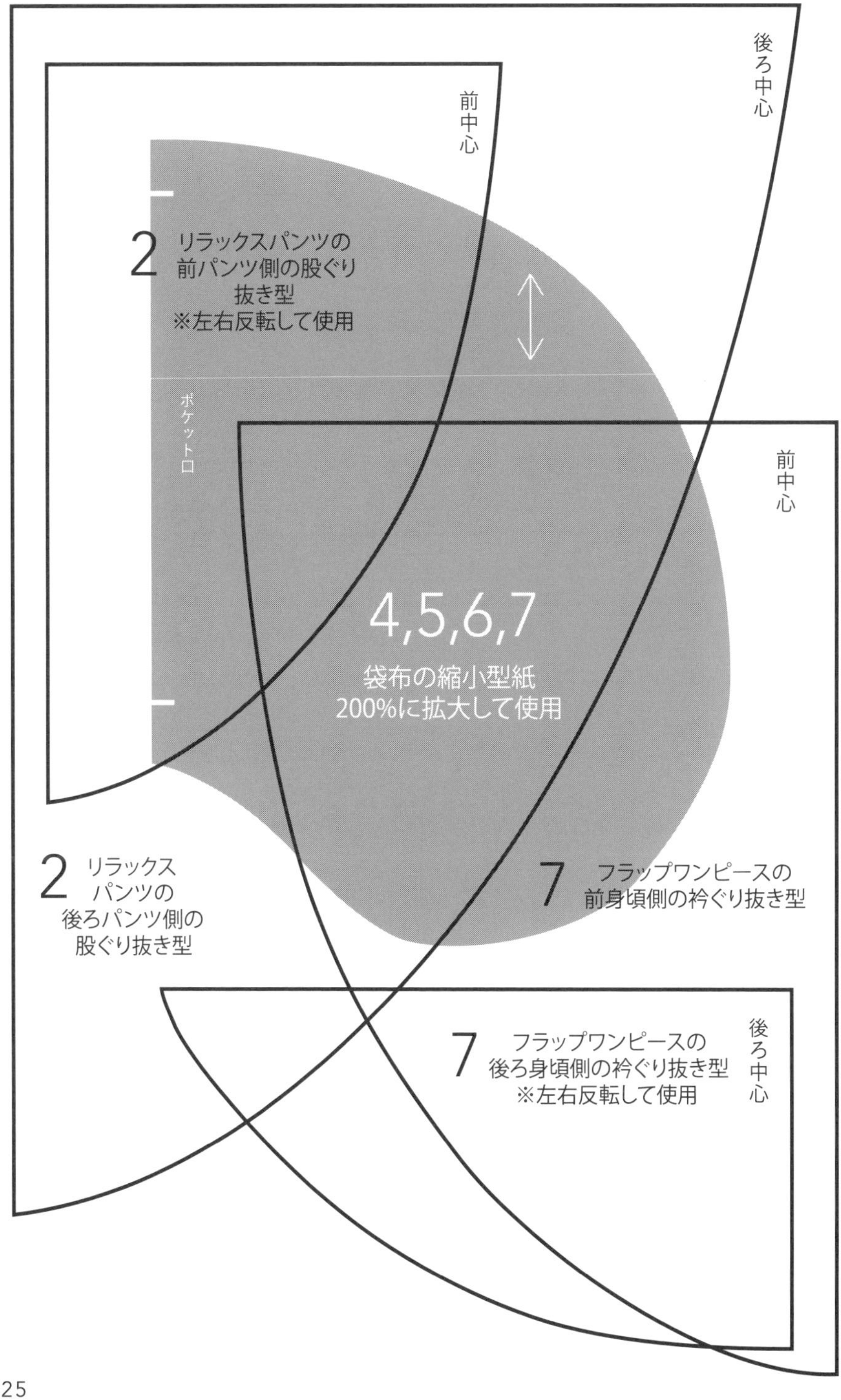
後ろ中心
前中心
2 リラックスパンツの
前パンツ側の股ぐり
抜き型
※左右反転して使用
ポケット口
4,5,6,7
袋布の縮小型紙
200%に拡大して使用
前中心
2 リラックス
パンツの
後ろパンツ側の
股ぐり抜き型
7 フラップワンピースの
前身頃側の衿ぐり抜き型
7 フラップワンピースの
後ろ身頃側の衿ぐり抜き型
※左右反転して使用
後ろ中心

地直しをする

購入したばかりの布地は、多少布目がゆがんでいたり、洗ったときに縮む場合があるので、裁断する前に「地直し」をして布地を整えます。

[コットンやリネンの場合]

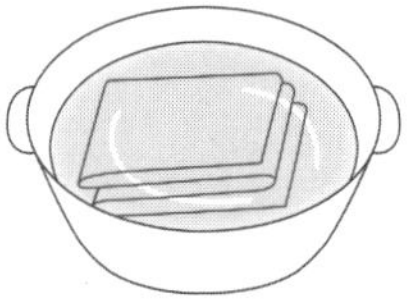

1

布地をたたみ、1時間程度水に浸して水通しをします。軽く脱水して布目を整え、陰干しし、生乾きの状態まで乾かします。ニット地は脱水を軽く手で押さえる程度にし、平置きにして乾かします。

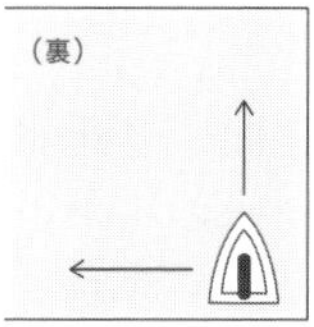

2

布目が直角になるように、布を軽く引っ張ってゆがみを整えてから、布目に沿って裏面からアイロンをかけます。ニット地は伸びないように気をつけてアイロンをかけます。

[ウールの場合]

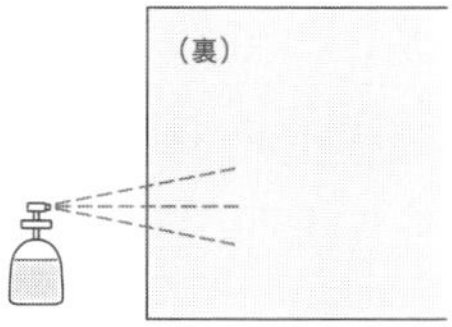

布地の裏面から全体に霧吹きで水をかけます。コットンやリネンの場合と同様にアイロンをかけて地直しします。

製図、裁ち合わせ図の見方

本誌 p.89〜90、92〜95の製図は縫い代が含まれていません。裁ち合わせ図を参照して縫い代つきの型紙を作り、布地に配置して裁断します。縫い代込みの製図は布地の裏面にチャコペンなどで直接線を引いて布地を裁断します。

[裁ち合わせ図例]

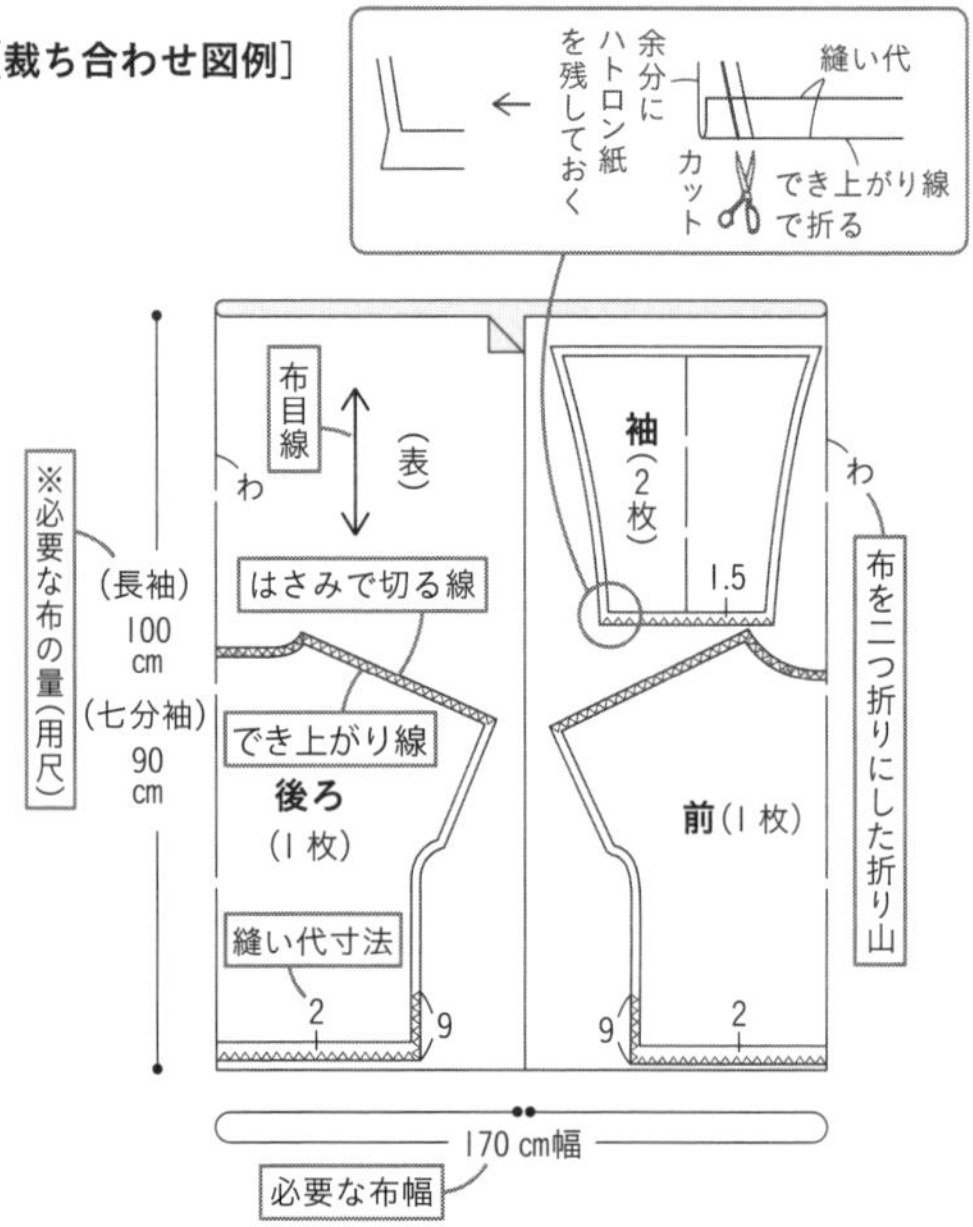

＊製図記号

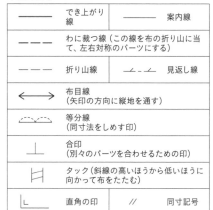

	でき上がり線		案内線
	わに裁つ線(この線を布の折り山に当て、左右対称のパーツにする)		
	折り山線		見返し線
	布目線(矢印の方向に縦地を通す)		
	等分線(同寸法をしめす印)		
	合印(別々のパーツを合わせるための印)		
	タック(斜線の高いほうから低いほうに向かって布をたたむ)		
	直角の印	//	同寸記号

[製図例]

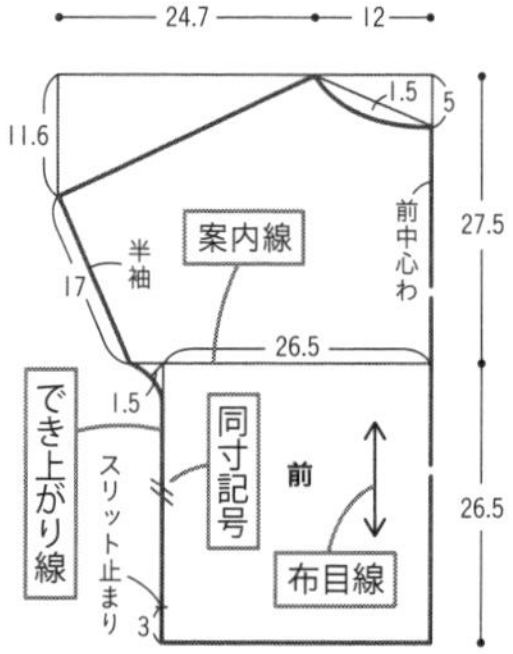

布と針、糸について

布の種類	普通地 リネン、ダンガリーなど	薄地 ガーゼ、オーガンジーなど	厚地 ウール、デニムなど	ニット地
針	11番ミシン針	9番ミシン針	14番ミシン針	ニット専用針
糸	60番ミシン糸	90番ミシン糸	30番ミシン糸	ニット専用のナイロン製の糸(50番)

接着芯の貼り方

布地に接着芯を貼ることで、伸び止めや形くずれを防ぐなどの役割があります。

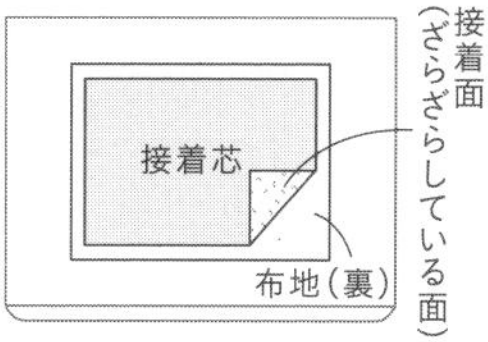
接着面（ざらざらしている面）
接着芯
布地（裏）

1
布地の裏面と接着芯のザラザラしている面を合わせます。

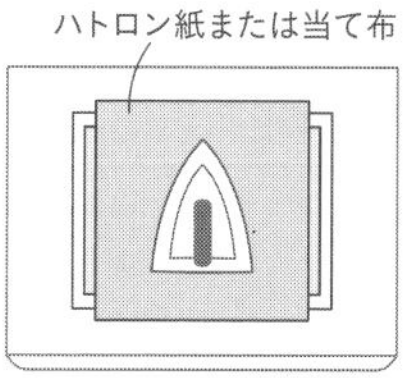
ハトロン紙または当て布

2
ハトロン紙（薄紙）または当て布をのせてドライアイロン（中温140〜160℃）をかけます。

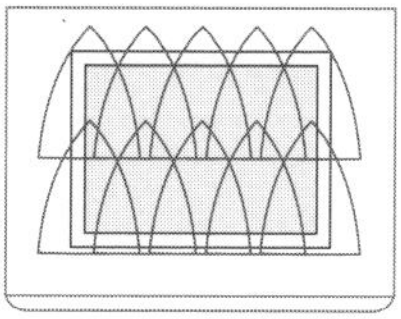

3
アイロンは滑らさないで、体重をかけて上から押さえます。少しずつずらしながら貼り残しのないようにします。

バイアス布のつなぎ方

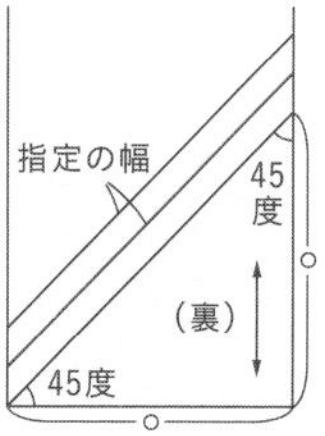
指定の幅
45度
（裏）
45度

1
45度の角度でテープ状にカットします。長さは裁ち合わせ図を参照。必要な長さを1枚でカットできないときは、はぎ合わせて作ります。

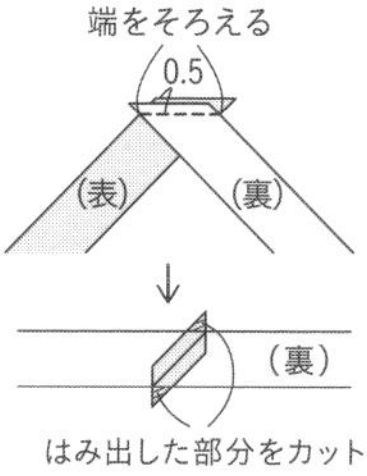
端をそろえる
0.5
（表）
（裏）
（裏）
はみ出した部分をカット

2
中表に合わせて縫い、縫い代を割ります。はみ出した縫い代はカットします。

印つけ

厚紙を下敷きにし、布地の間に両面チョークペーパーをはさみ、ルレットでき上がり線をなぞって布地の裏面に印をつけます。

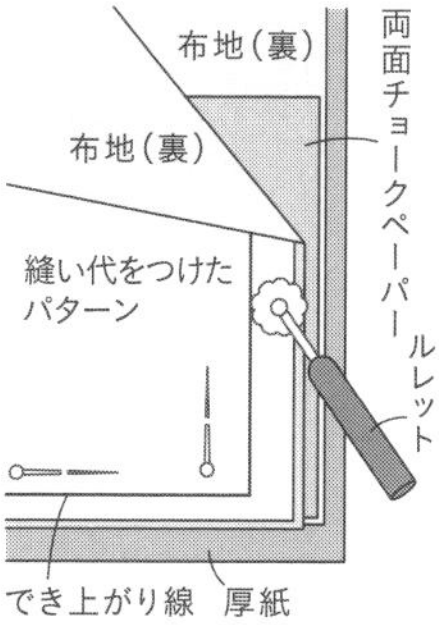
布地（裏）
両面チョークペーパー
布地（裏）
縫い代をつけたパターン
ルレット
でき上がり線
厚紙

ボタンホールの作り方

ボタンホールの寸法は「ボタンの直径＋厚み」。ボタンホール位置は、中心線のボタンつけ位置から0.2〜0.3cm前端側に作ります。

[ボタンホール位置]

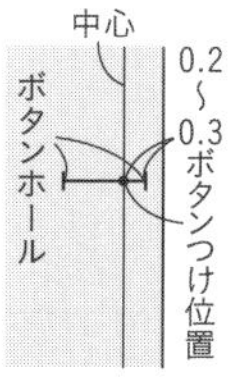
中心
0.2〜0.3
ボタンホール
ボタンつけ位置

[ボタンホールの寸法]

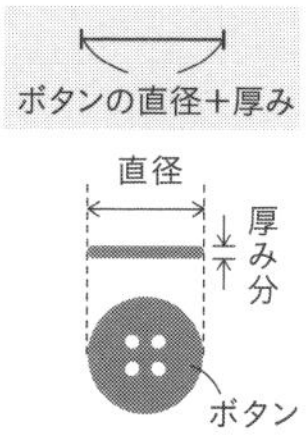
ボタンの直径＋厚み
直径
厚み分
ボタン

ミシン縫いの縫い始めと縫い終わり

ミシン縫いの縫い始めと縫い終わりはほつれないように、2〜3針ミシン目を重ねて返し縫いをします。

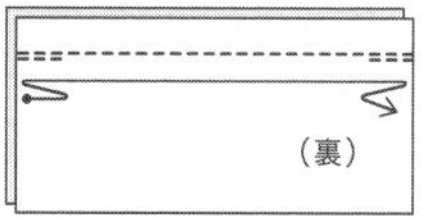
（裏）

返し口のとじ方（コの字とじ）

折り山をすくってとじます。縫い目が表にほとんどでないので仕上がりがきれいです。

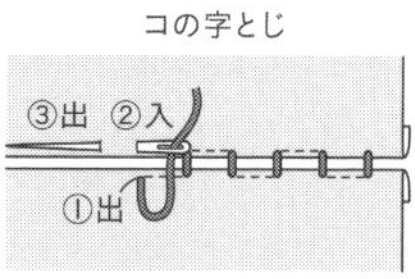
コの字とじ
③出
②入
①出

美濃羽まゆみ（みのわまゆみ）

1980年京都生まれ京都育ち。手づくり暮らし研究家。築100年の京町家から「ものを作る、幸せのかたちを作る」をテーマに、手作り服や保存食、昔ながらの掃除方法など「めんどう」をあえて楽しむ暮らしを提案。ブログやSNS、YouTubeでの発信や講演会活動なども行う。ソーイング本『FU-KO basics. 長く楽しむ、子ども服』『FU-KO basics. 着心地のよい、暮らしの服』（ともに日本ヴォーグ社）などの著書も多数。家族4人、猫1匹と暮らす。

ブログ
FU-KO なまいにち　https://fukohm.exblog.jp/

インスタグラム
https://www.instagram.com/minowa_mayumi/

ユーチューブ
美濃羽まゆみ　https://www.youtube.com/c/FUKOHandmade/FUKOHandmade/

「めんどう」を楽しむ 衣食住のレシピノート

著者　美濃羽まゆみ
編集人　石田由美
発行人　倉次辰男
発行所　株式会社主婦と生活社
〒104-8357　東京都中央区京橋3-5-7
https://www.shufu.co.jp
編集部　☎03-3563-5361　Fax.03-3563-0528
販売部　☎03-3563-5121
生産部　☎03-3563-5125
製版所　東京カラーフォト・プロセス株式会社
印刷所　凸版印刷株式会社
製本所　株式会社若林製本工場

撮影
新居明子
（カバー、p.11左下、p.13、p.15〜18、p.20、p.22、p.24、p.29、p.30〜31上、p.34、p.36左、p.37〜40、p.42、p.43上、p.45、p.46右、p.47、p.48上、p.50〜52上、p.54上、p.58、p.63、p.75、p.78〜79）
いのうえまさお（TAND）
（p.11上、右下、p.36右、p.43左下）
美濃羽まゆみ

映像制作
いのうえまさお、内藤靖博（TRYOUT）
※マスクプロジェクト、新聞紙ごみ入れを除く

イラスト
美濃羽まゆみ、美濃羽 楽（表紙）

作り方解説
小堺久美子

トレース
たまスタヂオ

グレーディング
志水美香（晴ル屋）

ブックデザイン
渡部浩美

編集
鈴木理恵（TRYOUT）

校閲
滄流社

編集担当
小柳良子

布地提供
生地の森
https://www.kijinomori.com
☎053-464-8282

タケミクロス
https://www.takemicloth.co.jp
☎053-476-7662

CHECK&STRIPE
https://checkandstripe.com

ISBN978-4-391-15571-6